神戸海岸繁栄図（神戸古版画集より、神戸市立中央図書館所蔵）

大学的神戸ガイド
――こだわりの歩き方

甲南大学プレミアプロジェクト
神戸ガイド編集委員会 編

昭和堂

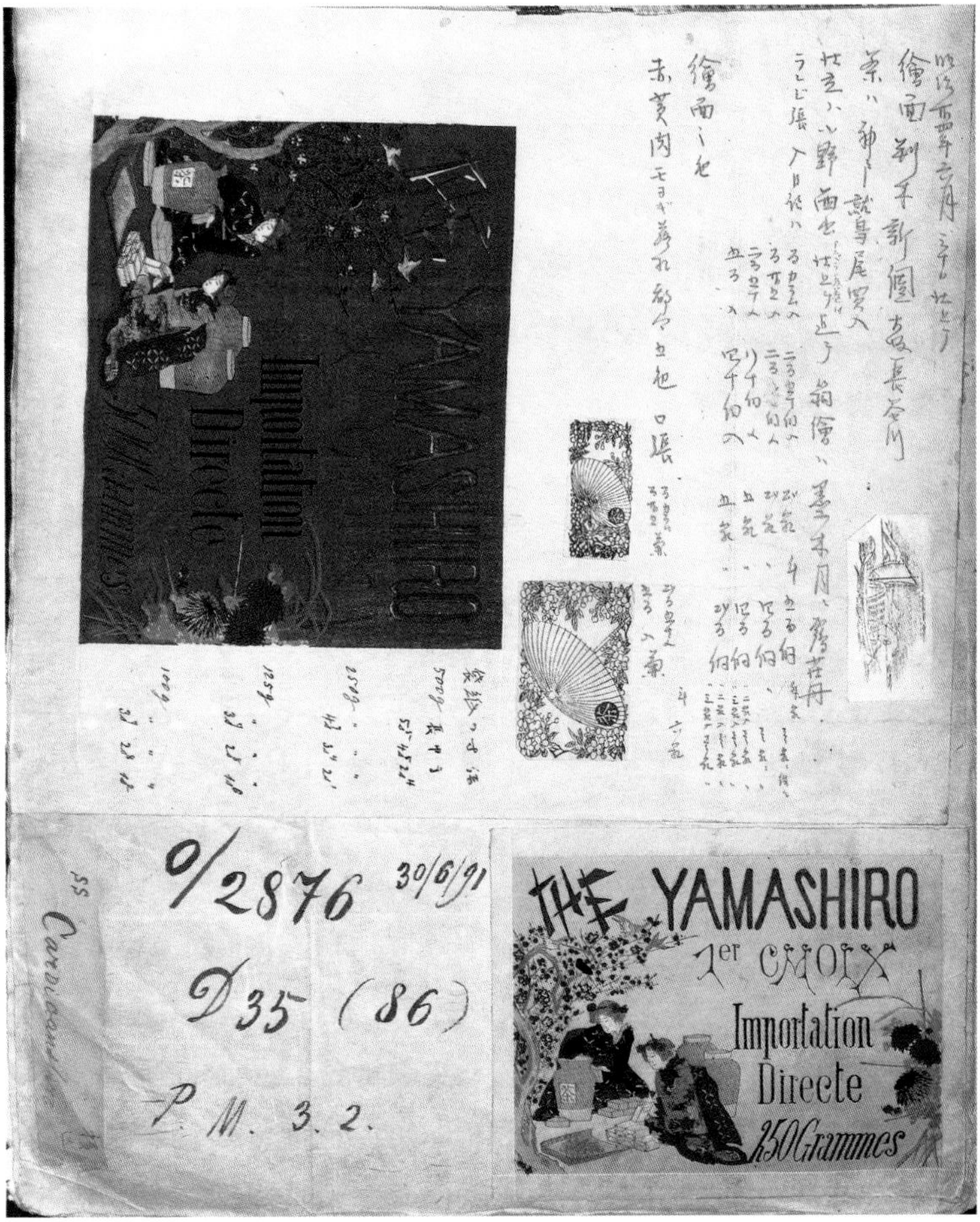

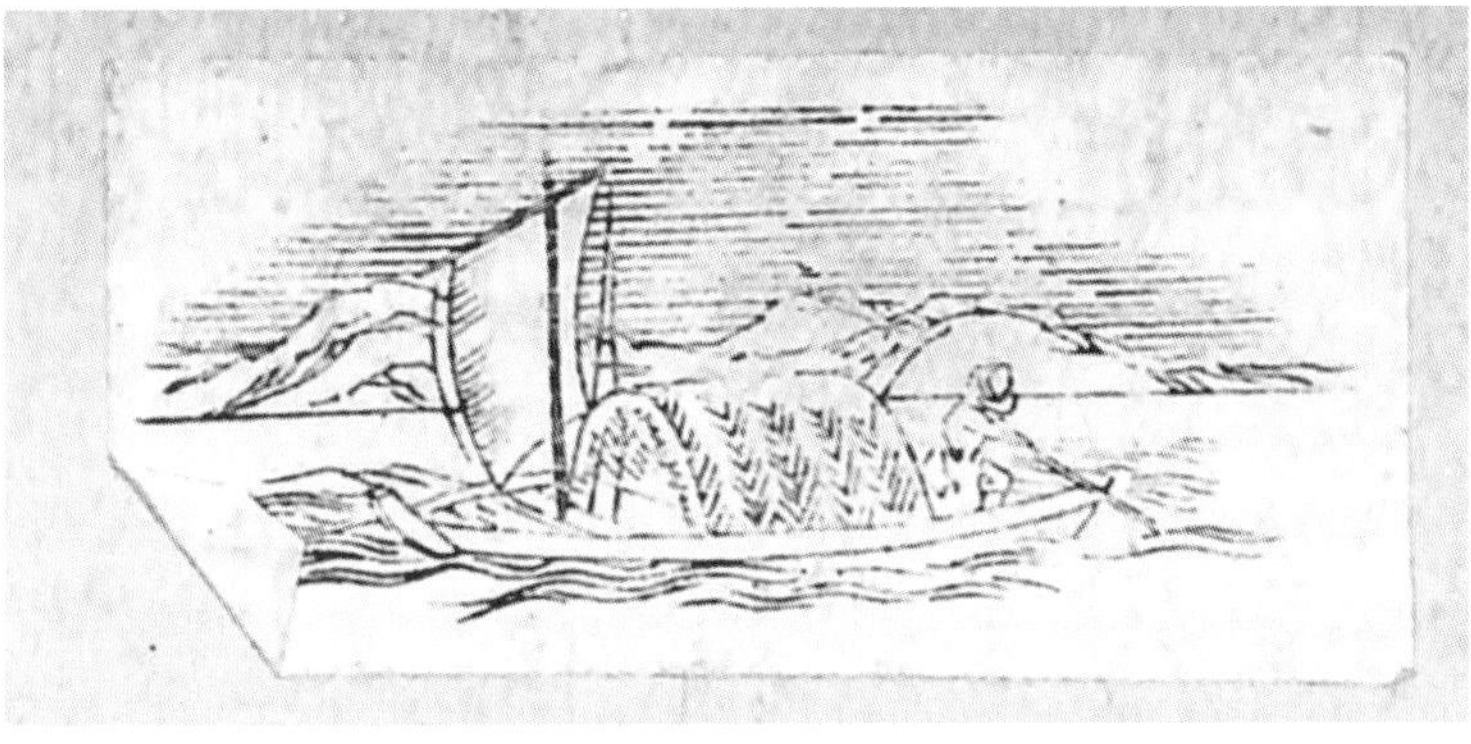

山城茶の商標〔神戸ヲッペネメール・フワヤ商会〕(『茶袋画面纒』菊川市立図書館菊川文庫蔵、下図は上図右端中央の拡大正図)〔015頁参照〕

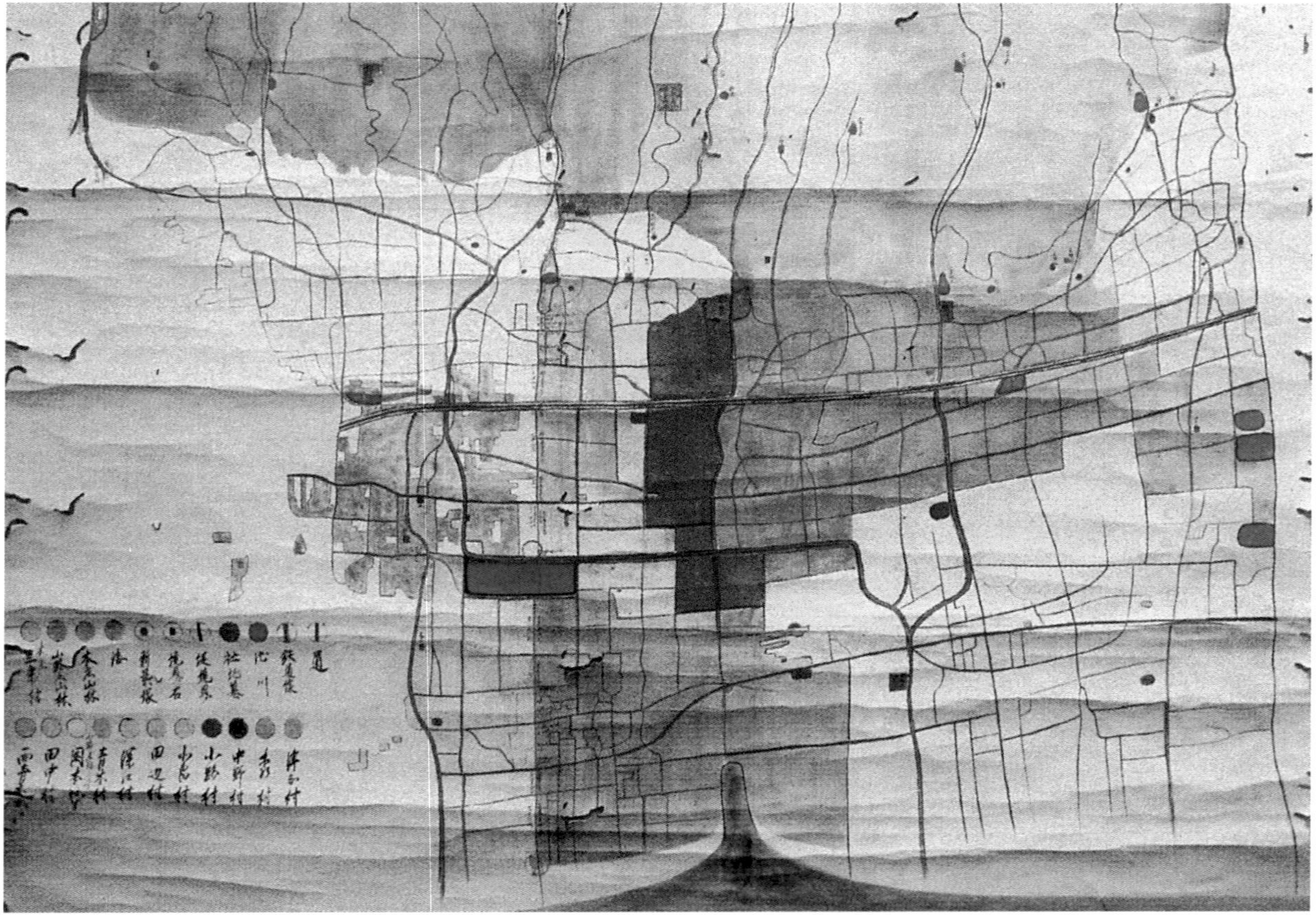

山地境界条約絵図 部分（神戸深江生活文化資料館提供）〔095頁参照〕

処女塚古墳（写真提供：神戸市文化財課）〔050頁参照〕

「愛の鍵モニュメント」にかけられた錠を溶かして作ったハート形のプレート〔046頁参照〕

「八時間労働発祥の地」碑と川崎重工〔285頁参照〕

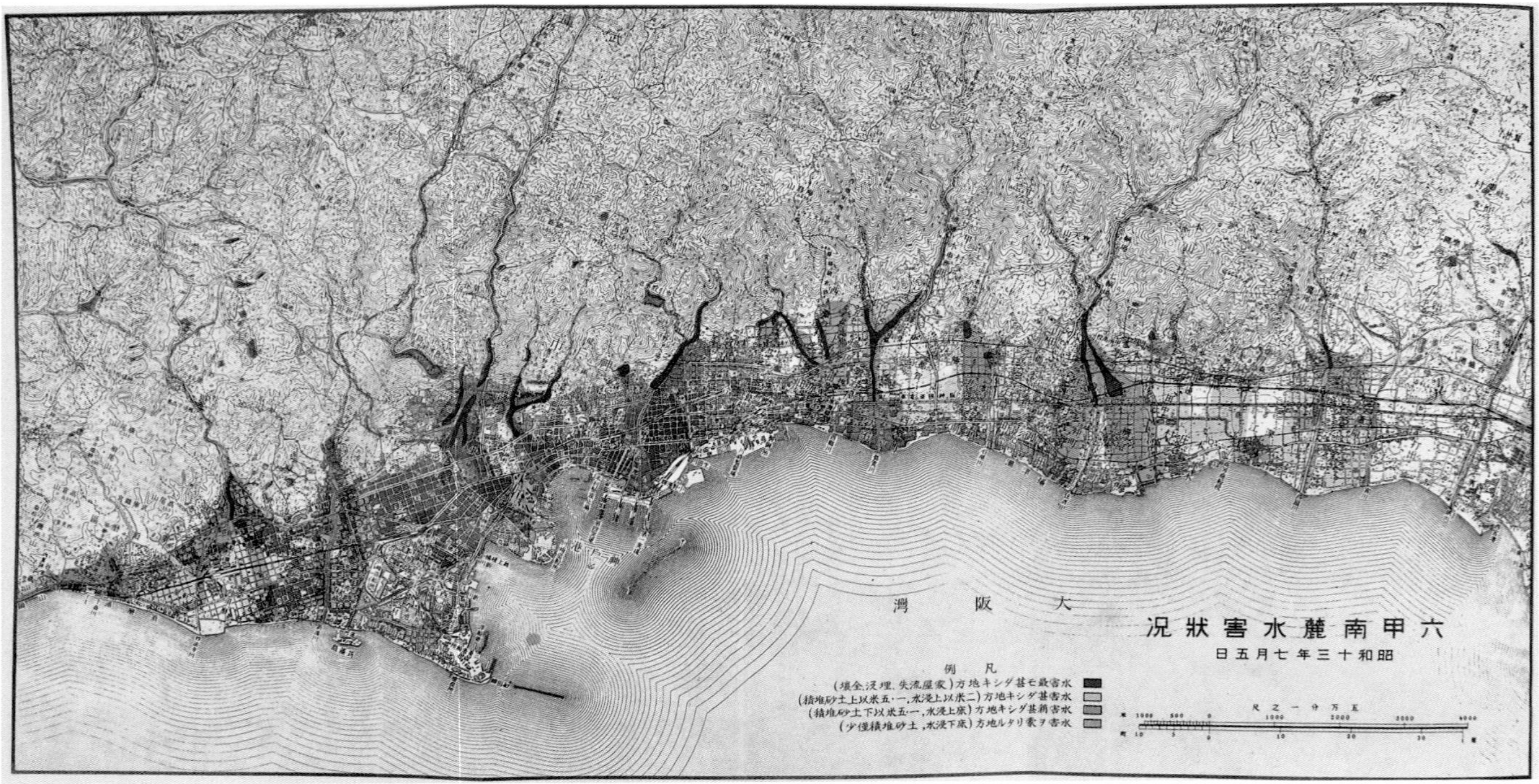

六甲南麓水害状況（『阪神地方　水害記念帳』より）〔072頁参照〕

刊行によせて

神戸はどのようなところだろうか。ハイカラな街、ファッションの街、スイーツの街、港の街、そして国際都市。神戸のイメージは明るく、晴れやかである。多くの人々がこの地について様々な記録を残している。そして今この瞬間にも、神戸を表現した言葉や文章、神戸の景観・風景を切り取った画像・映像は、生み出されている。

神戸を紹介する情報が溢れるなか、「大学的」と銘打った書籍に相応しいのは、どのような内容であろうか。理解を深めるため専門的なことにも踏み込み、褒めそやすだけではなく客観的に記述し、特徴を多面的に捉えることで、神戸の立ち位置を紹介したい。

甲南大学は人文・社会・自然科学にわたる八学部を擁するが、コンパクトなサイズのおかげで互いに顔見知りの教員も多い。大学全体で色々な学部の教員が執筆すれば、様々な領域をカバーした本ができる。甲南大学には教育・研究を推進する「KONANプレミアプロジェクト」があり、文学部が「「ぶんたす」プロジェクト」を実施している。そこで「「ぶんたす」プロジェクト」のなかに甲南大学プレミアプロジェクト神戸ガイド編集委員会を作って編集に当たることにした。

大阪と神戸を結ぶ鉄道が開通し、住吉駅の周辺に実業家・文化人が邸宅を構えるようになった。山と海が作り上げた風光明媚な風景と穏やかな気候が人々を引きつけた。甲南学園を創設した平生釟三郎も、その実業家・文化人のネットワークのなかにいた。そう考えると、甲南大学が神戸ガイドを担当することには一定の意味があるように思う。

＊＊＊

明治二二年に生まれた神戸市は周辺の町村を合併しながら市域を拡張してきた。旧国郡でいうと摂津国八部郡を中心に、東は菟原郡、西は播磨国明石郡、北は有馬郡や播磨国美囊郡に及ぶ。そのため一口に神戸といってもその中には多様な場が広がっている。しかし神戸の起点が幕末の開港場、現在の神戸市中央区を中心とした地域にあることは確かである。六甲山と大阪湾（茅渟の海）が近く、山と海に挟まれた神戸というイメージの原点でもある。そこで第一部は「六甲山と茅渟の海」として、自然環境や地域の歴史を取り上げた。

神戸は海外の文物・文化が入ってくる窓口であり、神戸発祥のものも多い。この地域に根付く伝統と海外からの文化が交錯し、独自の文化的・社会的活動が展開した。第二部は「伝統とモダニズム」として、神戸の言葉、伝統ある酒造、そして近代に導入されたスポーツ・美術・食文化など、現代においても神戸を特徴付けている文化的・社会的な事象を取り上げた。

開港とそれにつづく近代産業の発達によって神戸は急速に経済的発展をとげた。急激に社会が変貌し、その変化に神戸は対応していった。神戸の発展を振り返り、現在の神戸を見るとき、神戸とアジア諸地域の深い関係に否応なしに気付く。神戸の国際性を語るとき、アジアの視点は不可欠である。そこで第三部は「近代とアジア」とし、近代における神戸の発展と社会の変化、そしてアジアとの関係を取り上げた。

＊　＊　＊

一九三八年に起きた阪神大水害、太平洋戦争末期における神戸大空襲、一九九五年に起こった阪神淡路大震災など、神戸は度重なる打撃を乗り越え、その都度、復興してきた。また神戸は関東大震災の影響を強く受けており、中国やロシアなどの海外の動向とも関係が深い。神戸は国内外との様々な関係において存在している。そのような神戸の来歴に本書の各所で触れることができたと思う。

神戸は汲み尽くせない豊かさを持っている。長い歴史的経験を蓄積しながら、様々な課題を克服しながら、神戸は今の姿を作り上げてきた。本書が神戸の立ち位置を考え、将来を見通す一助になればと願う。

＊　＊　＊

本書を準備し執筆を進めるなかで、『神戸市史』をはじめとする自治体史や地域史研究の成果にはとてもお世話になった。そのような先人の蓄積がなければ本書は生まれなかったと思う。書籍の性格上、その一つ一つに注記を付けることはできていないが、各章・各コラムに示した参考文献をぜひとも手に取って欲しい。専門書・専門論文から一般的な書籍まで多様なものが挙がっている。「神戸ガイド」という書名のように、本書が神戸に関するブックガイドになることを願っている。

本書を編集しながら、地域の博物館・美術館・史料館・資料館の仕事、地域史を掘り起こそうとする地元の人々の活躍など、地域に根差した活動の重要性に改めて気付いた。本書の随所で博物館等を紹介しているので、ぜひ足を運んで欲しい。そこには新しい出会いと発見があるはずである。各施設を訪問するための最新情報は、ウェブで検索してほしい。それが書物とウェブとの棲み分けだと思う。

なお本書に掲載・引用した史資料のなかには、当時の身分的差別表現に関する表現を含むものもあるが、その歴史的経緯を正しく理解するために不可欠と考え、そのまま掲載することにした。

最後になりましたが、資料の調査や掲載にご協力をいただいた各機関、出版にあたりご助力いただいた学内外の方々に、感謝いたします。

二〇二一年一月一七日

甲南大学プレミアプロジェクト神戸ガイド編集委員会

編集委員長　佐藤泰弘

第1部　六甲山と茅渟の海

第2部　伝統とモダニズム

第3部　近代とアジア

第1部

六甲山と茅渟の海

港町神戸を俯瞰する——山・川・海——

出口晶子

1　神戸見物

さうだね、神戸はさう見るところはないね。それに、一體に小ぢんまりしてゐるから、詳しく見ても、半日で見物が十分に出来るね。（中略）…それにしても思ひ出されるのは、まだ此処がかうした賑やかな神戸港にならない以前のことだよ。
何でも御維新前までは、さびしい漁村がぽつぽつあるぐらゐなものだつたさうだつたからね。

これは、田山花袋の『京阪一日の行楽』「神戸見物」の冒頭の文だ[1]。神戸は明治に入る

（1）　田山一九二三年

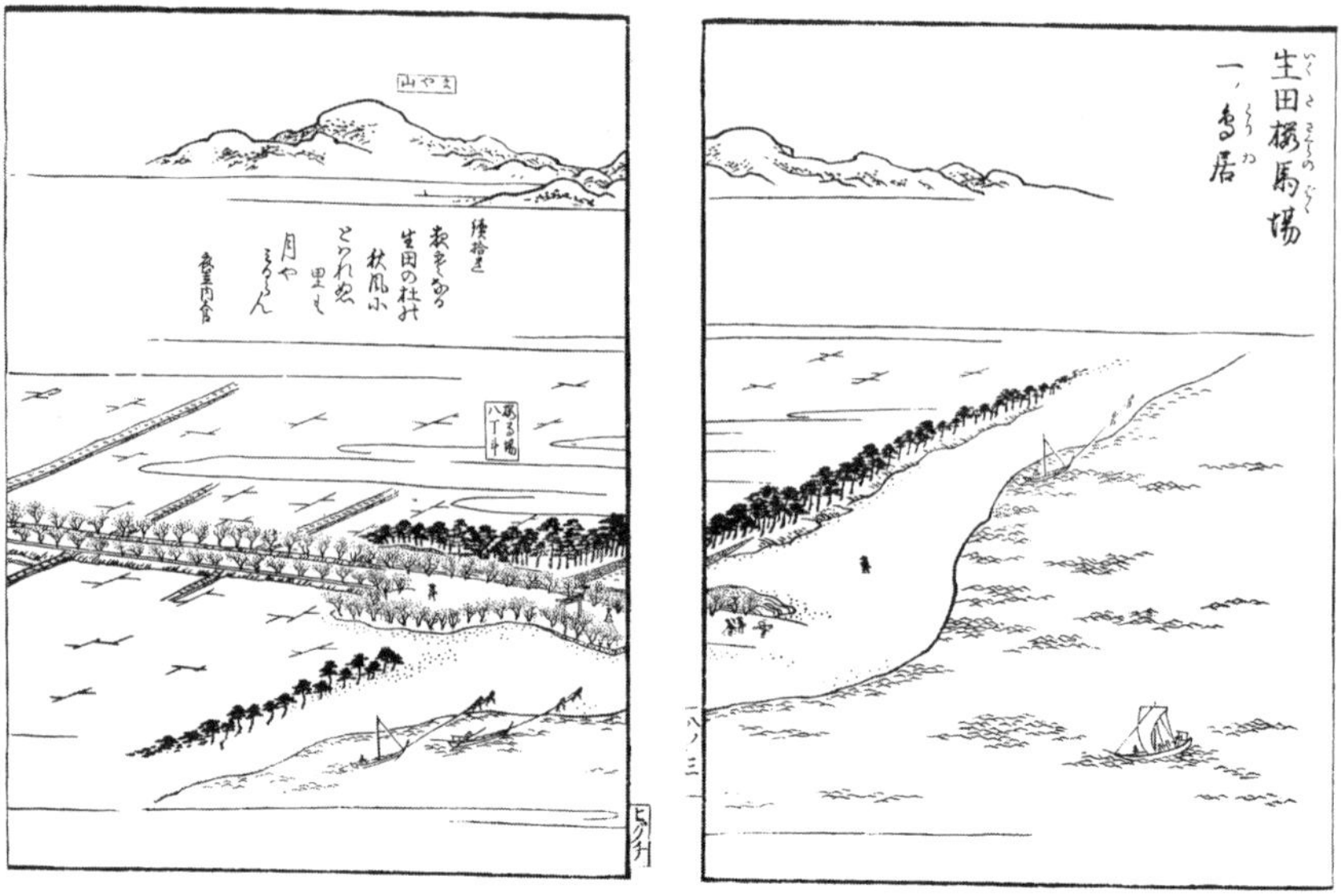

図1　摂津名所図会　(生田桜馬場の周辺)

前は寒村だった。地理学辞典にもガイドブックにも繰り返し表れるこの表現は、町歩きをしていて、いつもしっくりこない。繁華な港町へ変貌する以前の寂しい村をどう想像すればよいか、わからないからだ。明治から五〇年ばかりたった大正期の花袋は、波打ち際近く西国街道が通っていたこと、あの楠公の碑も刈稲に蔽われていたこと、現に名所図会にはそうした挿絵があること、義貞が生田の森を後ろにして陣した様もはっきり目に見えるような気がすると表現している。走水・二ツ茶屋・神戸と家はたいてい茅葺屋根で、時々酒造業者の倉庫や漁師・水夫の家もあった。一方、兵庫は昔から開けた港町である。そのため古い空気があるが、神戸は新しい発達し

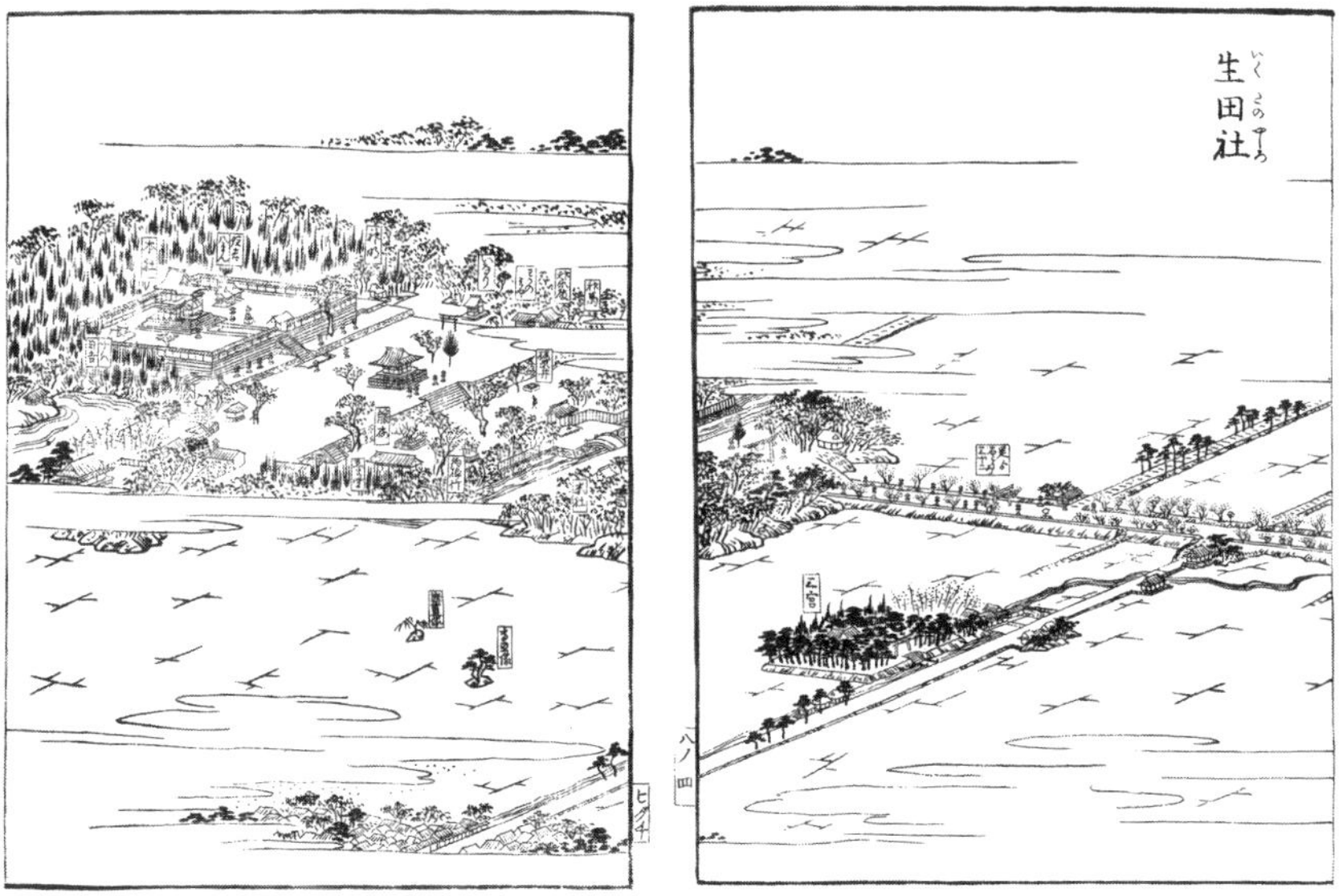

（生田社の周辺）

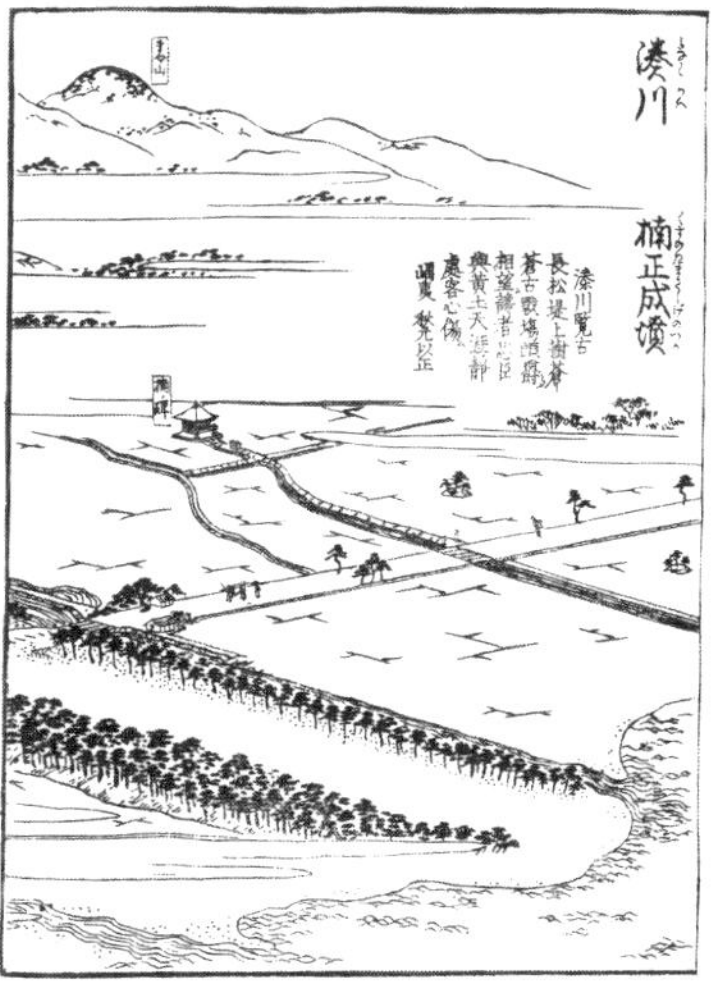

（湊川・楠木正成墳の周辺）

た感じがあり、開放的で、「まるで違う」(2)と花袋は二つの港町を対比している。

一八世紀末（寛政年間）に刊行された秋里籬島《あきさとりとう》の『摂津名所図会』を見ると、生田神社付近は確かに田園の広がる風景だ（図1）。ただし、目をこらすと、浜では船を曳く人びとの姿、参道にも人影があり、浜の松林や馬場の桜並木

（2）田山一九一四年

は人の手がゆき届いている。春には花見の場所にもなった。とすれば、寂しいとか寒村という表現は、繁華な今との相対か、兵庫との相対比較でそういわせたのだろう。どうも後に言葉だけが一人歩きした感がある。

江戸時代の終わり、神戸村に着眼したのは、勝海舟だった。幕府の軍艦奉行並だった海舟は次のように回顧する。

「私の汽船」で、一昼夜播磨・摂津の海岸巡視をするよう、姉小路や将軍家に勧め、自ら案内し、「その経緯で兵庫に海軍練習所ができることになった」、「おれは生田の森の方に宅を構えていた」、「いま兵庫県庁が建っているあたりも、当時おれの所有地だったよ」、「この土地も今はつまらない百姓家ばかりだけれども、早晩必ず繁華な場所になるから、地所などはしっかり買っておけ」と神戸村の庄屋である生島四郎太夫に話したら、維新後には高価になって「非常にもうけたそうだ」、「おれはなるべくは土地の者を使ってやろうという考えで、百姓などをたくさん用いたから、彼等も大いに喜んで働いた」、中には財産家になった者もずいぶんある。「こういうふうだから、おれも神戸へ行くと、なかなかもてるのさ。[3]」

海舟の晩年の回顧聞書である『氷川清話』が刊行されたのは、一八九八（明治三一）年頃である。砲台を設計し（写真1）、海軍練習所（操練所）を造り、神戸港開港に力を注いでいた海舟は、寄寓者の目で、開港直前の神戸を「今はつまらない百姓家ばかり」ととらえていた。

明治期にできた神戸市の市章には、カウベのカの字を扇にデザインし、二つの港が描かれる（図2）。中国や東南アジアの茶碗の数々、宋銭、船の廃材を再利用した防波堤など、

（3）　勝一九七二年

写真2　工楽松右衛門の墓（兵庫）
2008年

写真1　国の史跡・和田岬砲台　2008年
三菱重工神戸造船所内

写真3　和田岬（三菱重工神戸造船所内）から見た神戸港　2008年

図2　神戸市・市章

千数百年の海の歴史が堆積するのは、兵庫津である。(4) 二〇一八年、神戸市は「北前船の寄港地」として日本遺産に追加認定された。松右衛門《まつえもん》帆《ほ》の名で知られ、帆布の改良等に功績のあった高砂出身の工楽《くらく》松右衛門の墓（写真2）、淡路島出身の海運業者・高田屋嘉兵衛の本店跡、大輪田の泊の防波堤の礎石とみられる石椋《いわくら》、神戸大学海事博物館の弁財船模型や船道具など、ストーリーの構成文化財や遺物の多くが兵庫津関連だ。

では、なりたちの異なる港をもつ神戸の町は、どうして「一體に小ぢんまりしてゐる」印象が強いのか（写真3）。それを理解するには校歌斉唱が近道だ。

2　校歌斉唱

英文学者であり、和紙研究者であった寿岳《じゅがく》文章が作詞した甲南学園歌には、茅渟《ちぬ》の海と六甲の山が登場する。一番は、「みはるかす　茅渟の海／日にひかり　雨にけむり」と海、続く二番が「さわやかに　山のかぜ／目にしたし　木々のみどり」と山を歌う。六甲山の麓に位置する校舎の窓からは、茅渟の海をゆきかうタンカーと湾岸道路をゆくトラックが青く水蒸気を含んで霞んで見えている。

小中高と近在で学んだ神戸っ子にとって、大阪湾（茅渟の海）と六甲（武庫の山）は目に耳に親しんだ校歌斉唱の景色である。たとえば富田砕花作詞の御影高校校歌では、「武庫の　茅渟の　山が海が／はごくむ子ら　背丈のびて／思う自律」となる。

神戸高等商船学校校歌では、「ちぬの浦風静かにて／六甲の嶺《みね》霞こめ(5)」となる。霞みこ

（4）神戸市教育委員会二〇一七年、神戸市教育委員会文化財課二〇一七年

（5）渋谷一九三〇年

める眺めの先は、六甲の嶺だ。神戸高等商船学校は、大正期に私立の川崎商船学校から官立になり、戦後は神戸商船大学、二〇〇三年には神戸大学に統合された。甲南大学とは同じ東灘区内の海と山の関係だ。敷地には海事博物館とポンド（港）がある。学園祭には練習船・深江丸で大阪湾クルージングが楽しめる。

コンパクトな港町神戸とは、ひとえに山と海の接近がもたらす地勢によっている（写真4）。六甲山の断層帯が西肩で海に落ち込み、淡路島へと連なる。六甲山・淡路島断層帯である（図3）。

大輪田の泊（兵庫津）は、この断層帯が落ち込む内側にあり、旧湊川の三角州と明石海峡を勢いよく流れる沿岸流の土砂が堆積し、砂嘴《さし》となった和田岬に守られた。断層海岸に

写真4　ポートタワーから見た港町神戸　2009年（撮影：出口正登）

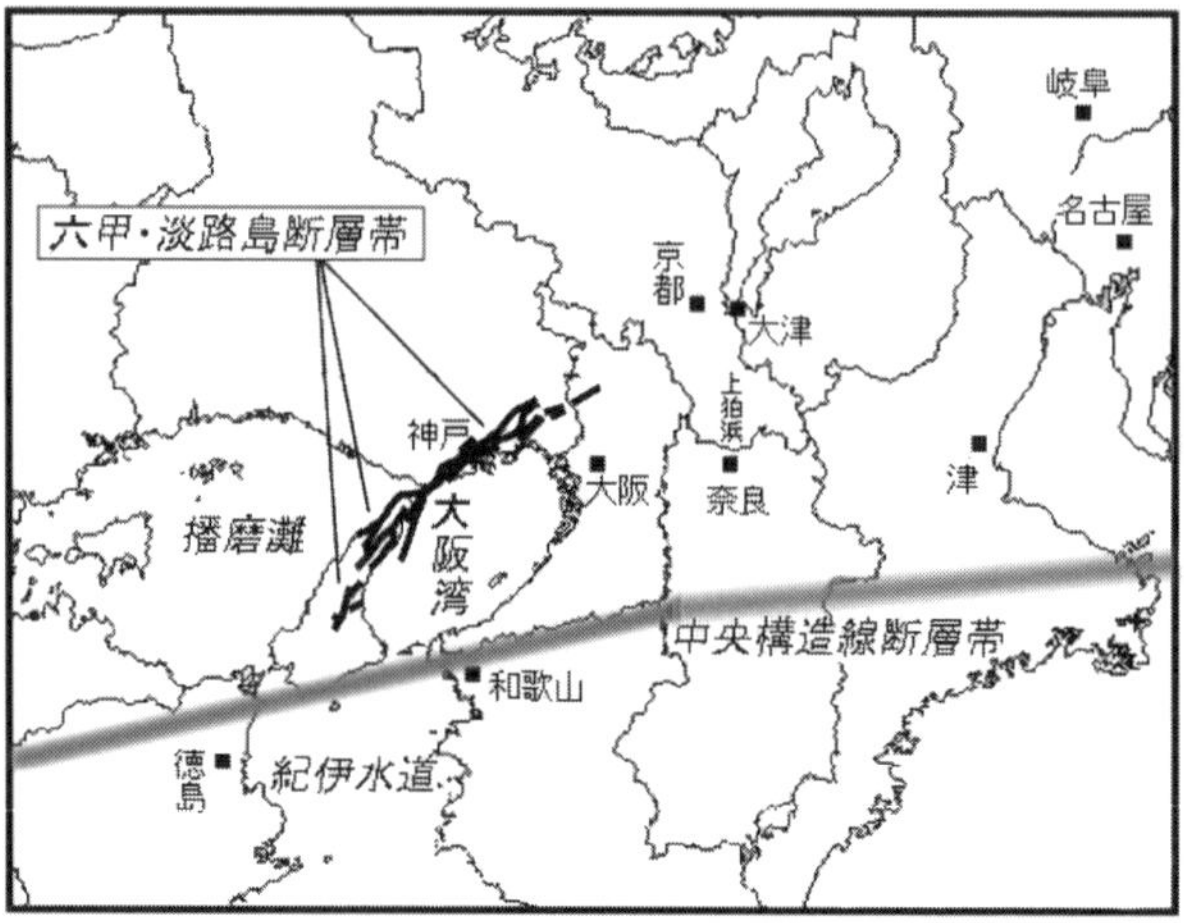

図3　関西湾岸図（地震調査研究推進本部の断層地図をもとに作成）
プレートの衝突によって生まれた断層のずれが陸地のしわとなり、瀬戸で連なる三つの海、播磨灘・大阪湾・紀伊水道を生んだ。神戸港は、大阪湾に位置するが、これら関西湾岸をつなぐ重要港でもある（出口2020年）。

こんなまとまった低地があるのは、とても珍しい(6)。港は、六甲の山並みによって北西の季節風から守られる。六甲山の南側斜面を流れる川は、いずれも急峻で、大きな川（一級河川）はない。山の土砂は、一気に海に押し流される。断層海岸ゆえ、一帯の水深は深く、港は容易に埋もれない。瀬戸内海を覇権とした平清盛が、大輪田の泊に目をつけ、福原に都を築こうとしたのも、日宋・日明貿易の拠点となりえたのも俯瞰すれば、プレートの運動によって天然の良港が生まれたおかげである。

四月初め、神戸の海は淡いピンクに染まる。山麓に満開になった桜が、雨で川や溝を伝い海へ流れ、しばらく浮かんでは漂う。とくに中突堤附近は、諏訪山公園の桜が流れ込み、「海で花見ができる」という(7)。山と川、海がおりなす港町神戸の、しかも港湾従事者だけが感づいている良景の一つである。

（6）稲見一九六〇年

（7）かどもと二〇〇三年

3　鉄道唱歌の車窓と人力車

汽笛一声、新橋を出た汽車は、神戸にたどりつく。一九〇〇（明治三三）年の鉄道唱歌（作詞大和田建樹）の神戸は、次のように歌われる。

神戸は五港の一つにて／あつまる汽船のかず〳〵は／海の西より東より／瀬戸内がよひも交じりたり（中略）

七度《ななたび》うまれて君が代を／まもるといひし楠公《なんこう》の／いしぶみ高き湊川／ながれて世々の人ぞ知る

おもへば夢か時のまに／五十三次はしりきて／神戸のやどに身をおくも／人に翼の汽車の恩

東西をゆきかう蒸気船の海、反対の車窓に映るは、湊川・楠公の石碑、一六九一（元禄五）年、水戸光圀によって建立された「嗚呼忠臣楠子之墓」は、江戸時代には田んぼのなかの名所であった。

鉄道は一八七二（明治五）年に新橋・横浜間で開通して以来、一八七四年には大阪・神戸間、七七年に京都・大阪間が開通した。それだけ開港場である神戸と横浜の重要度が高かった。新橋・神戸間が全線開通したのは一八八九（明治二二）年、街道の五十三次と比べると、陸蒸気の速さは夢のようで、汽車はまさに「人に翼」の文明の装置であった。

兵庫県の福崎に生まれた民俗学者・柳田国男が、一二歳にして故郷を出て、長兄のいる利根川のほとりに移り住んだのは一八八七（明治二〇）年のことだ。その時の鉄道はまだ全線開通していなかった。国男少年は、北条（現在の加西市）から人力車で神戸まで移動し、「西村屋だったろうか」、宿に泊ったのち、船で横浜へ移動した。西村屋とは、中突堤に面した栄町にあった西村旅館のことだ。最高級の老舗旅館で、フェノロサ、板垣退助、伊藤博文、山縣有朋、佐野常民、福沢諭吉、志賀重昂《しげたか》等、著名な政治家や行政官、学者、軍人などがよく泊った。宿は、一八七六（明治九）年から太平洋戦争の神戸大空襲で焼失するまで営業されてきた(8)。港には、はしけの出る桟橋が突き出ていて、沖に船はある。国男少年が乗った船は大型で、二千屯以上の船に乗るのだという誇りめいた興奮に、見るものすべてが珍しかった。この時はまだ蒸気といえば、蒸気船のことだったのだ。神戸へくる途中、明石あたりで見た海水浴の光景も鮮烈だった。一九五七・五八（昭和三二・三三）年の回顧当時、八〇を過ぎていた柳田は『故郷七十年』でこう振り返る(9)。

そこで西洋人が海水浴というものをやっていた。女が裸になってサルマタのようなものをつけて海に入ってゆく。「これが海水浴というものか」と、私ははじめて強い印象を与えられた。その時は、淡路を眺めるのがおろそかになったほどの強い印象であった。

四方を海で囲まれた列島でありながら、古来海女や漁師以外、海に慣れ親しむことの不

(8) 西村一九八〇年
(9) 柳田二〇一六年

得手だった日本人にとって、多少の潮湯治の民俗があったとはいえ、病気治療に始まり、避暑として定着していく海水浴は、まぎれもなく明治期に入った西洋文化であった。神戸の居留地近在の、須磨、明石、西宮などが海水浴適地として一等早く整備され、西洋人は率先して浜辺に集った。後に明石近辺を車窓から見ることはあったが、その時に比べればもっと昔風に思えたほどだったという。

車窓の景色は、近代に付け加わった風景の楽しみ方だ。村を次から次へと見比べていく面白み、時代によって心ならずも動かされていく有様を静かに眺めるのは、汽車の窓にして初めて可能になった。[10]そう指摘した柳田が、それより先んじてもっと大きな衝撃を経験していたのである。人力車が唯一の新しい手頃な乗り物だった時、「最も新しい明石を見た」。それは淡路島の遠景がおろそかになるほどだった。そんな目のくらむような初めて尽くしの変化に、明治の風景は突き動かされていたのである。

（10）柳田一九八九年

4　東神戸という日本遺産

神戸村の地名は、神社に付属し課税や賦役を行った民戸に由来するとされる。ここでの神社は生田神社だが、「かんべ」と読ませたり、「ごうど」、「かんど」などと読ませ、神戸と書く地名は全国にいくらもある。たとえば、岐阜県の揖斐川流域で、日吉神社の門前町として発達した安八郡神戸町は、「ごうど」である。愛知県渥美半島の田原市神戸は、伊勢神宮の神領があった場所で、「かんべ」である。そんな古い地名に由来する神戸とは別に、

写真5　東神戸と呼ばれた上狛浜　2020年
現在も茶の製造問屋が軒を連ねる

開港・神戸との繋がりから東神戸と呼ばれた場所がある。淀川に合流する三川の一つ、木津川流域の山城地域にある上狛《かみこま》浜だ。一帯は、室町時代すでに、中国から入った茶の栽培がみられた。幕末の神戸港開港で煎茶の輸出需要が高まると、一帯の茶の生産は飛躍的に増大した。上狛浜は茶の一大集積地となって、茶問屋街が形成され（写真5）、東神戸と呼ばれるほどの活気をえた。

明治期の横浜港が生糸を第一の輸出品としたのに対し、神戸港はお茶が輸出品一位を占める年が多かった。居留地には、アメリカのスミス・ベーカー商会、イギリスのハント商会、ヘリヤ商会など茶を扱う商館がいくつもあり、選別所で荒茶の精製や袋詰めがなされた。山城地域ともっとも多くの取引があったのは茶を専門に扱うヘリヤ商会で、その製茶場とみられる近代遺構が神戸市庁舎の一角から見つかっている。大手商会ではそれぞれ十棟程度の倉庫をもち、赤道直下を通っても変質しないよう、二千〜三千人もの焙じ人夫を雇って十分に乾燥させ、輸出された[11]。

パリを本店としたヲッペネメール・フワヤ商会は神戸居留地二八番に支店をかまえ、時計や洋酒等を日本へ輸入、扇子や刀、蛇の目傘、華莚《かえん》[12]等の日用・美術工芸品、魚油や寒天などを日本から輸出していた。同商会の茶の商標には「THE YAMASHIRO」と大きな文

(11)　山城茶業組合一九八四年
(12)　いぐさを染め、色あざやかな模様のある花むしろ

字に、女性が茶壷から茶を取り出し、袋詰めにする多色刷りの絵が描かれる（図4、口絵1頁）。静岡県菊川市立図書館蔵の『茶袋画面纒《まとい》』には一八九一（明治二四）年仕上げで「絵面判木新調、大坂長谷川、茶ハ神戸鷲尾買入、仕立ハ小野　西出…」とある。作者は「摂州神戸布引滝より海岸を見る図」[13]など、神戸の文明開化の錦絵を数多く描いていた浮世絵師、二代目長谷川貞信と目される。茶は神戸の売込商や仕立て工場をへて外国人商会と繋

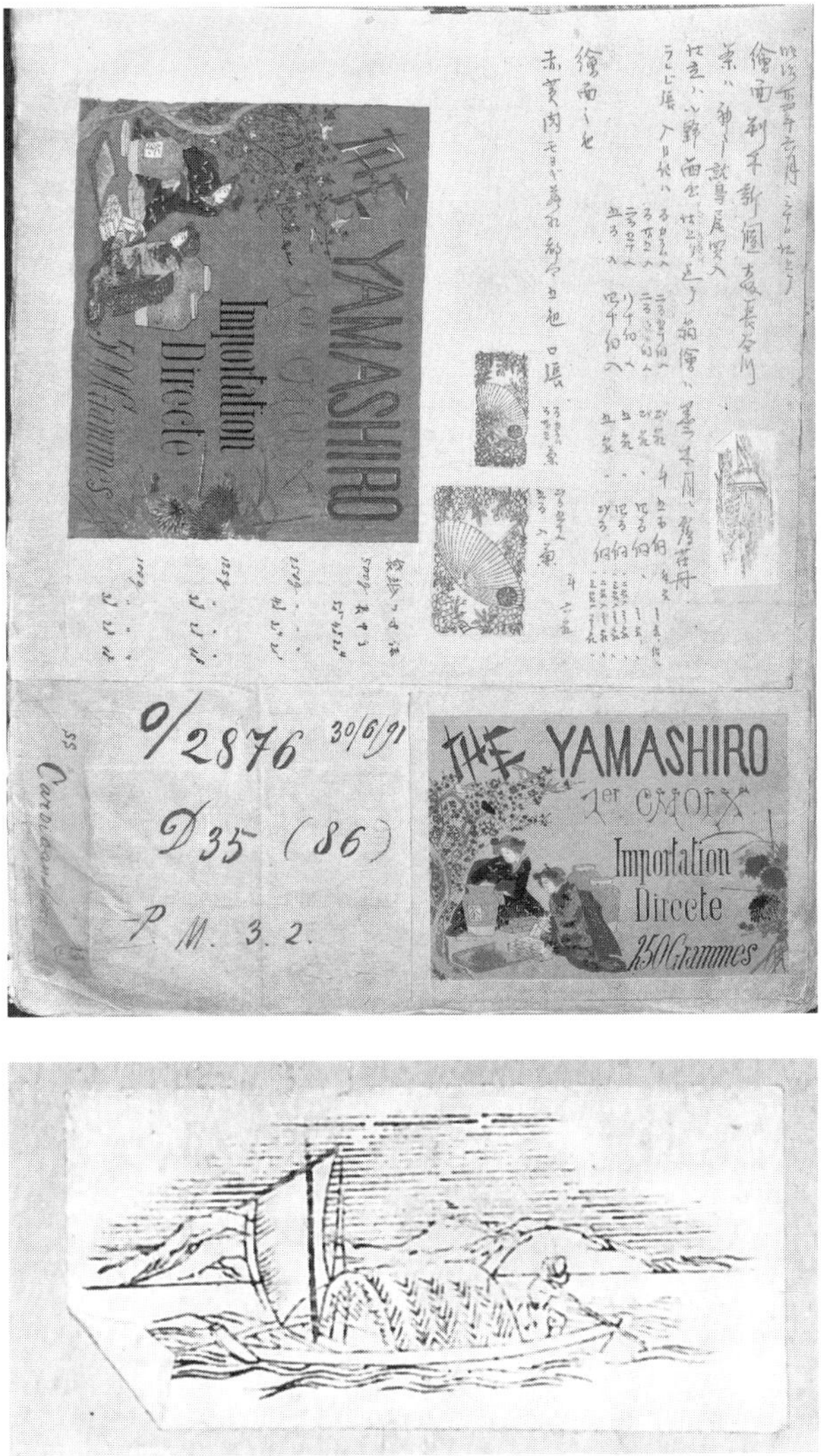

図4　山城茶の商標（神戸ヲッペネメール・フワヤ商会）
〔『茶袋画面纒』、菊川市立図書館菊川文庫蔵〕
下図は上図右端中央の拡大正図

（13）井手一九九四年、田井二〇一三年

がり、西洋人をとりこにする広告を浮世絵師たちが担った。蘭字と呼ばれた数ある商標のなかで、産地を大々的にデザインしているのは珍しい。それだけ山城の名は世界に通用する銘茶の産地だったといえる。

宇治・山城を含む一帯は、二〇一五年『日本茶八〇〇年の歴史散歩』として日本遺産（第一期）に認定された。東神戸、今神戸という上狛浜の呼び名は、ストーリーの構成要素として、今、再び光があたる。江戸時代、当地域は栽培する作物を瓜から綿、茶へと展開し、繁栄を持続してきた。それには上狛商人の売り広める商略商策が大きかった。神戸における上狛商人は絶大な権威があり、他府県の商人には到底まねのできないところがあったという。[14] 木津川から淀川をへて大阪へ、そして神戸港に船で運ぶ。鉄道が敷かれると、上狛浜から淀川の山崎まで船で、山崎に荷継の店舗をおき、あとは鉄道で輸送した。まさに鉄道唱歌の「淀の川舟さをさして／くだりし旅はむかしにて／またゝくひまに今はゆく／煙たえせぬ陸《くが》の道」を経験していた。山城茶の商標には横帆で大櫂をおすミヨシの立った帆掛け舟の小さな口紙が右端に見える。舟運はなくなったが、上狛浜は今も老舗が軒を連ねる茶業の町だ。駅に降り立つと、焙じ茶の香りがプンと漂う。

（14）前掲注11

5　人工島、そして神戸

コンパクトな港町も、高度経済成長期になると陸の手狭さをなんとかしなければならなくなった。平清盛の頃、すでに人工島・経ケ島は造られていたし、海岸線は沖へ沖へ徐々

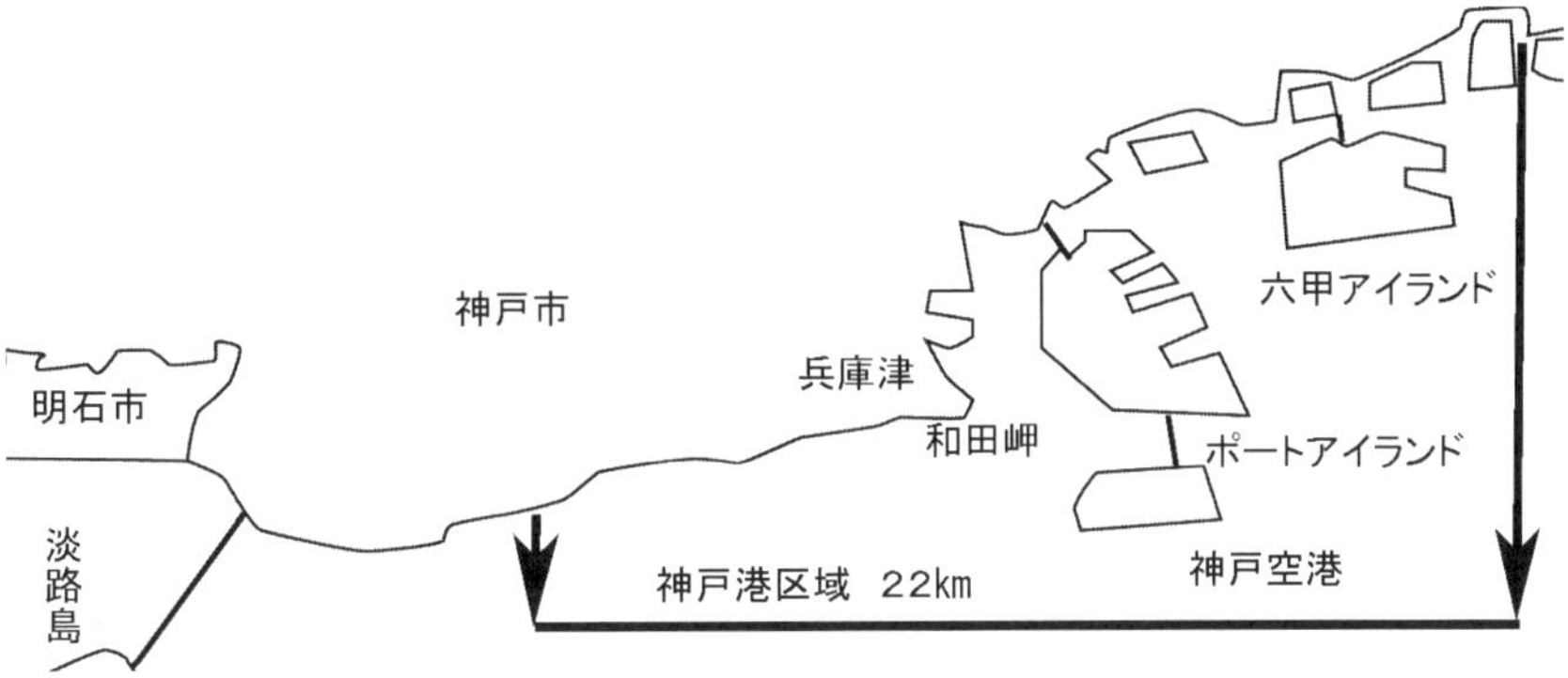

図5　神戸港の図

に伸長していた。ここへきて神戸市が本腰を入れたのは、山を削って島を造ることであり（図5）、山の造成地と人工島の造成地が、海・山双方で誕生した。

柳田の回顧談から一、二年たった一九五九（昭和三四）年、十六歳で広島の能美島から出てきた、かどもと青年は、神戸港ではしけの仕事に従事していた。当時の神戸港は、現在の姿から想像もつかないほど「小規模で古めかしい港」だったという[15]。人工島もポートタワーもなく、一九一二（大正元）年にできた川崎造船所のガントリークレーン、長い防波堤、沖にうかぶ貨物船のブイが港の風景だった。一般に港の主役は船足深く貨物を積んで入港する大型船と思いがちだが、はしけやタグボート、通船、水先案内船、燃料船や物売りの船など隅々に働く人びとが港の隠れた主役だという。船を動かすにも船は必要だ。そんな営みが港と町を近づけていた。

ポートアイランドには、港島という和訳そのままの地名がある。一九八〇年開校の旧港島小学校校歌（白川渥作詞）には「山、海に動く」のなりたちが次

(15) 前掲注7

写真6　ロープウエイから見た港町神戸　2009年
人工島が見える

のように歌われていた。

六《む》甲《こ》の山　海に移りて／新しき　島となりたり／風薫る　街となりたり／港島　学びの庭の／この土に　山の気　充ちて／われら若草逞《たくま》しく／のびゆかんかな　いざ　いざ

その後新たな人工島に神戸空港ができ、大阪湾南部の人工島・関空とも結ばれた。汽車を「人に翼」と見たてた時代は過ぎ、港は空の翼をもったのだ。それでも港町神戸は「こぢんまり」している。歩いて移動するのにちょうどよく、小分けで歩けるよさがある。以前、神戸に住む友人が、自転車に乗れないと誇らしげに語っていたのをよく覚えているが、神戸は坂が多く、自転車には向かない。一方、ロープウエイはあるし（写真6）、水陸両用船もある。

司馬遼太郎の「神戸散歩」には、居留地、布引の水、生田川ときて、神戸華僑歴史博物館・陳徳仁氏の館長室、西洋佳人の墓、青丘文庫が登場する。神戸人との語らいを通じ、京都・大阪・横浜と比較し、最後に韓皙曦《はんそくひ》氏の「神戸はよろしいな」でしめくくる。韓は神戸でケミカルシューズを作り、青丘文庫を創った人だ。いろいろ住んできたが、神戸ほどいい街はないという。[16] 神戸は「住んでよし」の町なのだ。これは、大事にされなければならない。それは「訪ねてよし」に勝るといってもよい。近年のインバウンドブームでも、

(16) 司馬一九八八年

神戸は外国人の主要観光地となり切れていないことが指摘されている。外国人訪問率は、兵庫県も高くはないようだ。神戸ならではの魅力的な観光ツール、ウオーターフロントへのアクセスや回遊性を高めることが課題にあげられている。(17)

兵庫県は、但馬・丹波・播磨・摂津・淡路と五国が集まる県だ。本州の中ほどに位置しながら、日本海と瀬戸内海の二つの海をもつ。兵庫県を「五つの国の寄せ集め県」にし、日本海と瀬戸内海の両方の海に面するよう決めたのは、出石藩出身で内務省の地理頭にまで登った桜井勉であった。自分の郷里を試験にしてみようと企てたという。(18)それは大久保利通が求めた「開港場である兵庫県の力を充実させる」考えと、県庁の数を減らすこと、藩内部の悶着を治める必要などから決定された。桜井が試験したかったのは、二つの海を川の舟運で南北に繋ぐことだった。丹波の由良川と武庫川を繋ぎ、円山川《まるやま》と市川を繋ぐ計画で、一部は実際に試されたが、現実味のない試験におわった。

ポートピア博覧会が開かれた一九八一年、小中学生向けの副読本『ふるさと兵庫の歴史』が刊行された。県政一五〇年を迎えた二〇一八年度にも、中学生向け副読本『ふるさと兵庫魅力発見！』が編まれた。(19)そこでの最初の議論は五国をどう一県の魅力として伝えるかであった。一五〇年前も四〇年前も今も、五国は健在で、五国あっての神戸港なのである。

県民や神戸っ子、内外の来訪者にとっても、神戸を基点に海との親和性を育むことは重要だろう。滋賀県の小学生は全員、学習船「うみのこ」に乗って琵琶湖での環境学習を経験する。兵庫県の子供たちにも港町神戸を俯瞰する機会、たとえば播磨・摂津・淡路が接する関西湾岸を船旅で修学する機会があってよい。

(17) 神戸市二〇一七年

(18) 前掲注9

(19) 兵庫県一九八一年、兵庫県教育委員会二〇一九年

〔参考文献〕

秋里籬島『摂津名所図会』二、臨川書店、一九九六年

井手暢子「神戸ヲッペネメール・フワヤ商会輸出デザイン資料一八八八〜一八九四　その二」『常葉学園短期大学紀要』二五、二七一〜二八六頁、一九九四年

稲見悦治「港都神戸の都市と海岸線の変遷」『歴史地理学紀要（地域の変貌）』二、一五五〜一七六頁、一九六〇年

勝海舟・勝部真長編『氷川清話』角川文庫、一九七二年

かどもとみのる『メリケン波止場』長征社、二〇〇三年

神戸市『挑戦・進化を続けるみなと神戸〜新たな価値創造を目指して』二〇一七年

神戸市教育委員会編『兵庫津遺跡　第六二次発掘調査報告書』二〇一七年

神戸市教育委員会文化財課『〝大輪田〟〝兵庫〟そして〝神戸〟』二〇一七年

司馬遼太郎『神戸・横浜散歩、芸備の道（街道をゆく二一）』朝日文芸文庫、一九八八年

渋谷白涙編『全国校歌寮歌応援歌集』浩文社、一九三〇年

田井玲子『外国人居留地と神戸』神戸新聞総合出版センター、二〇一三年

田山花袋『日本一周（前編）』博文館、一九一四年

田山花袋『京阪一日の行楽』博文館、一九二三年

出口晶子「関西湾岸エリアの海の文化観光と広域連携」『甲南大学総合研究所叢書』一三九、六一〜八二頁、二〇二〇年

西村貫一『西村旅館年譜』西村まさ、一九八〇年

兵庫県『ふるさと兵庫の歴史』兵庫県文化協会、一九八一年

兵庫県教育委員会編『ふるさと兵庫魅力発見！』二〇一九年

柳田国男「豆の葉と太陽」『柳田国男全集』二、ちくま文庫、一九八九年

柳田国男『故郷七十年』講談社学術文庫、二〇一六年

山城茶業組合編『山城茶業史』一九八四年

須磨浦山上から見た神戸　2016年
神戸空港・大阪湾岸が見通せる。遠くの山並みは生駒から和泉山脈

column

「小さな」地中海の交易網――兵庫津と比較する

佐藤公美

　気候温暖な閉鎖海域である瀬戸内海は、しばしば地中海と比較されてきた。とはいえ地表に占める面積の大きさを考えれば、地中海は瀬戸内の約一二五倍に相当し、これと同じ規模にするためには、日本海・東シナ海・黄海・瀬戸内海全て足し合わせなければならない。そう考えてみれば、これら四つの海を連続する一つの海域と考え、その中の小さな海として瀬戸内を考えるという視点もありうることに気づかされる。F・ブローデルが地中海を個性あるいくつかの「狭い海」からなる全体として描いたことも想起されるだろう。ここでは、このような「狭い海」を念頭において、瀬戸内と地中海の中世の港を比較してみたい。

　神戸ゆかりの中世瀬戸内の港といえば兵庫津だが、中世地中海のヴェネツィアやジェノヴァといった巨大な経済力と軍事力、海外居留地、植民地も持つ大都市共和国の港とはあまり似ていないように思える。ならば瀬戸内と地中海は比較不可能なのかと言えば、そんなことはない。そう見えるとすれば、むしろこれまで地中海を研究するわたしたち自身がヴェネツィアやジェノヴァを地中海の代表と思い込み、その周りに広がる群小の港の網の目に十分な目を配ってこなかったからかもしれない。だからこそ、兵庫津と比較しようという発想で地中海を見つめなおしてみると、それまで見えなかったものが新しく浮かび上がってくる。

　兵庫津は中世の物流の大動脈＝瀬戸内の中心的港だ。史料としては文安二（一四四五）年の「兵庫北関入船納帳」が有名で、入港日、船籍地、関銭の額と納入日、積荷とその数量、船頭の名前と荷受人の名前などが記されている。播磨・備前・讃岐の三国が全船籍地の半数近くを占めており、淡路島をまん中においた東瀬戸内の小さな海域が見えてくる。商品は穀物、海産物、建築用材、原料品、手工業製品など多様だが、最も重要なのは米と塩のようだ。この史料による情報に限った話ではあるが、兵庫津の交易は、大消費地向けの都市生活の必需品を中核としている。それも積み替えの輸入品ではなく、基本的にはドメスティックな交易だ。この国内的交易網が、日本海・東シナ海・黄海・瀬戸内海海域と時代に応じてつながってゆくわけである。

　このような兵庫津と比較する上で興味深い一例が、同じ一五世紀のナポリ王国の港網である。こちらも残念ながら史料は断片的であるが、日本の関銭に相当するものの徴税記録簿や裁判記録などもある。また、支払い不履行や契約違反など、商業にはしばしば係争が発生するが、ナポリ王国ではこれらの係争の記録が残されており、最近、E・サケッラリオーという研究者が分析した一四〇〇年代から一五〇〇年代に関する研究成果がある。

15世紀中葉のナポリ王国と主要な港市

　サケッラリオーの著書によれば、記録された一二〇件近い航海中四四航海が海岸沿いの近距離港交易に関するものである。船主の出自が判明しているのは一六三名で、うち八六名がナポリ王国出身だ。ナポリ王国の商業と言えば、アラゴン王家の出身地であるカタルーニャの商人や、金融力のあるフィレンツェ人などが注目されていたのだが、海岸沿いの中・短距離交易を見れば、当然ながら王国現地の商人も活躍している。商品を見れば、毛織物など奢侈品も含まれてはいるのだが、重要なのは農業生産物、とりわけ穀物・塩・ワインである。要するに、この点に関しては瀬戸内の交易と共通の性格が浮かび上がってくる。このコラムでは紙幅の都合で詳述できないが、商品ごとに航路や港の性格の違いも垣間見え、じつに興味深い。

一方、ナポリ王国近海と瀬戸内の交易の違いはと言えば、ナポリ王国の交易を「国内交易」とは言えないことだ。王国内での交易が多いとはいえ、イタリア半島自体が陸続きで多くの国に分かれていた上に、アドリア海でもティレニア海でも比較的近距離で外国と交易できたからである。このような類似と相違があるからこそ意外な発見も生まれる。距離や規模、商品内容のよく似た二つの海上交易が、国をまたぐか否かという政治や外交上の条件によってどのような違いを見せ、その違いにも関わらずどのように似ているのかを考えることも有意義だろう。こんなふうに自他の眼差しを交錯させながら発見を続ける歩みも、国際都市神戸には似合っているだろう。

〔参考文献〕

神木哲男「平清盛のベイエリア開発　大輪田泊から兵庫津へ」神木哲男・崎山昌廣編著『歴史海道のターミナル　兵庫津の物語』神戸新聞総合出版センター、二七～五五頁、一九九六年
同「中世の瀬戸内海と兵庫津――「兵庫北関入船納帳」が語るもの――」同書、一〇三～一四九頁
崎山昌廣「歴史海道のターミナル」同書、二三三～二六八頁
陣内秀信『興亡の世界史8　イタリア海洋都市の精神』講談社、二〇〇八年
F・ブローデル著、浜名優美訳『〈普及版〉地中海I　環境の役割』藤原書店、二〇〇四年
E. Sakellariou, *Southern Italy in the Late Middle Ages. Demographic, Institutional and Economic Change in the Kingdom of Naples, c. 1440-c. 1530*, Leiden/Boston, Brill, 2012.

六甲山の歴史
——植生景観の変遷——

鳴海邦匡

はじめに

大阪湾の北部にそびえる六甲山地は、神戸のまちに欠かせない存在のひとつとして、その背後に位置する。この山地は、瀬戸内海沿岸の須磨辺りを西端として、東部に進むほど高く、最高峰の六甲山を経て武庫川西岸へと至っており、その山塊は東西の長さ約三〇キロ、南北の幅約八キロとなっている。さらに、その地形は、比較的平坦な山頂に対し、南東の平地に向かって急峻な地形となっていることが分かり、それは複数の断層により形成された断層崖となるからである。

現在、六甲山地は瀬戸内海国立公園の区域に含まれ、神戸の人たちにとっては、常に緑の山並みが見え、自然を楽しむ場所となっている。その植生をみると、ほとんどは二次遷移[1]のものとなっており、アカマツ林やコナラ林が広く分布し、それにスギやヒノキなどの植林も混じるが、近年では、アカマツ林が松枯れの影響もあって減少し、コナラ林が増加するという現象がみられる。ともかく、こうした二次植生[2]が形成される要因は、植生被覆の後退した景観がかつて形成されていたことによるもので、近代以前の六甲山地の植生景観は現在とは大きく異なっていた。以下では、そうした六甲山地の植生景観を、古地図資料を使ってみていくことにする。

(1) 既存の植生が失われた後に植生群落が定着すること

(2) 極相植生が何らかの要因で失われた後に再生した植生を指す。多くの場合、人為的に遷移の進行が抑えられた植生の状態を示し、その林地を二次林という。

1 一九世紀末頃における六甲山の植生景観

まずは明治期の状況からみていきたい。最初に紹介する写真(図1)は、明治中期に海上から神戸港に向かって撮影されたもので、まちなみの背後に六甲山地が写されている。その山並みをみると、色の濃い部分と薄い部分の二色に大きく分かれるのが確認され、その景観は現在と異なっている。さらに、この写真の色の濃い部分をよくみると、樹木が密生している様子を確認でき、色の濃い部分が山腹に形成された林地、上部の山頂にかけて色の薄い部分が植生被覆の乏しい状態の部分を表していることが分かる。

この頃の六甲山の景観について、植物学者の牧野富太郎は次のような文章を残している。彼は、一八八一(明治一四)年四月、郷里の高知より初めて東京に向かう折に神戸港へ入港した際、船上より六甲山を眺めた印象を「私は瀬戸内海の海上から六甲山の禿山を見て

図1　神戸港沖から見た六甲山（『神戸写真帳』（仮題））、明治中期、神戸市立博物館蔵、Photo: Kobe City Museum/DNPartcom

びっくりした。はじめは雪が積もっているのかと思った。土佐の山に禿山など一つもないからであった」と記している。植物学者であった牧野は、このエッセイ中、ほかにも多くの植物に関する話題を記しており、そうした関心から六甲山地の植生景観についても気付いたことを記したのであった。この六甲山の植生に関するコメントは、先の写真の内容に通じており、六甲山地において、当時、こうした景観が恒常的にみられたことがうかがえる。

近代地形図にみる六甲山地の植生景観

それでは、次に明治の地形図から、六甲山地の植生をみていきたい。関西における明治期の地形図としては、仮製地形図（仮製図）の存在がよく知られる。それは、参謀本部陸地測量部によって、一八八四（明治一七）年より作成された縮尺二万分の一準正式地形図である。この図を仮製や準正式とするのは、都市部における地図利用の必要性から、正規の三角・水準測量網が整う前に、平板測量に基づいて応急的に作成したためである。ちなみに、関東のものは迅速測図の名で知られる。この仮製図は、西南戦争後間もない時期に作成されたということもあり、国内の軍用地図的な性格が付されたことで、行軍などの軍事行動に影響するような土地の状況や植生の状態について凡例を細かく定めて示すという特徴がある。

ここで紹介する図2は、一八八五（明治一八）年頃測量の仮製図をベースとして、六甲山地の植生景観の概要を表すために作成されたものである。この図では、六甲山地の山頂付近を東西に広がるエリアに「荒廃地（はげ山）」を示すが、その部分を実際の仮製図で確認すると、それとは異なり「尋常荒地」の記号で示されることが分かる。この「尋常荒地」で表す土地は、樹木の乏しい雑草の慢生する状況に対応するとされ、単に荒廃しているということではない。こうした土地の状態は、前項で紹介した六甲山地の写真や牧野のコメントに一致する内容といえる。また、山腹の林地についても、同様に仮製図で確認すると、小型もしくは中型の「松林」の記号で主に占められた地域であることが分かる。この「松林」の種類は、その自然条件や写真の樹形などからアカマツ林と判断される。

その後、六甲山地周辺では、正規の基準点（三角・水準点）に基づいた初めての地図として、一九一〇（明治四三）年の測量データに基づいた正式二万分の一地形図が陸地測量部により作成された。そのうち「神戸」図幅（図3）をみると、六甲山地の山頂付近に「荒地」の記号で示す土地が広がっており、仮製図において「尋常荒地」で示されたエリアと重なることが分かる。ところで、仮製図と比べて正式二万分の一地形図の地図記号は、内容のぶれを防ぐ目的もあって大幅に統合されて減少しているが、この「荒地」は「尋常荒地」の内容と重なっている。双方の図を比べると、正式二万分の一地形図のほうが「荒地」のエリアが減少し、それが林地（針葉・広葉樹）に変化している。

これらのことから、明治期における六甲山地の植生景観は、山頂付近において樹木の乏

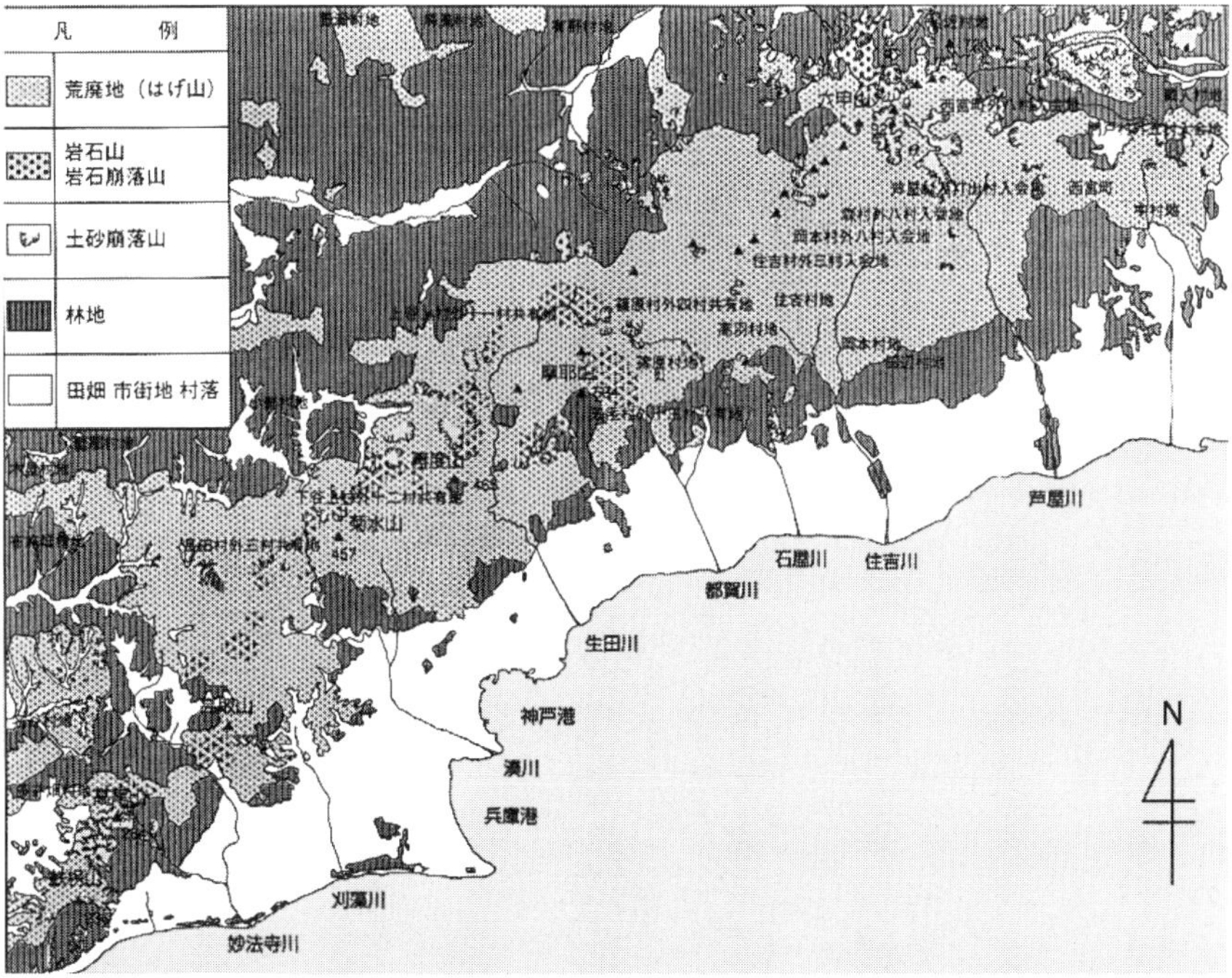

図2　仮製地形図より作成した六甲山地の植生（出典：松下まり子「六甲山の緑の変遷」『地図中心』418号、2007年）

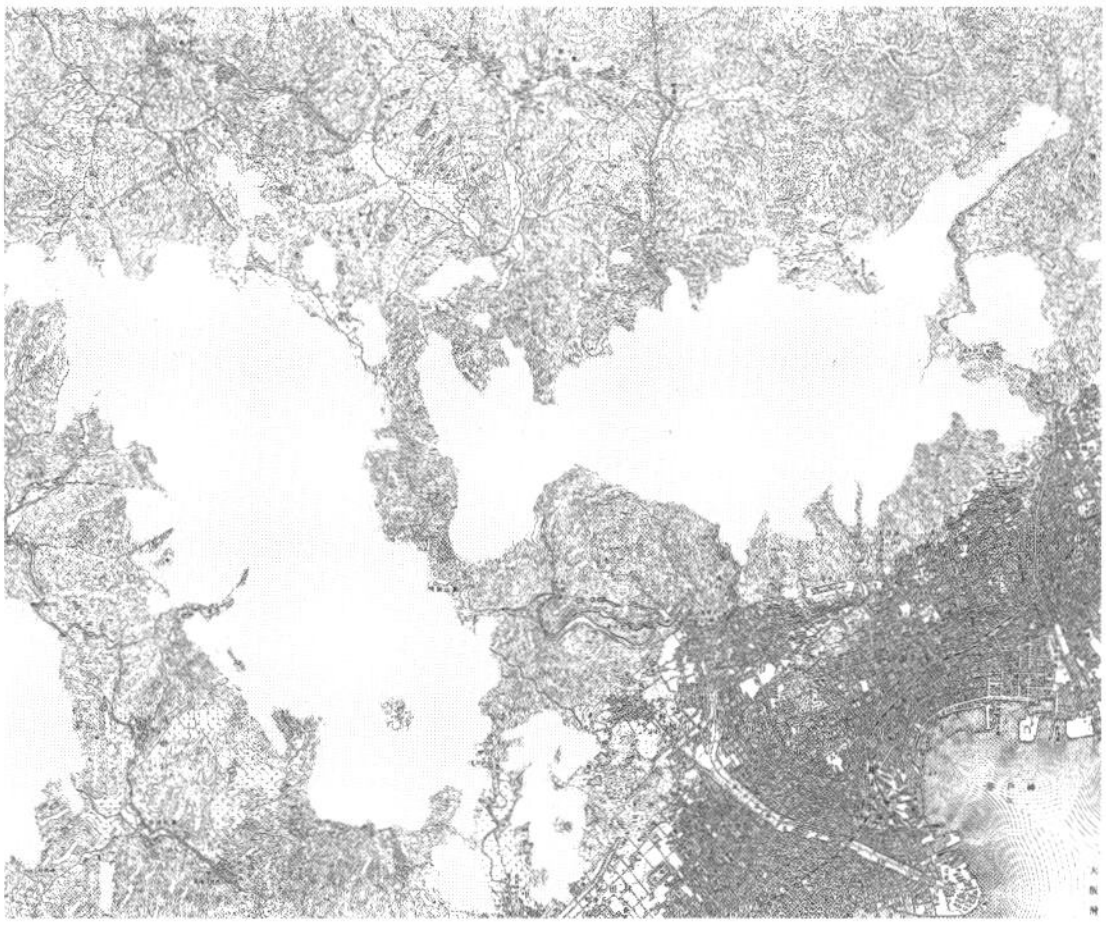

図3　地図資料編纂会編『正式二万分一地形図集成』関西（柏書房、2001）「神戸」より「荒地」部分（ベタ塗り）、1910（明治43）年測図

しい植生被覆の後退した景観が徐々に減少しつつも維持される一方、山腹においては主として小・中型のアカマツ林が形成されていたことを確認できた。それでは、次に近世にさかのぼって、六甲山地の植生景観をみていくこととしたい。

2　近世における六甲山の植生景観

この項では、近世の六甲山地の植生景観について、古地図資料を主に使ってみていきたい。近世においては、近代地形図のように、広範囲にわたり統一的な基準で作成され、定まった図式を用いて土地利用や景観を表した地図は作成されていない。近世の絵図は肉筆と印刷（木版刷）のものがあり、その多くが何らかの目的をもって作成された主題図となっている。土地利用や植生景観を知るために古地図を素材とする場合、主題との関係から、それを描く必要のある肉筆の地図を利用するのが適切と考える。そうした視点から、以下では、参勤交代時における行程の参考とした道中図と、六甲山地での争論の過程で作成された論所絵図を選ぶこととした。

「行程記」に描かれた六甲山地

ここで紹介する「中国行程記」は、藩命により萩藩絵図方の担当のもと、郡方地理図師である有馬喜惣太が中心となって、一七六四（明和元）年に作成された道中図である。この折本仕立ての八帖からなる道中図は、周防・安芸国境の小瀬川から京都伏見までの山陽道と畿内の別路線を範囲とし、六甲山地の南側を通る西国街道筋の全行程も含む。この行程記は、取り挙げた萩博物館所蔵分のほかに山口県文書館所蔵分もあり、前者が有馬家から寄贈されたもの、後者が正本としてまとめられたものとされるが、比べると前者のほうが細かい描き分けがなされているため、萩本を用いることとした。

この道中図の表現は、中心の街道筋に沿った左右の地域を上下に展開させたうえで連続するように描いて画面が構成されており、街道筋から、隣接する平地、さらに奥の山や海という順に両端に向かって配置するパターンとなっている。街道からの仰見図として描かれる山々は、単なる記号としてでなく写実的に描かれ、ある程度、実際の景観を反映したと判断できる。それは、街道筋からの眺めを行程時の参考とするために描いたからと考えられ、それゆえ、描かれた内容は恒常的な景観として認識されたものと思われる。例えば、そうした現地で実際に観察したことを表すものとして、同一の山を視座毎に繰り返して配置した場合があり、六甲山地界隈では、摩耶山、再度山、鷹取山（高取山）、甲山がその例となる。

また、山地や植物に関する表現についても多様に描き分けられることが分かる。山は緑色か茶色で彩色されたうえに、山肌に斑状の模様を付す場合もあり、また、樹木が、様々な粗密の程度で多様な状態として表現され、独立樹が描かれることもある。そうした植生描写に対応するような注記を付す場合もあり、その描写内容をうかがえる。例えば、独立樹のなかには、名所や山頂の目印となる樹木として、松、桜、榎などを、その由来や「大松」といった注記と共に描く場合がある。また、山々の植生景観の描写内容に対応するように、マツ型の樹木を描く山には「松山」「松原」「松林」、緑色の山は「原」、茶色の山に

①
②
③

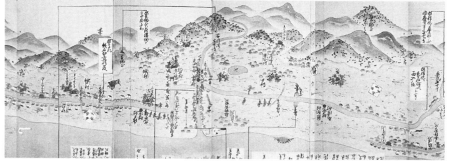

図4　「中国行程記」五巻より①西須磨村周辺・②板宿村周辺（鷹取山付近）・③生田川筋周辺、表紙13.8×28.5／横幅の総計1269.6cm、萩博物館蔵（旧明倫小学校蔵資料）

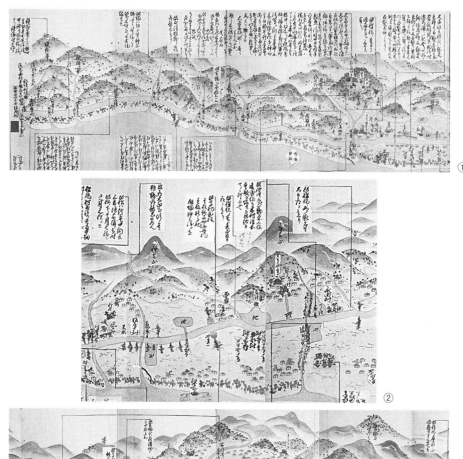

は「白ハゲ山」と注記されることもあり、街道筋から見える範囲に限定されるが、山々の植生景観に関する描写は参考になると評価できる。

では、この「行程記」の描写内容から、六甲山地の植生景観の概要をみていくこととする（図4①〜③）。六甲山地のうち、西側の西須磨村辺り①は街道沿いの山から奥の山まで樹木（松）の描写を認めることができるが、板宿村辺り②から東は街道沿いの山々に樹木を、その奥の山は樹木がないものが一般的な表現となっており、それらは緑色と茶色で彩色された山々が混在して描かれ、斑状の模様を付す場合も多く認められる。また、例えば生田川筋周辺③に位置する摩耶山のような寺社周辺の山には樹木を密に描くほか、独立樹（月見松などの名称を付す場合も）を山頂に描く場所も認められ、こうした独立樹を麓から確認できるのは、周囲の植生被覆の乏しい状況であるためとみなせる。

これら六甲山地に関する表現は、前項で紹介した明治期の地形図や写真などから明らかとなった六甲山地の植生景観に共通する内容となっており、こうした景観が近世から継続するものであったことが分かる。そこで、次は、これらの描写内容を確認するため、同じ近世の資料と比較するとともに、その植生景観がどのような状況で成立したのか考えるため、論所絵図を素材にみていくこととしたい。

論所絵図に描かれた六甲山地

近世において、土地の境界や資源の利用をめぐり争われた場所を論所とよび、その訴訟過程で論所絵図を作成する場合があった。ここでは、六甲山地をめぐる争いを通じて作成された論所絵図から植生景観について考えることとしたい。それは、こうした絵図が、当時の六甲山地の植生景観を考えるうえで適切と考えるからである。以下では、行程記の内容を検討する意図から、六甲山地のうち、板宿村以東と西須磨村界隈の二つの地域に分けてみていく。

まずは板宿村以東の事例として二件の山論絵図を紹介する。最初の事例は、一六六九（寛文九）年九月四日付の「板宿村禅昌寺・西代村妙法寺村山論裁許絵図」（図5）であり、これは鷹取山（高取山）の南側を描いた図となっている。この争論の訴訟方である禅昌寺は、一四世紀中頃に月庵宗光が開山したとする臨済宗南禅寺派の寺院で、室町時代以降、幕府等により寺領の安堵や諸役の免除が行われ、近世においても境内山林竹木などの諸役が免除された。神撫山と号する鷹取山の西麓部に位置する禅昌寺側が、その地を入会利用する幕府領の西代・妙法寺村に対して、全山を寺領と主張したことから争論となった。争論の裁許は、京都町奉行が管轄し、現地に派遣された検使の検証などを経て、両村による入会利用を確保し、禅昌寺領を背後の山に限るとする裁許が下された。

図5はその時に京都町奉行と京都所司代から下された裁許絵図の写しで、この図によると、鷹取山南麓に松林で占められた禅昌寺境内を位置付け、その西側を妙法寺村分の山、東側から山頂にかけてを西代村分の山としたことが分かり、確定した境界筋のポイントに裁定者が捺印している。この図における鷹取山の描写は、禅昌寺境内を松林、周囲の両村の山を樹木の無い山として描き、鷹取山の山頂付近には目印となる樹木（松型）を二本描いている。この裁許の後、再び鷹取山周辺の利用をめぐって、主に西代村と池田村との間で争論となり、一六七四（延宝二）年付で境界筋を確定するための論所絵図が作成されたが、それは図5の裁許絵図を参照したうえで、集落までの麓の山を描き加えた構図となってい

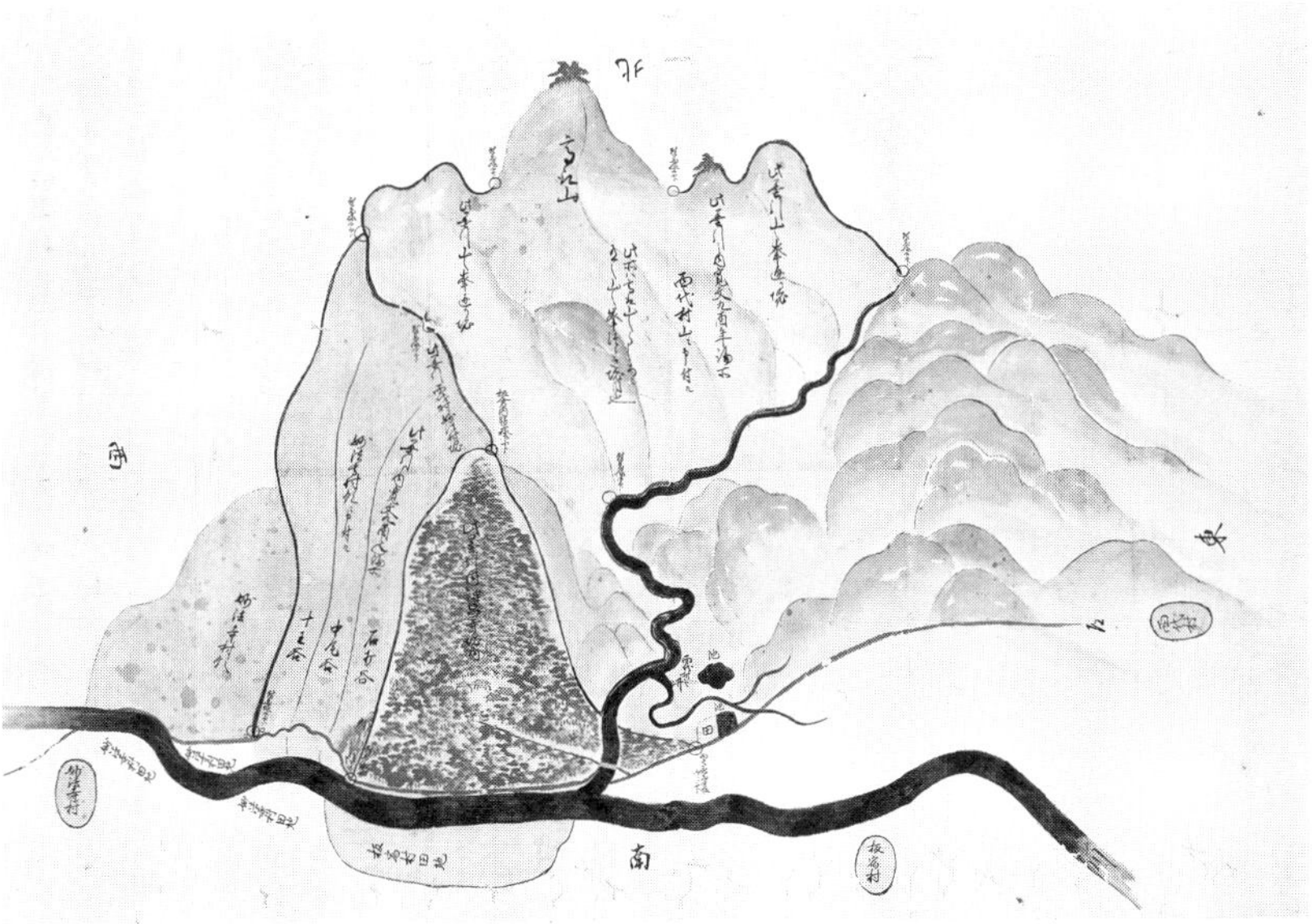

図5　「板宿村禅昌寺・西代村妙法寺村山論裁許絵図」（写）、1669（寛文9）年9月4日の写し、105.5×155.0cm、神戸市立博物館蔵、Photo: Kobe City Museum/DNPartcom

る。それらの山の植生に関する描写をみると、樹木の乏しい鷹取山周辺に対し、麓の山にまばらではあるが全体的に樹木を描く内容となっており、作成時期は異なるものの「行程記」（図4②）の描写と共通している。

次に紹介するのは、一七一九（享保四）年九月付の「福原庄六ヶ村・生田村山論絵図」（図7）であり、生田川筋を挟んで西側の旧福原庄と東側の旧葺屋庄の村々の領域とその山を描いている。この争論は、一七一七（享保二）年に両庄の村々の間で生田川筋や入会山[3]の境界をめぐり起こっ

（3）　近世においては、一村または複数村の住民（多くは本百姓）が慣習法に基づき共同で林野資源を利用した山のことで、その利用税として領主に年貢（小物成、山手米、山年貢など）を納めるのが通例であった。

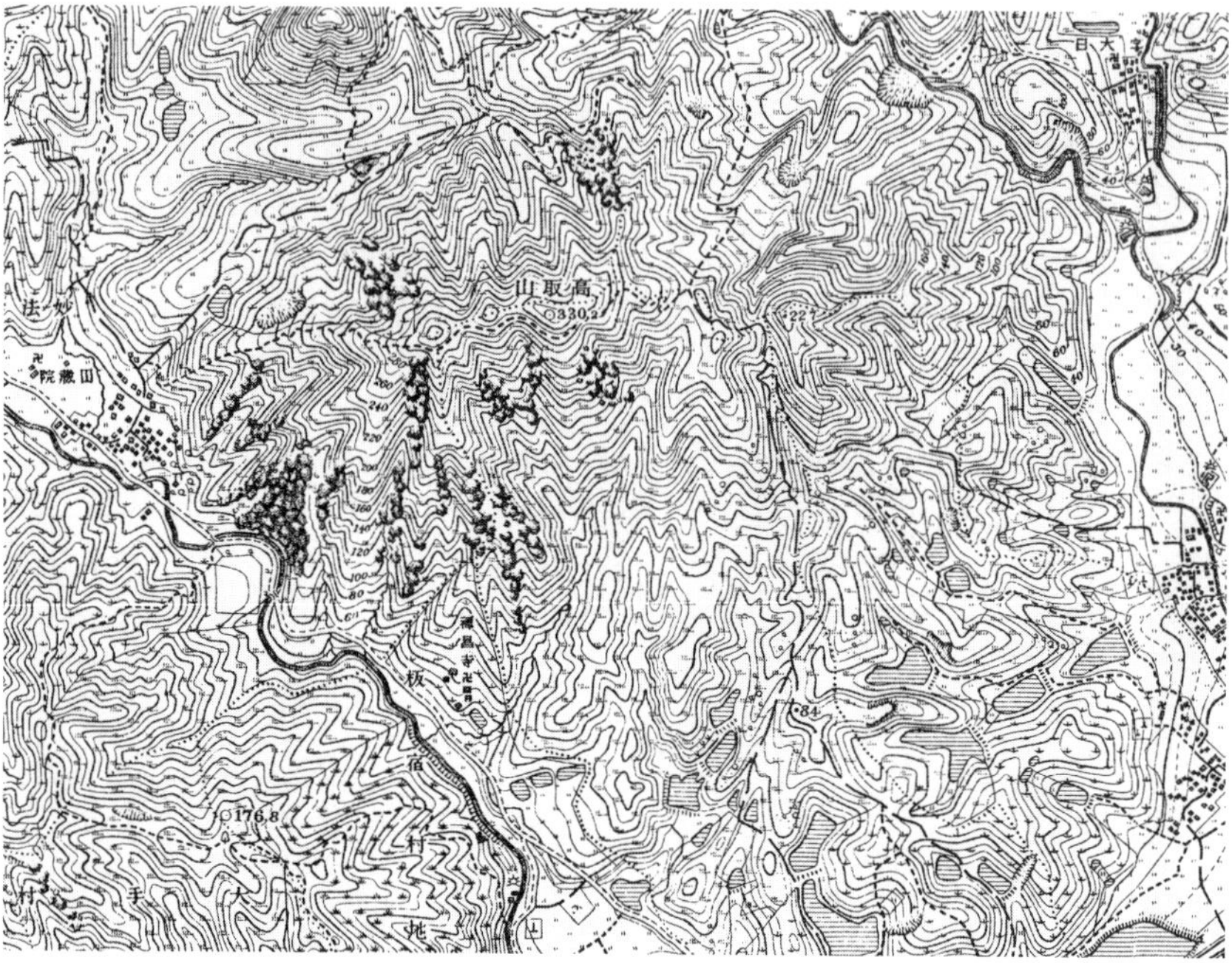

図6　仮製地形図「兵庫」図幅より高取山周辺（1885（明治18）年測量）
※「松林」とする禅昌寺境内の背後に位置する高取山一帯は「尋常荒地」の記号で占められており、図5の裁許絵図の描写に通じる内容となっている。

たもので、それが八部・兎原郡境に位置することから郡境争論として争われた。生田川筋を郡境としたのは、片桐且元らによる一五九四（文禄三）年の検地時であったが、山裾から河口までは平地ゆえに明瞭であるのに対し、山間部は不明瞭となっていた。また、山の北側の境についても、この時、争点となっており、両庄は「口一里山」の北に位置する「中一里山」と呼ぶ地域の草山も自領と主張した。この中一里山は、一七世紀の初め、

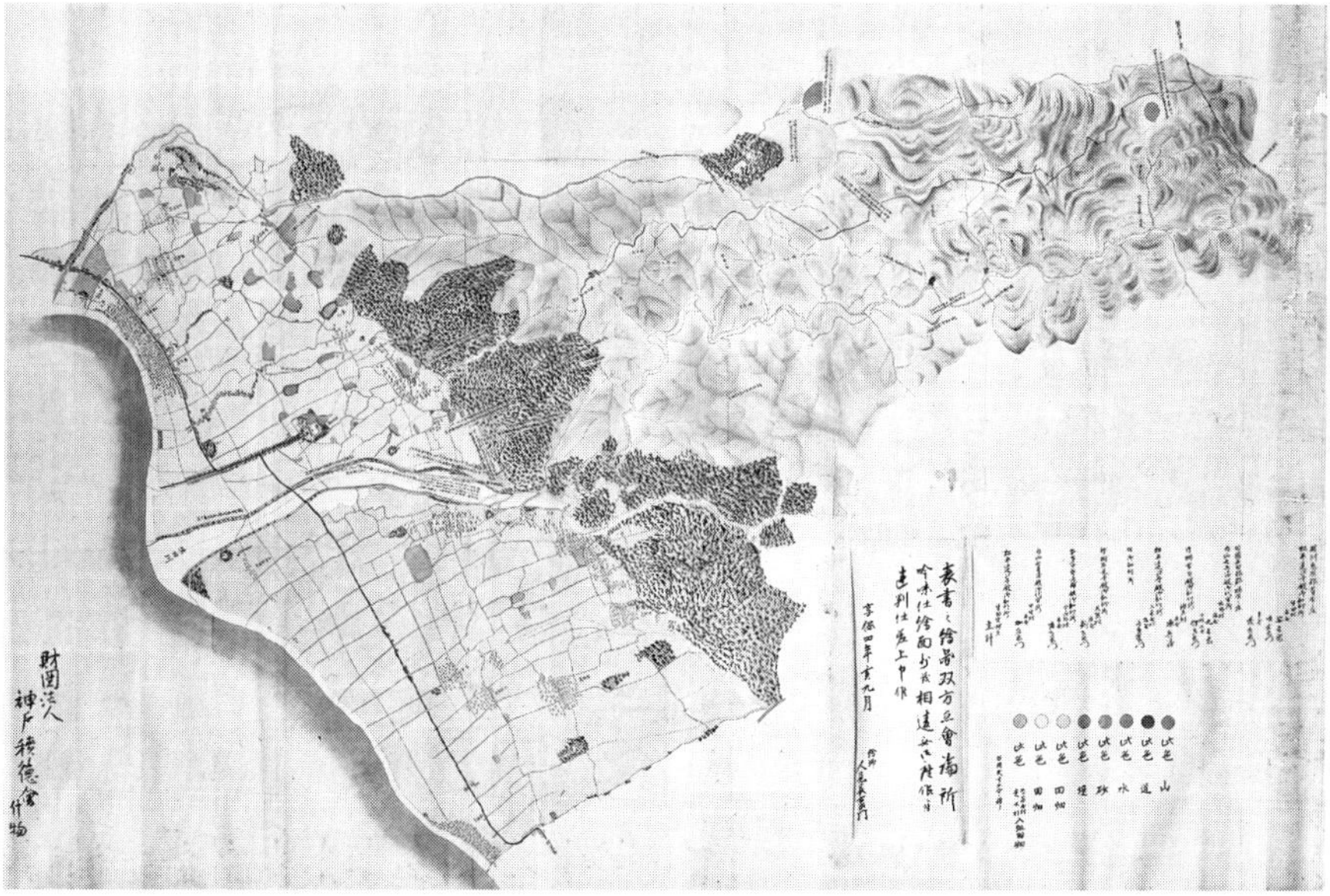

図7　「福原庄六ヶ村・生田村山論絵図」（仮）、1719（享保4）年9月、192.5×294.0cm、神戸市立博物館蔵、Photo: Kobe City Museum/DNPartcom

福原庄と六甲山地の北向こうに位置する丹生山田庄の村々との間で柴草などの山の資源をめぐり争われ、一六〇五（慶長一〇）年における片桐且元の裁許により、南側から順に福原庄分の口一里山、山田庄分で福原庄の入会利用も認める中一里山、山田庄分の奥一里山と確定されていた。

当初、この訴訟は京都町奉行が管轄し、訴訟過程で双方より提出された立会絵図が図7の絵図であった。しかし、一七二二（享保七）年の上方八ヶ国「国分け」令によって、摂津・河内・和泉・播磨国にある支配違いの公事訴訟は大坂町奉行が管掌することとなったため、一七二六（享保一二）年、引き継いだ大坂町奉行から次のような裁許が下された。まず、両郡境については、生田川筋の河口より大井手までは先例に従い川の中央を境とし、大井手から上流の山間部は、検使の見分結果に従い、川筋を西方に離れて城山の峰を通って境松を経て川筋の西縁に至るラインを境界筋とすると定めた。また、中一里山については、入会利用するために山元の山田庄に山年貢を納めている事実があることから、先例通り山田庄の山とし、それらの境界筋を絵図に墨線を引いて捺印し、双方に下した。

この図7から六甲山地の植生景観の描写をみると、山裾に接する山腹部分に松林が描かれるのに対し、その上部の山地については樹木が描かれないことが分かる。絵図に貼られた付箋によると、例えば、福原庄側の北野村北部に位置する山腹の松林については、幕府方の京都代官（小堀仁右衛門）支配による御林山[4]を主に、旗本片桐氏（帯刀）支配の御林山であるのに対し、その北部の樹木のない地を「福原庄六ヶ村立会草刈場」と記している。後年の一七七六（安永五）年に幕府代官に提出された「北野村絵図」を見ても、山腹の松林を双方の御林と記す一方、その北側の樹木のない地に小物成山の立会草山を描いており、北野村を相給支配する幕府と旗本片桐氏の管理する林地が山腹に位置していたことが分かる。また、このような対称的な植生景観は「行程記」（図4③）における描写内容と共通している。

次に西側の西須磨村界隈の事例をひとつ紹介する。それは、一六七〇（寛文一〇）年六月二七日付の「播州明石郡垂水村・摂州矢田部郡西須摩村国境并漁場相論絵図」（図8）であり、摂津国の西須摩村から播磨国の垂水村辺りまでの平地とその北部に位置する山を描いている。この争論は、播磨国側の塩屋・垂水村が、摂津国の西須磨村漁民による国境

（4）　近世において、幕府や諸藩が支配・管理した林地のことで、周辺の農民による用益が厳しく制限された。

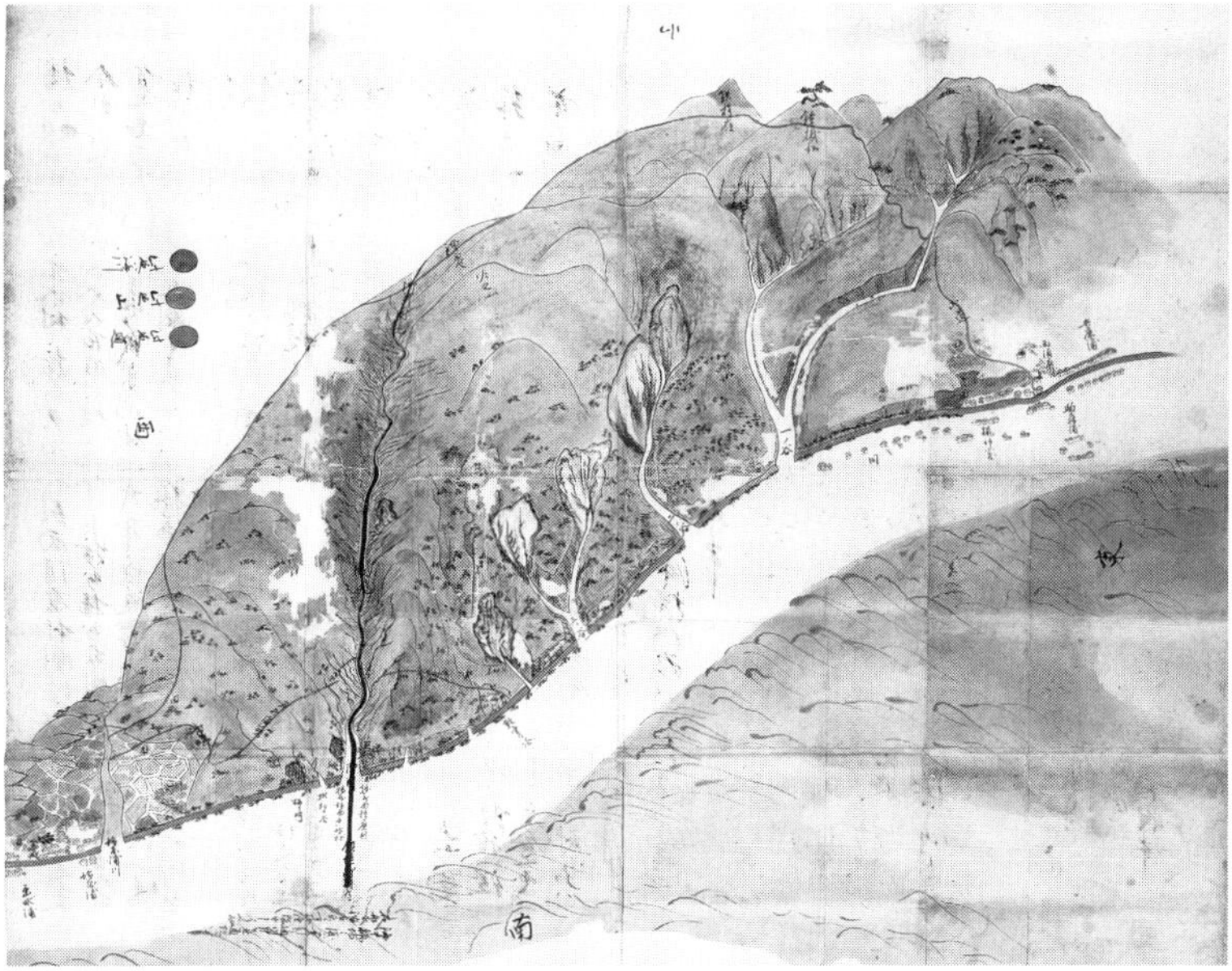

図8　「播州明石郡垂水村・摂州矢田部郡西須磨村国境并漁場相論絵図」、1670（寛文10）年6月27日、165.0×184.0cm、神戸市立博物館蔵、Photo: Kobe City Museum/DNPartcom

を越えた出漁行為を問題として前年に訴えたことに始まるもので、双方の漁場を分ける国境が海岸のどこに位置するかが争点となった。それは、かつての庄域が漁場の範囲を決める基準となっていたからである。その後、現地での検使の検分などを経たうえで、京都町奉行における審議の結果、両国の境界は、塩屋側が境とした左岸の「境松」ではなく、川筋（境川）の中央に位置するとした裁許が下された。そして、境界を示すものとして、川中へ印木を設置し、また、漁場境を見通すライン上に目印の石舟を沈め置くとともに、その国境ラインを裁許絵図に墨引きで明解に示した。この境杭から淡路由良の高山を見通したラインを漁場の境と設定したという。

この争論は山の資源利用をめぐるものではないが、漁場を確定するうえで山の景観や境木などが重要な意味を持っており、それを反映してこの裁許絵図においても山の植生景観を丁寧に描いたと考える。図をみると、播磨国側の山は全体的に松木が描かれるのに対し、摂津国側は山腹までに松林が描かれ、それらは東にいくに従い減少する傾向が認められる。西須摩村の明細帳によると、青谷山・高倉山・鉄拐山に松林である御林が、一の谷筋の東側上流の立原谷山に百姓山が設けられたと記されており、後者では柴草などが採取された。この地域の六甲山地について「行程記」（図4①）の描写をみると、全面的に松木が描かれるものの、奥側になるに従って樹数が減るとともに、一の谷筋の上流の山々が茶色で彩色されるほか、山頂部の目印木を多く描くのが特徴となっており、この論所絵図に通じる内容であることが確認できる。また、福祥寺周辺については寺山として樹木を密に描いている。

ここでは三点の論所絵図から六甲山地の植生景観をみるとともに、それらと行程記を比べてきたが、いずれも共通した内容であり、行程記（図4①～③）に描かれた六甲山地の景観は現地の状況を反映すると判断できる。つまり、山腹に松林が成立し、その上部に植生被覆の乏しいという景観は、行程記に描かれたように、近世においても広く六甲山地にみられたものであった。また、それらの山は、論所絵図などの個別資料の検討から、麓の松林の多くが領主の御林として管理される一方、その奥の山は百姓らが柴草などの資源を利用する入会山であったことが分かり、それらは近世を通じて長く維持管理された景観であったとみなせる。

おわりに

これまで、六甲山地の植生景観について、近世の絵図と近代の地形図や写真を主な素材として紹介してきた。かつての六甲山地は、現在とは異なり、麓の山腹にアカマツを中心に御林山などとして管理された林地が存在し、その上部に麓の百姓らが柴草などを得るために意図的に植生被覆を後退させた入会山が広がるというのが一般的な景観であった。こうした里山の景観は、近世の日本において広くみられたものであり、麓の林地を内山、奥の草地を野山と称したり、景観的な特徴から麓の林地を腰林と称した地域もあった。

このように入会利用された野山の多くは、近代以降、様々な状況の変化に伴い森林化していくこととなった。例えば、その要因のひとつに、大豆粕などの安価な購入肥料の登場や都市化による耕地の減少により、草肥などの林野資源の必要性が低くなったことが挙げられる。また、その変化に遅れて家庭用燃料として柴や薪（炭）に依存しない状況も訪れた。さらにその背景には、明治以降、近世的な入会利用による六甲山地への関わりを近代的な土地所有形態に移行させていく過程が存在し、公有地とした入会山に関する官民有区分の判断、町村合併に伴う部落有林野の扱い（財産区など）などの措置がとられていた。そうした過程でかつての野山の新たな活用が求められ、林業的な植林、都市化に伴うレクリエーション開発や宅地開発が進められる一方、明治中頃からはその植生被覆の後退したままの状況を荒廃と認識し、植林や砂防工事を実施することにもなった。

このように人と環境の関わりの歴史をみる枠組みとして景観に注目することは有効であり、テーマとした植生景観は基本的な指標のひとつといえる。日本の自然環境において植物はすぐに成長することから、社会と植物との関わり方が変わると比較的短期間に植生景観が大きく変化することとなる。しかし、私達は目の前にある自然景観を昔からそのまま存在してきたと認識しがちである。わずか一〇〇年程前には今と違った植生景観であった六甲山地は、こうした変化を教えてくれる事例のひとつである。

〔参考文献〕

田中眞吾編著『六甲山の地理 その自然とくらし』神戸新聞総合出版センター、一九八八年
田中隆文「近代の六甲山はどのようなはげ山だったのか」『水利科学』58(4)、二〇一四年
牧野富太郎『牧野富太郎選集 第1巻』東京美術、一九七〇年
兵庫県治山林道協会編『六甲山災害史』兵庫県治山林道協会、一九九八年
松下まり子「六甲山の緑の変遷」『地図中心』418、二〇〇七年
小椋純一『絵図から読み解く人と景観の歴史』雄山閣、一九九二年
大国正美『古地図で見る神戸 昔の風景と地名散歩』神戸新聞総合出版センター、二〇一三年
大国正美『古地図で楽しむ神戸』風媒社、二〇一九年
新修神戸市史編集委員会編『新修神戸市史 歴史編Ⅲ 近世』神戸市、一九九二年
財団法人武井報效会百耕資料館編『山と川の江戸時代～板宿とその周辺／武井家の粉本』財団法人武井報效会百耕資料館編、二〇一一年
財団法人武井報效会百耕資料館編『江戸時代の山争い・水争い／応挙とその一族の粉本』財団法人武井報效会百耕資料館編、二〇一五年
財団法人武井報效会百耕資料館編『江戸時代の須磨の村々～西須摩村／京派の粉本Ⅲ 山水・名所』財団法人武井報效会百耕資料館編、二〇一六年

神戸大学大学院人文学研究科地域連携センター編『水道筋周辺地域のむかし』神戸大学大学院人文学研究科地域連携センター、二〇〇七年
新修神戸市史編集委員会編『新修神戸市史 産業経済編Ⅰ 第一次産業』神戸市、一九九〇年
太田猛彦『森林飽和』NHK出版、二〇一二年
鳴海邦匡・小林茂「近世以降の神社林の景観変化」『歴史地理学』48(1)、二〇〇六年

〔付記〕本稿作成の資料調査においては、神戸市立博物館、神戸市立中央図書館、神戸市文化スポーツ局文化財課の協力を得た。また、作成にあたっては、甲南大学総合研究所研究費「生物由来の油に関する文理融合型研究の推進(二〇一八年度〜二〇一九年度、代表:今井博之)」の一部を使用した。

column

六甲山からの眺め

中辻　享

六甲山からの眺めは絶景である。神戸の市街地の向こうに、ポートアイランドや六甲アイランド、さらに瀬戸内海を眺めることができる。さらに、六甲山最高峰や摩耶山の山頂付近からは大阪方面もよく見渡せる。晴れた日にはあべのハルカスや関西空港も望むことができる。大都市と海、そして青い空をこれほどきれいに見渡すことができる場所は日本でもそうはないであろう。また、「一〇〇〇万ドルの夜景」とも言われる六甲山の夜景は日本三大夜景の一つに数えられ、海外からも多くの人が見に訪れる。

写真1　菊水山山頂からポートタワーやポートアイランドを望む（2020年8月撮影）

それでは、六甲山のどこからの眺めが最もよいのだろうか。この問いに答えるのは難しい。なぜなら、眺めのいい場所はいくらでもあるからだ。六甲山からの眺めを楽しむのに最もよいのは南斜面にいくつもある登山道を登ることである。登りながら振り返れば樹間ごしに街と海を望むことができる。登山道の途中に展望台がある場合も多く、そこにはたいてい木製のベンチが用意されている。苦労して登った分、そこで味わう風景は格別である。

例えば、摩耶山の登山ルートである上野道《うえのみち》を例に取ると、登山口から山頂付近まで、おおよそ五つの展望台があり、それぞれの眺めを楽しむことができる。よく知られているのは山頂付近にある掬星台《きくせいだい》（標高六九〇メートル）である。ここはケーブルカーとロープウェーを乗り継いで行くことができ、休日は多くの人でにぎわう。夜景スポットとしても知られている。ここからは阪神地域と大阪湾を広く見晴らすことができる。一方、登山口からわずか一〇分の五鬼城《ごきしろ》展望公園（標高二二〇メートル）からは、山頂部ほど遠くまで見晴らすことはできないが、街に近いため、建物の一軒一軒が識別できるような眺めが得られる。住民の生活感がただよう景観といえようか。このように、山頂部のパノラマ的景観から、山麓部の「手に取るような」景観まで、いろんなタイプの眺めを堪能しつつ登ることができるのが、六甲山登山の魅力である。

　山頂の展望台としては最高峰や摩耶山が有名であるが、より西側の菊水山（標高四五九メートル）からの眺めも秀逸である。ここへは徒歩でしか行けず、南側からの登りはややきつい部分もあるが、一時間程度で山頂に着く。そこからは疲れを吹き飛ばしてくれるような眺めが得られる。神戸の市街地やポートアイランド、大阪湾の向こう岸がきれいに望めるほか、須磨方面や明石海峡大橋も望める。なお、登山道は神戸電鉄有馬線に沿っており、森の中を歩きながら、電車がすぐそばを走るのを見られるのは珍しい。

写真2　ビーナスブリッジ（2020年3月撮影）

　一方、山麓部には、気軽に眺望を楽しんでもらうため、五鬼城展望公園の他にも多くの展望台が設けられている。その最も有名なものとしてビーナスブリッジ（標高一五〇メートル）が挙げられる。これは金星台とその上の展望台を結ぶ8の字形の展望橋であり、神戸市により一九七一年に建てられた。神戸市の中心部からも近く、車でも行けるため、夜景スポットとしても知られる。ここからは神戸・元町・三宮界隈を見晴らすことができるほか、西は須磨、東は大阪湾を隔てて、泉州まで望むことができる。

　金星台は一八七四年にフランスの観測隊が神戸を訪れ、「金星の太陽面通過」という珍しい現象の観測を行った場所である。ビーナスブリッジはこの金星台に設けられたため、金星の英語名であるビーナスにちなんで名付けられた。この名称はのちに意外な結果を生むことになった。ビーナスは金星のほかに「恋をつかさどる女神」の意味もあることから、「恋人の聖地」となり、多くのカップルが訪れるようになったのだ。カップルたちの間には、「ブリッジに錠をかけると恋愛が成就する」という噂が広がり、二〇〇〇年ごろから多くの南京錠が手すりにかけられるようになった。その数は二〇〇四年には四〇〇〇個を超え、景観を乱しているという市民の苦情も寄せられるようになった。そこで、神戸市は二〇〇四年一二月に、ブリッジのすぐそばの展望台に「愛の鍵モニュメント」を設置し、錠はこちらに掛けるように恋人たちに要請することになった。このモニュメントには五〇〇〇個以上の錠を取り付けることが可能である。錠がいっぱいになると、取り外され、溶かされて、ハート型のプレートに加工される。これまでに作られたプレートは、モニュメントの直下に設置された黒御影石の台座に、四枚を一セットにして、四つ葉のクローバー状にはめ込まれている（口絵3頁）。

写真3　愛の鍵モニュメント（2020年3月撮影）

このビーナスブリッジのように、六甲山の夜景スポットはデートスポットとしても有名である。その眺めはたしかに多くの恋愛を成就させてきたに違いない。

〔参考文献〕
『朝日新聞』二〇〇三年七月八日付
『読売新聞』二〇〇四年二月二十三日付
『読売新聞』二〇〇五年十二月十三日付

古典文学のなかの神戸

廣川晶輝

はじめに

海外の方々に日本の文化について尋ねられた際、きちんと説明しお伝えできる資質と方法が求められる。これを備えているのが〈真のグローバルキャリア人〉と言えよう。その方法を具現化し得る良き題材を神戸の地は持っている。本章はそれを皆様に御提示したい。

筆者の勤務する甲南大学が建つ神戸市東灘区の北側には自然豊かな六甲山があり、南側には輝く海がある。九階にある私の研究室からは大阪湾や瀬戸内にかけての輝く海を一望できる。この地には、一人の娘子をめぐって二人の壮士が争い、どちらかの壮士を選ぶことができなかった娘子が自ら死を選び、二人の壮士も後を追って死んだ悲恋の伝説、

「莵原娘子《うなひをとめ》伝説」が伝わる。この伝説は『万葉集』の時代から森鷗外の時代へ、そして現代へと、脈々と受け継がれている。その脈々とした日本文化の流れを皆様に御紹介したい。なお、私はすでに『死してなお求める恋心——「莵原娘子伝説」をめぐって』（二〇〇八年五月、新典社新書）を著している。その知見を基にしてさらに詳述を加えていきたい。

まずは、大阪湾から西へと航行するいにしえの船旅と重ね合わせて御紹介しよう。参照するのは、『史跡　処女塚古墳』（一九八五年三月、神戸市教育委員会）に載る「処女塚古墳位置図」である。この図の右上端に載っているのが甲南大学である（図1）。

図に明示されているように、海岸線近くに三つの古墳がほぼ等間隔に並んでいる。悲恋の伝説「莵原娘子伝説」ゆかりの三つの古墳である。その詳細を左に示そう。

東求女《もとめ》塚古墳（神戸市東灘区住吉宮町。前方後円墳）
処女《おとめ》塚古墳（神戸市東灘区御影塚町。前方後方墳）
西求女塚古墳（神戸市灘区都通。前方後方墳[1]）

このうちの西求女塚古墳の立地について、『西求女塚古墳　発掘調査報告書』（二〇〇四年三月、神戸市教育委員会文化財課）は、「現在、港湾施設や工場等で昭和初期に埋め立てられた海岸線からは約400mのところに位置するが、明治19年作成の地図では約200mの位置にあり、古墳築造当時はさらに海岸線は内陸寄りにあったと考えられる。古墳の南約100mのところには高低差約2mほどの段差があり、これが当時の海岸線に近いところと考えると、海岸線から約100m前後に位置していたと思われる。」と説明し、「『海』側から見られることを重要視した選地がなされた」とも説明する。また、森浩一「莵原処女の墓と敏馬の浦」（森浩一編『万葉集の考古学』、一九八四年七月、筑摩書房）も処女塚古墳について、「瀬

（1）「処女塚古墳位置図」では西求女塚古墳は前方後円墳として描かれているが、一九九四年度の第七次発掘調査により前方後方墳であることが判明した（『西求女塚古墳　第5次・第7次発掘調査概報』、一九九五年一〇月、神戸市教育委員会文化財課）。

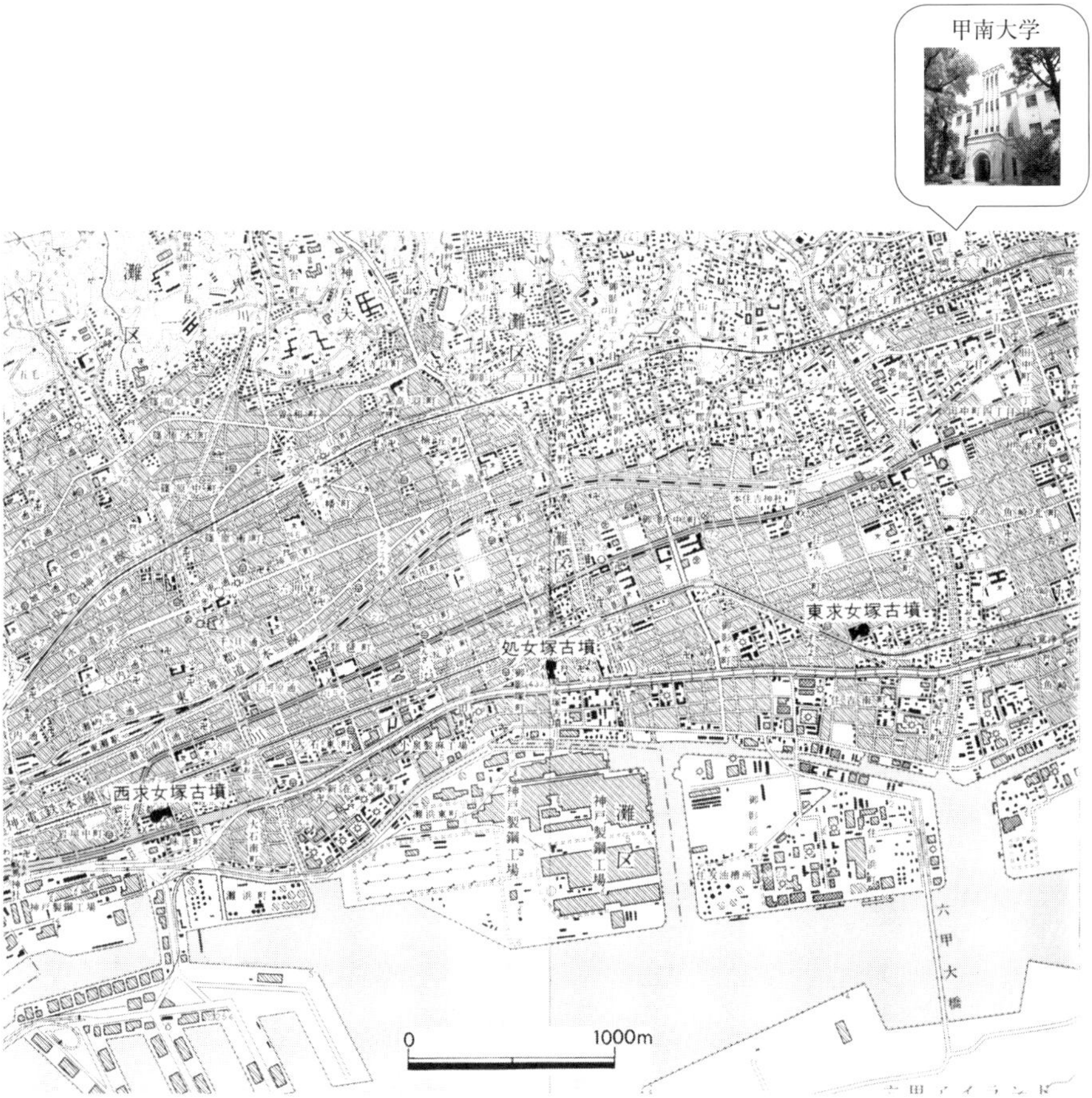

図1　処女塚古墳位置図（神戸市文化財課提供）

戸内航路を意識した位置に造営されていて、海からの目印のような造形物である」と指摘する。

西側の国指定史跡西求女塚古墳は『西求女塚古墳　発掘調査報告書』に拠れば全長九八m前後、後方部の幅五〇〜五二m。高さ、後方部が南側からは八・五〜九・〇m。真ん中の国指定史跡処女塚古墳は良く整備されており神戸市教育委員会設置のプレートには、「南向きの前方後方墳で、もとの大きさは、全長70メートル、後方部の幅39メートル、高さ17メートル、前方部の幅32メートル、高さ14メートル(2)あり、後方部を三段築成、前方部を二段築成にしていた」と記されている。東側の東求女塚古墳は前方部が旧神戸市立遊喜幼稚園の園地となっている。昭和五七年度の園舎改築工事の際の発掘調査報告が載る『昭和57年度　神戸市埋蔵文化財年報』(一九八五年三月、神戸市教育委員会)に拠れば「湟」と「外堤」があり湟幅一〇m、全長八〇m以上。明治以降は土取り場の対象とされたり、削平されたりしたゆえ、古墳本来の高さは分からない。しかし、幅一〇mの湟と外堤を備える全長八〇m以上の古墳であり、相当の高さを有したであろう。現在の東灘区と灘区には高層マンションや高層の商業施設がたくさんあり、高架式の高速道路が走っているが、それらが無かった古墳時代には、これら三つの古墳は、瀬戸内航路からよく目立つ存在であったことが明瞭である。

それぞれの古墳に眠る人物は娘子でも二人の若者でもない。この地を治めた豪族の首領である。ではどうして前掲の伝説が生まれたのか。三つの古墳の様相が関連する。読者の皆様には、当時の大阪の港を出航し瀬戸内航路を西へと向かう船上の旅人となっていただこう。皆様が乗った船が芦屋から東灘区に差し掛かると、海岸線近くに大きな三つの古墳

(2)　この高さは標高。『史跡　処女塚古墳』(前掲)には、前方部「高さ4メートル」と記されている。口絵3頁参照。

が姿を現す。海に前方部を向けた中央の処女塚古墳に、東の東求女塚古墳と西の西求女塚古墳がそれぞれの前方部を向ける様相は、真ん中の処女塚古墳を争って東西の二つの古墳が対峙するかのようである。三つの古墳の様相を目の当たりにした皆様に、同船の古老が語り出す。「昔、この地に一人の美しい娘子がおった。娘子に求愛・求婚する二人の若者もおった。二人の若者は直向きな愛情ゆえにお互い激しく争った。娘子はたいそう悩んだ。一方の若者の求めに応じればもう一方の若者を傷つける。逆もまた同様。娘子は悩みに悩んだ。そしてとうとう、この海に身を投げたのじゃ。ほれ、三つの古墳の真ん中が娘子の墓じゃ。残った若者も生きては行けぬ。二人も娘子の後を追って命を絶った。娘子の墓の両側にある二つの墓がそれぞれの若者の墓なのじゃよ。」伝説はこのようにして生まれる。『万葉集』から森鷗外まで語り継がれて来た「菟原娘子伝説」のそれぞれを見てみよう。

1 『万葉集』の「菟原娘子伝説」

奈良時代に成立した『万葉集』の例を見よう。(3) 高橋虫麻呂《たかはしのむしまろ》・田辺福麻呂《たなべのさきまろ》・大伴家持《おおとものやかもち》の三歌人がこの伝説を作品化している。まず、高橋虫麻呂の作品である。

菟原処女《うなひをとめ》の墓を見る歌一首 并せて短歌

①**葦屋《あしのや》の** **菟原娘子《うなひをとめ》**の 八歳子《やとせこ》の 片生《かたお》ひの時ゆ 小放《をばな》りに 髪たくまでに 並び居《を》る 家にも見えず 虚木綿《うつゆふ》の 隠《こも》りて居れば 見てしかと いぶせむ時の 垣《かき》ほなす 人の問ふ時 ①**茅渟壮士《ちぬをとこ》** **菟原壮士**の 伏屋《ふせや》焚《た》き すすし競《きほ》ひ 相《あひ》よばひ しける時

(3) 『万葉集』の引用は、新編日本古典文学全集版『萬葉集』(小学館)に依り適宜校訂した。

には　……　我妹子《わぎもこ》が　母に語らく「しつたまき　いやしき我《わ》が故《ゆゑ》　ますらをの争《あらそ》ふ見れば　生けりとも　逢《あ》ふべくあれや　ししくしろ　黄泉《よみ》に待たむ」と　**②隠《こも》り沼《ぬ》の　下《した》延《は》へ置きて**　うち嘆き　妹《いも》が去《い》ぬれば　**③茅渟壮士　その夜《よ》夢《いめ》に見**　取り続《つつ》き　追ひ行きければ　……（巻９・一八〇九）……（二首の反歌のうち一首省略）

④墓の上の　木《こ》の枝《え》靡《なび》けり　聞きしごと　茅渟壮士にし　寄りにけらしも（一八一一）

ゴチック体①に主人公三人が登場する。菟原娘子に求愛・求婚した二人の壮士のうち一人は菟原壮士とあるように同郷の壮士であった。一方の茅渟壮士は左の地図の大阪湾の対岸の地「ちぬ」の壮士であった（図２）。当時の結婚では同じ共同体の相手を選ぶのが普通である。その点、茅渟壮士はまったくのよそ者である。茅渟壮士はどのように菟原娘子の許へやって来たのか。現在の大阪市のJR大阪駅近辺の梅田は長い間海や湿地帯であった。「梅田」がもとは「埋田」であったことがこれを物語る。陸上では来られない。茅渟壮士は毎日、舟を漕いで菟原娘子の許へとかけつけたのだ。菟原娘子はどちらの壮士を愛していたのか。**ゴチック体**②を見れば、菟原娘子は死に行く前に自らの心を伝える準備をしていたことがわかる。その相手は**ゴチック体**③のように茅渟壮士であった。**ゴチック体**④のように、その愛

図2　菟原と茅渟の位置（大阪湾環境保全協議会
http://www.osaka-wan.jp/「うなひ」「ちぬ」
の楕円、矢印を加筆。）

情は死んでからも茅渟壮士に向けられた。まさに「死してなお求める恋心」である。(4)

次に、田辺福麻呂の作品を見よう。

葦屋《あしのや》の処女《をとめ》の墓に過《よ》る時に作る歌一首 并せて短歌

古《いにしへ》の ますら壮士の 相競《きほ》ひ 妻問《ど》ひしけむ 葦屋《あしのや》の 菟原娘子《うなひをとめ》の 奥《おく》つ城《き》を 我が立ち見れば 永《なが》き世の 語りにしつつ 後人《のちひと》の 偲《しの》ひにせむと 玉桙《たまほこ》の 道の辺《へ》近く 岩構《いはかま》へ 作れる塚《つか》を 天雲《あまくも》の そきへの極《きは》み この道を 行く人ごとに 行き寄りて い立ち嘆かひ ある人は 哭《ね》にも泣きつつ ……（巻9・一八〇一）……（反歌省略）

この作品で特徴的なのは、傍線部の記述である。「道」に菟原娘子の墓が近接している様相が歌われている。吉本昌弘「摂津国八部・菟原両郡の古代山陽道と条里制」（『人文地理』三三巻四号、一九八一年八月）は、「現在神戸市街地にあたる旧摂津国八部・菟原両郡を通過する古代山陽道の駅路を復原」した論考である。次頁に掲載したその想定古代山陽道は、処女塚古墳（図の中では「乙女塚」）に近接している（図3）。吉本論文の想定は近時確実になった。その想定古代山陽道に近接する深江北町遺跡から、「驛」と墨書された土器が出土したのである（図4）。『深江北町遺跡　第9次　埋蔵文化財発掘調査報告書　―葦屋驛家関連遺跡の調査―』（二〇〇二年三月、神戸市教育委員会文化財課）に載る図面を掲げよう。『古代のメインロード―山陽道沿線物語―』（二〇〇一年七月、神戸市教育委員会文化財課）は、「当遺跡が『葦屋駅』の位置を示すことを明確に表現するものと考えられる」と記す。この考古学の発見は重要である。つまり、古代山陽道という大幹線道路に「処女塚古墳」は近接していたことが明らかになったからである。「菟原娘子伝説」の古墳は古代山陽道を行き

（4）廣川晶輝『死してなお求める恋心―「菟原娘子伝説」をめぐって―』（前掲）も御併読頂きたい。

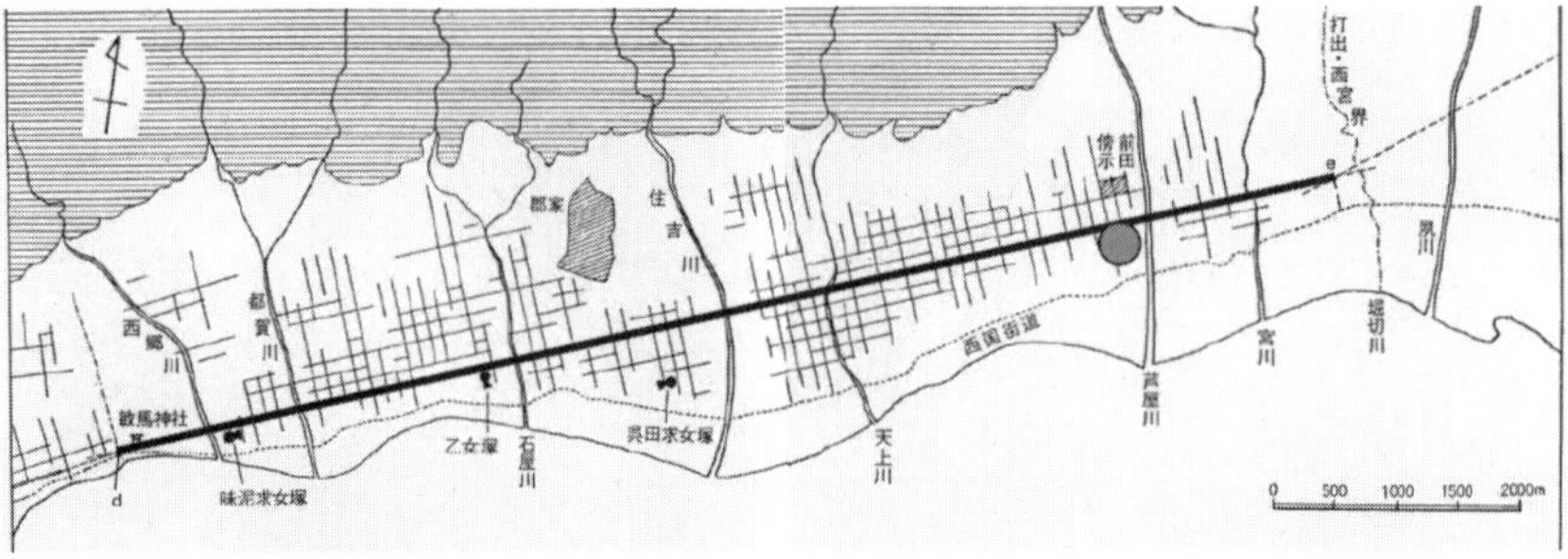

図3　菟原郡の古代山陽道（吉本昌弘氏論文所載「第2図　菟原郡の古代山陽道」より）

※本稿作成のため、推定古代山陽道のd-e点の間に太直線、葦屋駅の位置確定につながった深江北町遺跡の場所に灰色丸印を加えた。

交う人々によく知られた存在であり、その人々の口を通して「菟原娘子伝説」は広く伝播したことが明瞭である。

さらに、大伴家持の作品を見よう。

処女墓の歌に追同する一首 并せて短歌

……父母に 申し別れて 家離《ざか》り 海辺《うみへ》に出《い》で立ち 朝夕《あさよひ》に 満ち来る潮《しほ》の 八重波《やへなみ》に 靡《なび》く玉藻《たまも》の 節《ふし》の間《ま》も 惜《を》しき命《いのち》を 露霜《つゆしも》の 過ぎましにけれ 奥《おく》つ城《き》を こことと定めて 後《のち》の世の 聞き継《つ》ぐ人も いや遠《とほ》に 偲《しの》ひにせよと **黄楊小櫛**《つげをぐし》しか刺《さ》しけらし 生《お》ひて靡《なび》けり（巻19・四二一一）

娘子らが 後《のち》の標《しるし》と **黄楊小櫛** 生《お》ひ代《か》はり生《お》ひて 靡きけらしも（四二一二）

右、五月六日に興に依りて大伴宿祢家持作る。

題詞の四角囲み「追同する」は重要である。「追同」は「追和」と同じであり、その「追和」について、村瀬憲夫「熊凝の為に志を述ぶる歌」（『万葉集を学ぶ 第四集』、一九七八年三月、有斐閣）は「後に加えたというだけの、単に時間を異にした贈答歌なのではなく、一

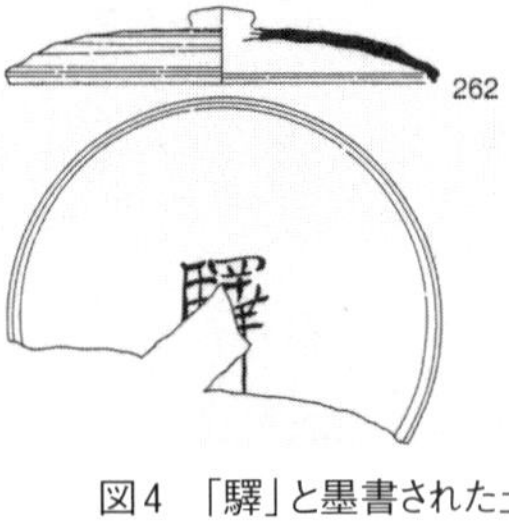

図4　「驛」と墨書された土器（神戸市文化財課提供）

種の創作的文学形式」であると述べ、「ある素材に他の人が追和することによって共有・共感の世界、より幅広い文学世界を作ることであった」と述べている。ここに、「菟原娘子伝説」を継承しようとする文学的営為の存在を見出すことができる。左注の四角囲み「興に依りて」もこれを保証する。この作品が越中国現在の富山県高岡市にて成された事実を考え合わせれば、一層、この文学的営為に理解が届こう。

2 『大和物語』の「菟原娘子伝説」

平安時代の『大和物語』第一四七段を見よう。歌物語のジャンルに属す『大和物語』は含まれる和歌を頂点として、そこに向けて物語が綴られる。第一四七段は、(5)

> むかし、津の国《くに》にすむ女ありけり。それをよばふ男ふたりなむありける。ひとりはその国にすむ男、姓《しやう》はうばらになむありける。いまひとりは和泉《いづみ》の国《くに》の人になむありける。姓はちぬとなむいひける。かくてその男ども、としよはひ、顔かたち、人のほど、ただおなじばかりなむありける。「心ざしのまさらむにこそはあはめ」と思ふに、心ざしのほど、ただおなじやうなり。暮るればもろともに来《き》あひ、物おこすればただおなじやうにおこす。いづれまされりといふべくもあらず。

と始まる。「菟原」は「うなひ」ではなく「うばら」と読まれている。現在の神戸市東灘区区民センターは次頁の写真のように「うはらホール」であり、現代にまで繋がっている(図5)。

(5) 『大和物語』の引用は、新編日本古典文学全集『竹取物語 伊勢物語 大和物語 平中物語』(小学館)に拠る。

図5　神戸市東灘区区民センター　うはらホール（筆者撮影）

『大和物語』では、悩む娘子の姿が「思ひわづらふ」と描かれる。見かねた親が二人の壮士に「この川に浮きてはべる水鳥を射たまへ。それを射あてたまへらむ人に奉《たてまつ》らむ」と持ち掛けたところから物語は急展開する。二人の壮士を選ぶことができず悩み苦しんでいた娘子は苦しさから解放されると思った。しかし、水鳥を射た果たし合いの結果は、「ひとりは頭《かしら》のかたを射つ。いまひとりは、尾のかたを射つ。そのかみ、いづれといふべくもあらぬ」結果であった。娘子は絶望の淵へと突き落とされる。物語では「思ひわづらひて」と記された後、この物語の頂点である歌、

すみわびぬわが身投げてむ津《つ》の国《くに》の生田《いくた》の川は名のみなりけり

を娘子は歌い生田川に身を投げる。「生田川」という名前には「生く」が含まれる。その「生田川」に身を投げて死んでいく皮肉さと悲しさが、この歌の肝要なる点だ。

神戸市の中心部三宮を南北に走る「フラワーロード」の加納町三丁目の交差点の緑地帯には「史蹟 旧生田川址」の碑がある（図6）。現在の生田川はJR新神戸駅から真っ直ぐ南方面へと流れているが、これは明治四（一八七一）年に付け替えられた川であり、もともとはフラワーロードのところを流れていた。[6]文化が香る史蹟探訪をお薦めしたい。

図6　フラワーロード加納町3丁目交差点「史蹟 旧生田川址」の碑（筆者撮影）

（6）　https://www.city.kobe.lg.jp/a43553/kurashi/machizukuri/river/ikuta.html。最終アクセス：二〇二〇年一一月二六日。

3　謡曲「求塚」の「菟原娘子伝説」

南北朝時代の観阿弥作の謡曲（能）「求塚」を見よう。(7) 西国から都に向かう僧（ワキ）が摂津国生田の里に着く。僧は野辺の娘子達に求塚の所在を尋ねるが娘子達は知らぬと答え、やがて一人の娘子（シテ）を残して帰る。一人残った娘子は僧を求塚へと案内する。求塚のいわれを聞く僧に対して娘子は、「昔この所に菟名日処女《うなイをとめ》のありしに、またそのころ小竹田男《ささだをとこ》、血沼《ちン》の丈夫《ますらを》と申しし者、かの菟名日《うなイ》に心をかけ、同じ日の同じ時に、わりなき思ひの玉章《たまづさ》を贈《おく》る。かの女思ふやう、ひとりに靡《なび》かばひとりの恨み深かるべしと」と語り出す。娘子が傍線部のように菟原娘子のことを「第三者」として語っていることに注目しよう。娘子はこの後、「あの生田川《いくたがは》の水鳥をさへ、ふたりの矢先《やさき》もろともに、一つの翼《つばさ》に当りしかば、その時**わらは**は思ふやう、無慚《むざん》やなさしも契りは深緑《ふかみどり》、水鳥までも**われ**ゆゑに、さこそ命は鴛鴦《をしどり》の、番《つが》ひ去りにしあはれさよ。」と語る。太字傍線部「わらは」「われ」のように「当事者」として語るのだ。この娘子こそが菟原娘子自身だったこと、菟原娘子の亡霊だったことが明かされるのである。

この謡曲（能）「求塚」の過去の作品への繋がりを確認したい。「菟名日」とあり、『万葉集』の「うなひ」に戻っている。また、『大和物語』の水鳥を射る果たし合いの要素が引き継がれるが、『大和物語』の「ひとりは頭のかたを射つ。いまひとりは、尾のかたを射つ。」に対して、この謡曲（能）「求塚」では二重傍線部のように描かれる。二人の壮士

（7）「求塚」の引用は新編日本古典文学全集『謡曲集②』（小学館）に拠る。

の実力が拮抗している演出を見出せる。『大和物語』からの進展があるのだ。

4　森鷗外作戯曲「生田川」の「菟原娘子伝説」

明治から大正にかけての文豪森鷗外作の戯曲「生田川」を見よう[8]。鷗外はこの戯曲を単行本『我一幕物』（一九一二年八月、籾山書店）に収める際、「衣裳考證　關保之助」と付記して、登場人物の設定を行なっている。菟原娘子に対して左のように設定する。

高《たか》く上《あ》げたる髪《かみ》に白銀《しろかね》の釵頭《さいし》。**黄楊《つげ》の小櫛《をぐし》**。……

太字にして示したように、鷗外は、菟原娘子の髪に「黄楊の小櫛」を刺すことを指示する。この「黄楊の小櫛」は『万葉集』の大伴家持の作品において大切な役割を担っていた。入水した菟原娘子の形見「黄楊小櫛」を墓に刺したら、原材料の「黄楊の木」に化成したというのである。そして、化成した黄楊の木は、生前の菟原娘子の秘めた思いを代弁し枝を茅渟壮士の墓の方へと靡かせていると歌われた。『万葉集』の大切な「黄楊小櫛」を森鷗外は的確に踏まえている。また、戯曲「生田川」は『大和物語』と謡曲（能）「求塚」における水鳥を射る果たし合いもふまえる。しかも、「鵠」という大型の白鳥に射かけるのだ。舞台芸術としての演出が見られよう。舞台芸術の演出という点で言えば、特筆すべき点がある。もしも舞台に、生田川や鵠を登場させようとするならば、まるで幼稚園のお遊戯のようになってしまう。そこで鷗外は、果たし合いの様子を、遠くを見ながら語る娘子の口をとおして描き出すのだ。

（8）　森鷗外作戯曲「生田川」の引用は、『鷗外全集　第六巻』（岩波書店）に拠る。

処女《をとめ》。白《しろ》い鳥《とり》が大《おほ》きくなりましたわ。（間。）羽《はね》を広《ひろ》げたのでございませうか。（間。）又小《またちひ》さくなりましたわ。（間。）舟《ふね》が出《で》ますの。（間。）鳥《とり》が流《なが》れますわ。（間。）鳥《とり》の方《はう》へ舟《ふね》がまゐりますわ。（間。）人《ひと》が二人《ふたり》乗《の》つてゐますわ。（稍長き間。）舟《ふね》に鳥《とり》をいれますわ。（間。）こちらへ漕《こ》いでもどりますわ。（稍長き間。）鳥《とり》に矢《や》が立《た》つてゐますわ。
矢《や》が二本《にほん》。

おわりに

現在から一二七〇年以上前の奈良時代の『万葉集』、平安時代の『大和物語』、南北朝時代の観阿弥作謡曲（能）「求塚」、明治・大正時代の文豪森鷗外の戯曲「生田川」。そして、前出「史蹟 旧生田川址」の碑を訪れれば現代への繋がりも見出せよう。このように「菟原娘子伝説」の〈息の長さ〉を我々は見出すことができる。しかも、それぞれの作品が前の時代の作品を受けて繋がっている様相を見出すことができた。脈々と受け継がれる日本文化の確かなる形。これを海外の方々にお伝えすることは良き国際理解に資する。

〔参考文献〕
神戸市教育委員会『史跡　処女塚古墳』一九八五年
神戸市教育委員会『昭和57年度　神戸市埋蔵文化財年報』一九八五年
神戸市教育委員会文化財課『西求女塚古墳　第５次・第７次発掘調査概報』一九九五年
神戸市教育委員会文化財課『古代のメインロード―山陽道沿線物語―』二〇〇一年

神戸市教育委員会文化財課『深江北町遺跡　第9次　埋蔵文化財発掘調査報告書　―葦屋驛家関連遺跡の調査―』二〇〇二年
神戸市教育委員会文化財課『西求女塚古墳　発掘調査報告書』二〇〇四年
廣川晶輝『死してなお求める恋心―「菟原娘子伝説」をめぐって』新典社、二〇〇八年
村瀬憲夫「熊凝の為に志を述ぶる歌」『万葉集を学ぶ　第四集』有斐閣、一九七八年
森浩一「菟原処女の墓と敏馬の浦」森浩一編『万葉集の考古学』筑摩書房、一九八四年
吉本昌弘「摂津国八部・菟原両郡の古代山陽道と条里制」『人文地理』三三巻四号、一九八一年

国指定史跡 処女塚古墳(筆者撮影)

column

江戸時代における前方後円墳と岡本村
——増田家文書に見る「へぼそ塚」——

東谷　智

阪急岡本駅前には石畳の通りが広がり、通り沿いにはカフェや雑貨店などが並ぶ。ファッショナブルな町並みとして知られる岡本商店街である。講義の中で、「岡本商店街の一角に前方後円墳がある」と言うと、ほとんどの学生はきょとんとした顔をする。「前方後円墳の跡」があるというのが正確なのだが、学生の頭の中には日本史の教科書で見た大山古墳（仁徳陵）が思い浮かんでいるようだ。教科書では大規模な前方後円墳しか紹介されず、自然と「前方後円墳は大きい」との印象が強いようで、岡本商店街の中に前方後円墳があったことがイメージできないのだろう[1]。

写真1　「へぼそ塚」の石碑と解説板

現地には「へぼそ塚[2]」の解説板と石碑がある（写真1）。「へぼそ塚」の大きさは、全長約六三メートル、後円部の直径約三二メートル、高さ約三メートルとある。「へぼそ塚」の大きさは、大山古墳の一〇分の一程度であった。思ったよりも小さな前方後円墳だった。

では古墳としての「へぼそ塚」はどのようなものだったのだろうか。一八七五（明治八）年の地籍図には東が前方部、西が後円部の古墳がひょうたん型に描かれている。[3]また、一九五三（昭和二八）年に刊行された『本山村誌』[4]には、古墳が民間地に売却されたことに加え、古墳の構造が不明であることや、「主墳は丘上の老松と共に昔の俤《おもかげ》を留めている」（ルビは筆者）と墳丘に松が植えられている景観が記されている。また発掘は一八九五年に行われ、勾玉や棗玉の他、中国からの舶載品である鏡が六面出土している。[5]

江戸時代における「へぼそ塚」と岡本村の関わりについて見てみたい。『本山村誌』には、「岡本村内に疫病があり、五穀凶作の際には、この塚を供養すると言う俗信仰」があったことが記されている。岡本村の人々にとっては、疫病の退散や飢饉を避けるという、平穏な生活を守り維持することを願う場であったことがうかがえる。またこの供養には「へぼそ塚」の近くに位置する宝積寺が関わったことが記されている。「へぼそ塚」と宝積寺の関わりは、一六七五（延宝三）年に宝積寺の知厳和尚が祠を祀り毎年供養したことや、一七四四（延享元）年に宗海和尚が祠を修理したことも書かれている。一八一三（文化一〇）年には、消失した祠が再建され、岡本村の村民が祠を清め、宝積寺から卒塔婆を建てて施餓鬼供養を行っている。江戸時代の「へぼそ塚」は、宝積寺の供養と岡本村による信仰の場であり、日常的に身近な存在であったと言えよう。

岡本村の人々は、信仰の場であった「へぼそ塚」が自然災害に遭った際に、いかなる対

恐れ乍ら書き付けを以て御届け申し上げ奉り候
当村へぼそ塚松木壱本、凡そ三尺廻り、昨廿日大風にて
根起こり申し候、此の段御届け申し上げ奉り候、以上
安政二年八月　岡本村年寄
五左衛門
右同断
藤左衛門
同村庄屋
増田太郎右衛門
郷廻り
御役方様

応を取ったのだろうか。前頁の史料は一八五五（安政二）年の大風による被害が起こった際に作成されたものである。[6]

「へぼそ塚」にあった松の木が大風によって倒れ、根が地面の上に飛び出してくるという被害があり、その被害を岡本村の村役人が尼崎藩の郷廻り役所へ届けている。[7]江戸時代、村の堂舎を含む寺社の修復を行う際には藩への届出が必要であった。岡本村の人々は信仰の場である「へぼそ塚」を寺社につながる宗教施設と考えていたのかも知れない。なお墳丘の上に松の木があったことは、一九二二（大正一一）年頃の写真でも確認でき（写真2）、昭和になってからも「老松」が昔の面影を留めているという『本山村誌』の記述につながる。松の木が墳丘にある「へぼそ塚」という景観は、江戸時代から昭和まで続くものであった。

現在、「へぼそ塚」跡には石碑と解説板がある。以前は石碑の横に祠があったようだが、現存していない。[8]しかし丹念に見ると前方後円墳の痕跡が残っており、江戸時代の岡本村の人々の信仰の場に思いを馳せることができる。

写真2　岡本駅の南に「へぼそ塚」の松を望む（学校法人甲南学園所蔵資料）

〔注〕

（1）大山古墳は、全長約四八六メートル、後円部の直径約二四九メートル、高さ約三五・八メートル（堺市HPより）

（2）「へぼそ塚」は「へボソ塚」とカタカナで表記されることもあるが、江戸時代の記録や現地の碑文の表記に従い、ひらがなを用いた。

（3）道谷卓「明治時代の絵地図に残る今はなきへボソ塚」（『市民のグラフこうべ』二三三号、一九九二年）、大国正美『古地図で見る神戸』（神戸新聞出版センター、二〇一三年）。

（4）本山村誌編纂委員会編『本山村誌』一九五三年。

（5）出土品の一部は『本山村誌』の口絵に掲載されている。なお出土品は東京国立博物館所蔵で、同館のHPで閲覧できるものもある。例えば三角縁三神鏡は、以下のアドレスに写真と基本的なデータが掲載されている。https://webarchives.tnm.jp/imgsearch/show/C0045887

（6）増田家文書（甲南大学所蔵）。

（7）岡本村は尼崎藩領であり、この届書きは尼崎藩郷廻り役の竹内久助に提出された（増田家文書）。

（8）http://www.city.kobe.jp/cityoffice/81/town/rks_19hesobo.html（二〇〇七年七月一三日アクセス）。東灘区役所の歴史掘り起こしマップHPに写真が掲載されていたが、現在HPは存在しない。

六甲の水害・土砂災害

林　慶一

はじめに

神戸の町を歩くと、あちこちの建物や公園の基礎に、たくさんの大きな石をコンクリートで固めた石垣のようなものを見かける（図1）。六甲山の山裾一帯や、そこから海に向って直線的に流れ下る幾つもの河川沿いに特に多い。同じ関西でも、平坦な平野や盆地が広がる大阪や京都・奈良とは一風違った、坂の多い神戸の風景を感じさせるものである。近づいて石の種類を調べてみると、どこでもすべて同じで、透明な石英・白い長石・黒い黒雲母の三種類の大きな結晶からなる花崗岩である[1]。花崗岩は、身近なガラスと同じ石英の成分[2]の非常に多いマグマが、地下数キロメートルの深さでゆっくりと冷え固まってできた

（1）　神戸の花崗岩はその美しさから、その産地「御影」にちなんで御影石とも呼ばれる。約四百年前に創建された京都の桂離宮には、ここからわざわざ運んだ御影石が使われた。

（2）　マグマやそれが固まった火成岩は、石英の成分の割合によって分類され、少ないものが黒っぽく粘り気が弱く高温の、多いものほどより白っぽく粘り気が強く低温である。

図1　建物などの基礎に利用された土石流の巨礫

深成岩である。次に石の大きさに注目すると、平野を流れる川の河原にはふつう見られない、むしろ山中の谷に見られるような一メートル前後もの大きなものまでがたくさん使われている。また、形はどれも角が取れて丸くなっている。このため石垣のように組むのが難しくて、コンクリートで固めている。

　このような話から始めたのは、神戸のような大都市では大災害が起こっても、程なく完璧に近い復興が行われて、災害があったことを想起させるような風景がほとんど残されていないものであるが、ここで紹介した大量の巨礫は、神戸がどのような水害・土砂災害に見舞われる土地柄かを私たちに教えてくれるほぼ唯一の証拠だからである。

1　過去の水害・土石流

　神戸は一九九五年の兵庫県南部地震（いわゆる阪神淡路大震災）の地震で甚大な被害が発生した場所として知られるようになったが、実はそれ以前は、神戸の自然災害といえば「水害」が最も懸念されていたのである。昭和だけでも図2のように、何百・何千の家屋が破壊され、数万の家屋が浸水するなどの大規模な「水害」が、何十年も間を置かずに繰り返

発生年月日		昭和13年（1938年）	昭和36年（1961年）	昭和42年（1967年）
		7月3日～5日	6月24日～27日	7月9日
降雨	総雨量	462mm	472mm	319mm
	1時間最大雨量	61mm	45mm	76mm
家屋	倒壊流出	3,623戸	106戸	361戸
	埋没	854戸	-	-
	半壊	6440戸	132戸	376戸
	床上浸水	22,940戸	8,759戸	7.759戸
	床下浸水	56,712戸	60,524戸	29,762戸
人命	死者	616名	32名	84名
	行方不明者	-	9名	8名

図2　神戸市で昭和に発生した水害（神戸市：データから見る神戸の水害より）

図3　石屋川の惨状（『阪神地方　水害記念帳』より）

されてきたからである。兵庫県南部地震のような内陸型[3]の地震は、二、三千年あるいはそれ以上の間を空けて発生する不運な出来事だったが、「水害」はこれに比べればはるかに頻繁に起こるものであった。そこで、この「水害」を最新の科学の知見から、実際はどのようなものだったかを調べ直してみることにしよう。

図2の三回の「水害」は、実は一九三八(昭和一三)年のものと、一九六一(昭和三六)年、一九六七(昭和四二)年のものとでは全く異なるものであった。後者の二つは大雨による河川水の氾濫が主で、家屋の倒壊や半壊に比べ家屋の浸水が圧倒的に多かったのであるが、前者は家屋の倒壊・半壊が桁違いに多く、それらは図3のように巨大な礫が大量に流れ下った土砂災害であった。この現象は河川水の氾濫よりもまれな現象で、また瞬間的でもあることから、目撃されたことがほとんどなかった。このため、かつては激しい水の流れが土砂を押し流すのだと誤解されてきたが、今日では固体の礫や土砂の混ざったものが全体として流動する現象(粉体流)であることが明らかになり、土石流と呼ばれている。

土石流は、風化した山地の斜面の土砂や、過去の土石流で谷底にたまっていた土砂(あらかじめ準備されていたこのような原因を「素因」という)が、大雨や地震などが引き金となって(これを「誘因」という)崩壊・流動化する現象である。水の流れが運ぶことのできる礫は一メートルを超えることはまずないが、土石流では数メートル、場合によっては一〇メートルを超える家ほどの礫までが、自動車並みのスピードで数~数十メートルもの厚さで流下してくる(図11参照)。大きな威力によって谷添いの集落が次々に破壊される恐ろしい現象である。図2の一九三八年の土石流災害では家屋の被害数が桁違いに大きくなっているだけでなく、他の二つにはない家屋の埋没が多いのは、土石流とその堆積物の厚さによる

(3) 海洋のプレートが日本列島に沈み込む際に、引きずり込まれた陸側プレートが周期的に跳ね返って起こるのが海溝型の巨大地震であるのに対して、海洋プレートの押す力で陸側プレートの内部に長年たまったひずみで起こる地震。

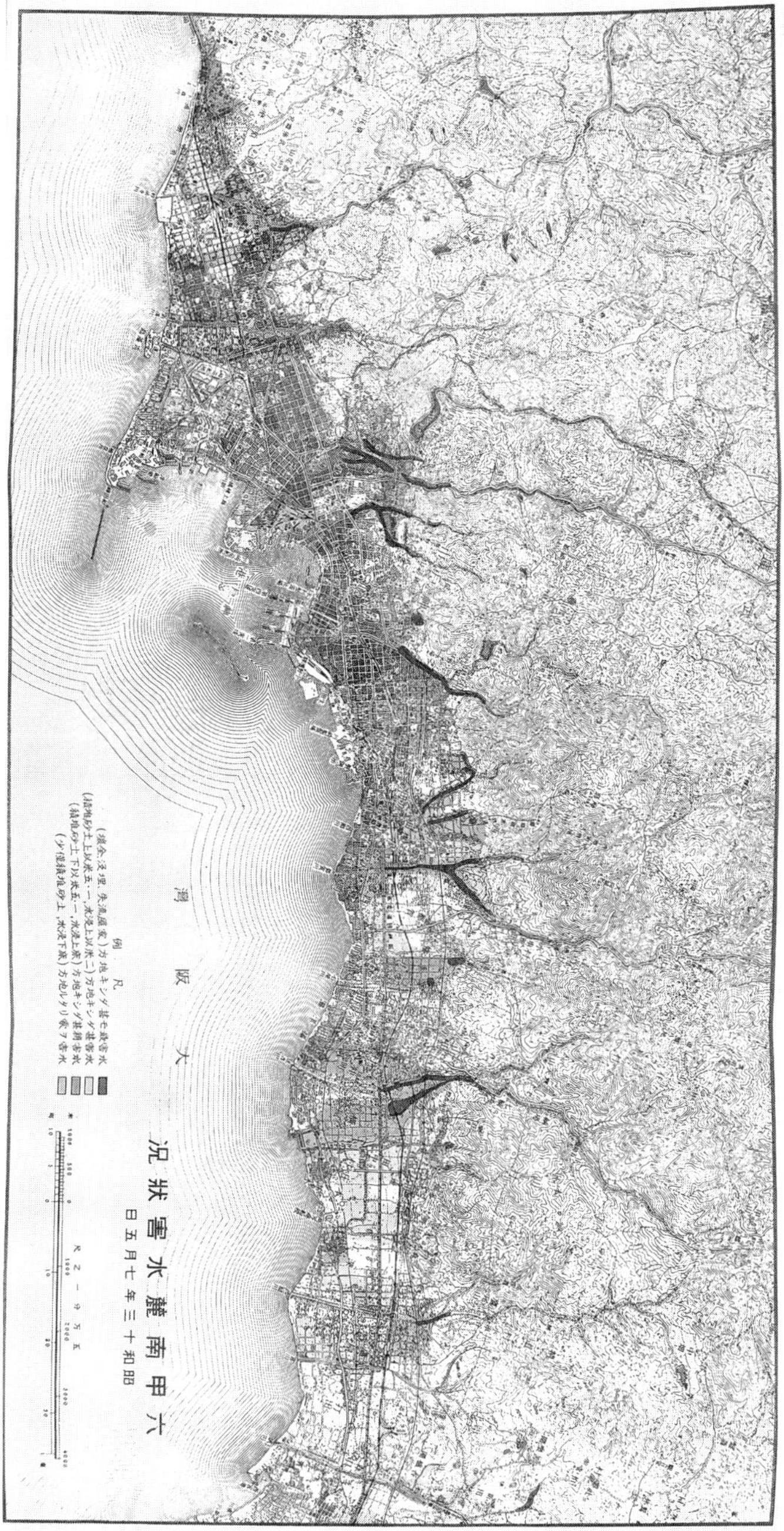

図4　六甲南麓水害状況（『阪神地方　水害記念帳』より）

ものである。図1の神戸市内のあちこちに見られる石垣の石は、実はどこかから運んできたものではなく、このときあるいはそれ以前の土石流によって、その場所に運ばれてきたものを利用したものであった。その意味で土石流の証拠と言えるわけである。

このような土石流による被害はどれくらいの範囲で起こったものなのであろうか。このときの被害については、甲南大学の前身である旧制甲南高等学校校友会によって詳しく調査され、『阪神地方 水害記念帳』として出版された。災害直後に各地で復旧作業に奉仕する生徒達と共に、各地の惨状がたくさんの写真に収められ、掲載された多数の体験談からは生々しく当時の状況を知ることができる。(4) 図3もこの本の一部を再掲したものである。しかし、科学的に貴重なのは、この「水害記念帳」のカラーの「六甲南麓水害状況」の地図(図4、口絵4頁)である。当時は土石流という概念はあまりなく「水害」と記されているが、六甲山中の谷から南流する川のほとんどで、直線的に流れるのが特徴である土石流の発生─流下場所が網羅的に図示されている。このことから六甲山の南側の谷では、どこでも土石流が発生するということがわかる。それではなぜ、このように高い面密度で土石流が発生するのであろうか。その謎を解く鍵は地形と地質にある。

(4) 当時神戸に住んでいた谷崎潤一郎は、小説「細雪」の中でこの水害を記述しているが、自身は被害には遭わなかったので、この「水害記念帳」に掲載された体験談を参考にして生々しい描写をしている。

2 神戸の地形と地質

神戸を中心とする少し広い範囲の地形を図5に、そして同じ範囲の地質図を図6に示してある。これら二つを比べながら、地形と地質の関係を考えてみよう。

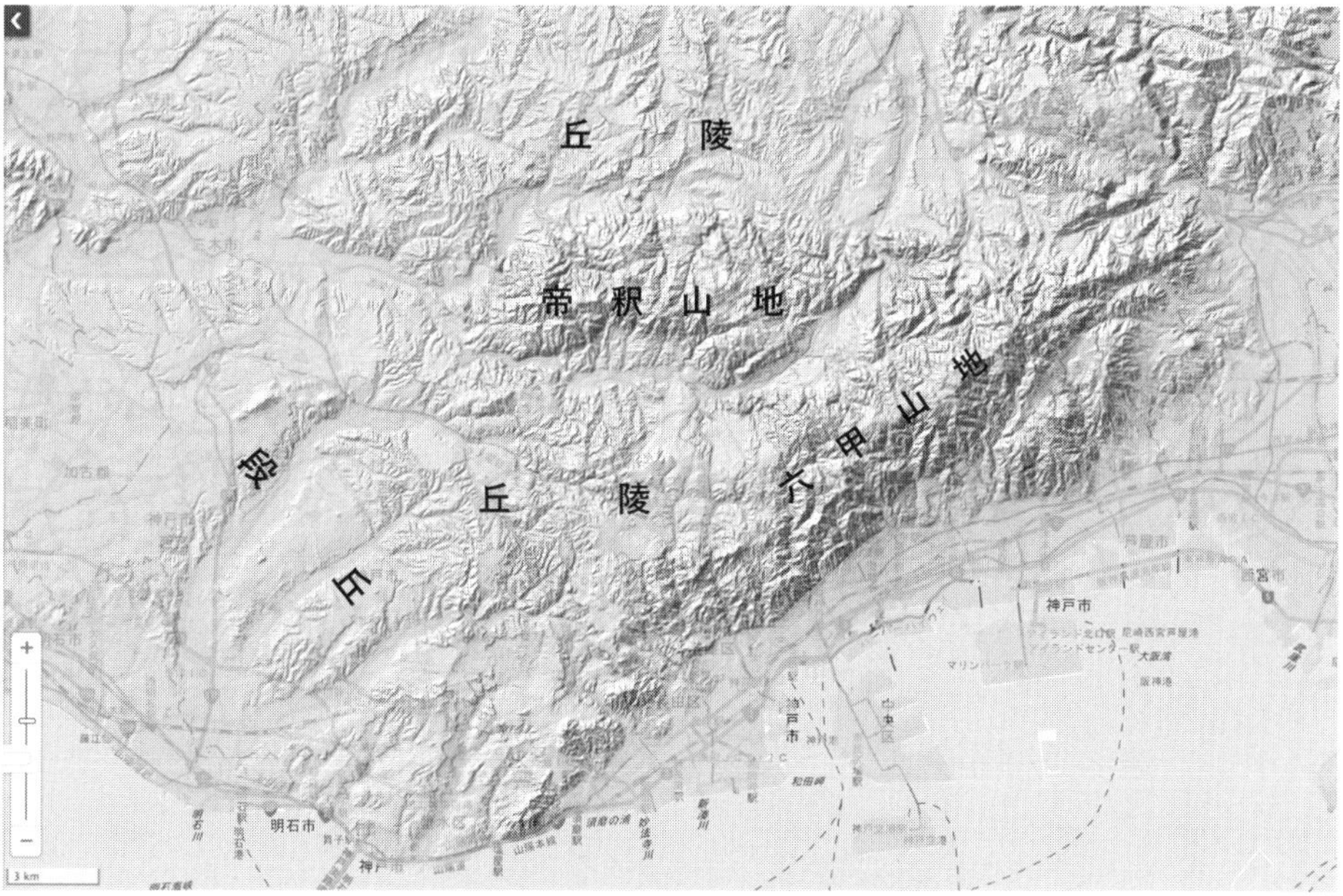

図5　神戸市の陰影地形図（地理院地図より）

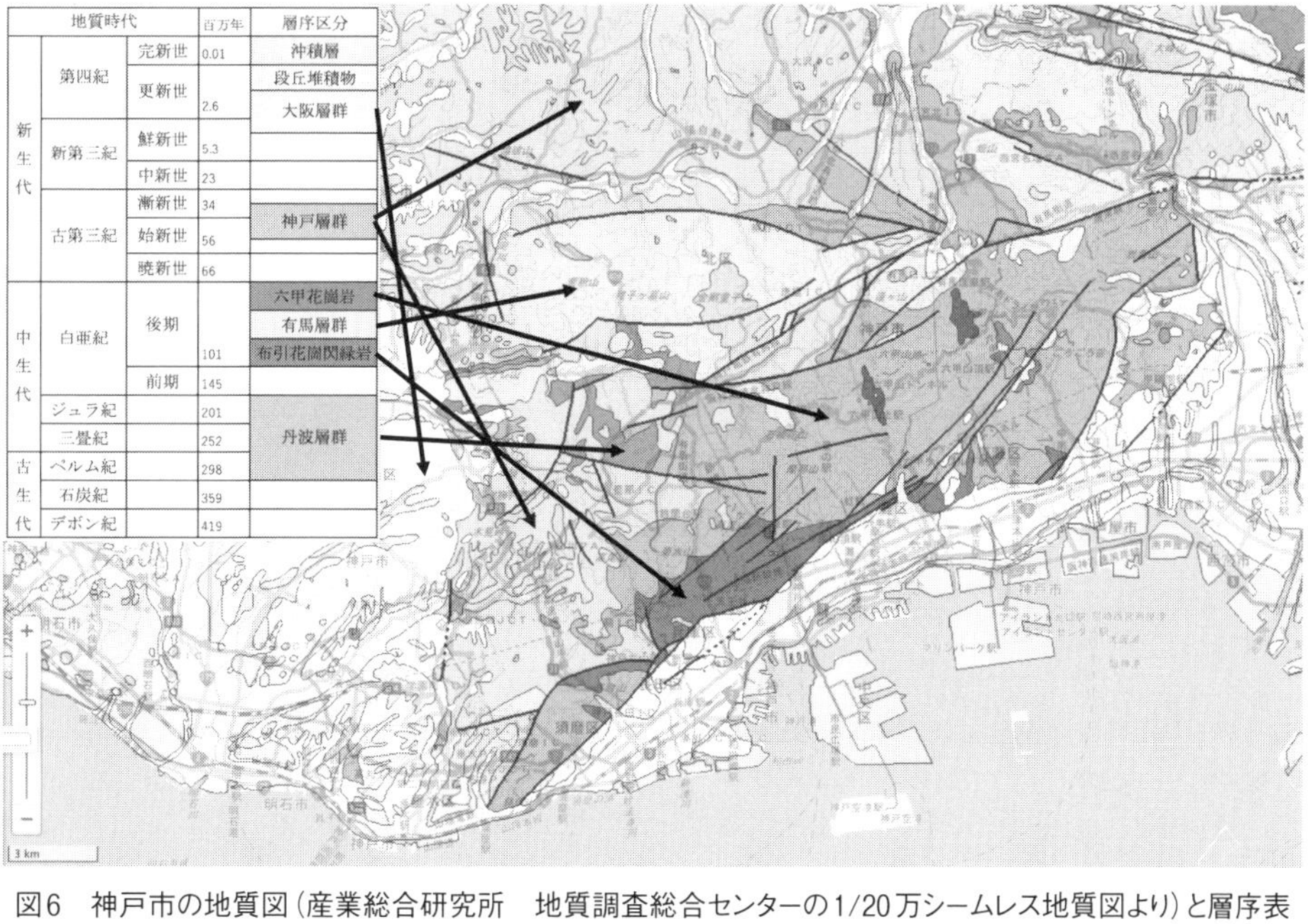

地質時代			百万年	層序区分
新生代	第四紀	完新世	0.01	沖積層
		更新世	2.6	段丘堆積物 大阪層群
	新第三紀	鮮新世	5.3	
		中新世	23	
	古第三紀	漸新世	34	神戸層群
		始新世	56	
		暁新世	66	
中生代	白亜紀	後期	101	六甲花崗岩 有馬層群 布引花崗閃緑岩
		前期	145	
	ジュラ紀		201	丹波層群
	三畳紀		252	
古生代	ペルム紀		298	
	石炭紀		359	
	デボン紀		419	

図6　神戸市の地質図（産業総合研究所　地質調査総合センターの1/20万シームレス地質図より）と層序表

基盤岩類

大阪湾の北西にある神戸には、その南部に北東から南西に延び、さらに淡路島へと連なる六甲山地が、標高数百～一〇〇〇メートルの最も高い地形となって目立っている。地質図で見ると六甲山地は中生代の終わりの白亜紀の花崗岩類（布引花崗閃緑岩と六甲花崗岩）で、地下数十キロメートルの深さから上昇してきたマグマが地下数キロメートルの深さにとどまって冷え固まったものである。神戸市の北部には、六甲山地に準じる数百メートルの高さの帝釈山地（丹生山地ともいう）が短く東西に延びている。これも同じく白亜紀の花崗岩質のマグマによるものであるが、六甲山地と違って、地表に噴出して火砕流堆積物として冷え固まったものである（有馬層群と呼ばれている）。これらはいずれも、白亜紀の花崗岩質マグマの活動として一括することができ、この地域を舞台とした地質時代を通しての唯一の大規模な火山活動である。

時代は遡るが、このマグマが貫いた、以前からこの場所にあった岩石があるはずである。この岩石は地下では花崗岩地帯以外の全域に広がっていると考えられているが、地表近くではその古さゆえに侵食されて低くなり、ほとんどの場所で新しい時代の地層に覆われており、地形的にも目立たない。これが所々に小規模に分布する丹波層群[5]という地層である（図6参照）。この地層はチャートと呼ばれる、元は海洋の深海底にガラスと同じ成分の殻を持つ放散虫というプランクトンの死殻が沈んで積み重なり、その海洋底のプレートが大陸の下に斜めに沈み込む際に、剥ぎ取られて陸側に付け加えられたものである。このようにして付け加えられた部分を付加体というが、現在の場所でできたものではないことに注意しなければならないものの、図6の表に示すようにこの地域で最も古い地層で、古生代

（5）　丹波地方に広く分布することから名前に採用されているが、西南日本の北側に長く帯状に連なる巨大な地質帯である。また、層群とは、同じような時代・環境に堆積した地層を大きくまとめたものである。

の終わり頃から中生代の中頃までの神戸の大地の基礎がどのように作られたかを示すものである。ちなみに、前段の花崗岩質のマグマは、同様な海洋プレートが沈み込むときに、含まれていた水が付加体の下のマントルに持ち込まれ、それがその場所の岩石の融点を数百度も下げてしまうために、部分的に融けてできたものである。

被覆層

次に、六甲山地と帝釈山地に挟まれた三角形の部分と帝釈山地の北側の部分に注目しよう。ここは二つの山地よりも一段低い標高二〇〇〜三〇〇メートル台の丘陵になっていて、細かい谷が密集している一方、高いところには鈴蘭台をはじめとする平らな台地も見られる。この丘陵や台地は、植物の葉の化石（図7）を大量に含むことで全国的にも有名な神戸層群という湖に堆積した地層からできている。神戸層群は帝釈山地によって南北に分断されているが、これはずっと後の時代に帝釈山地が南側と北側の二つの断層（図6参照）を境に上昇してきて、上にあった神戸層群の地層が侵食されてしまったためで、元は連続していた。この地層が堆積した湖は「古神戸湖」と呼ばれ、失われた部分

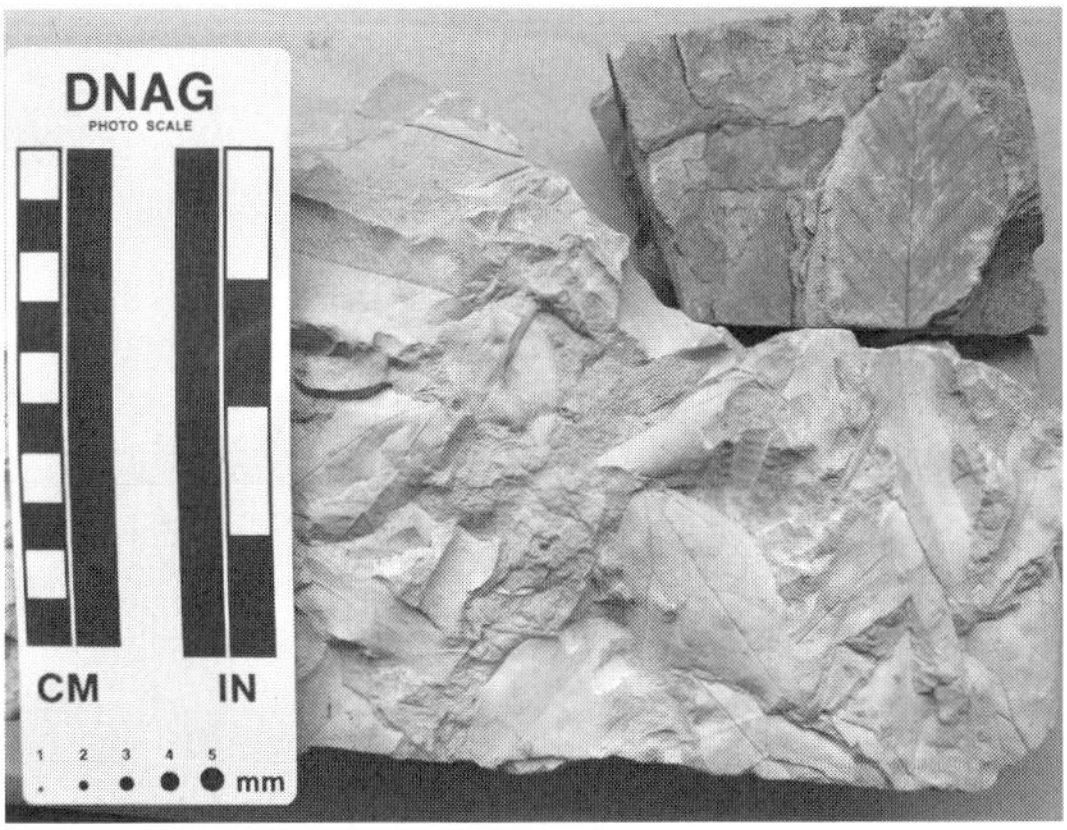

図7　神戸層群の植物化石

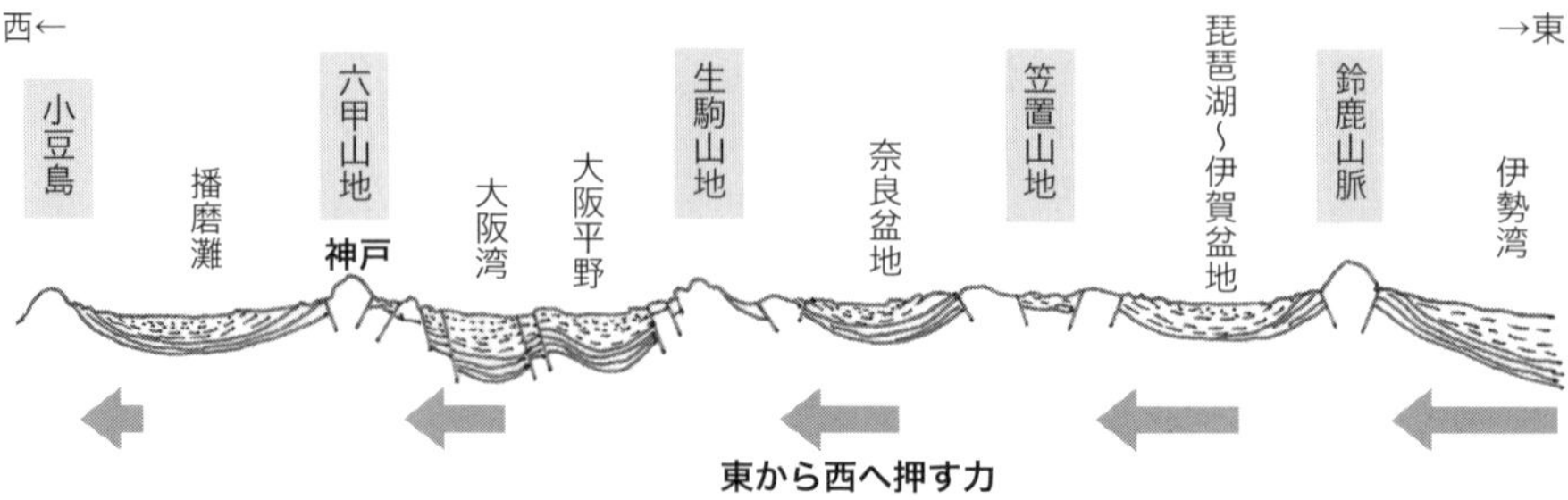

図8　近畿地方の東西方向の地質断面図

を含めると琵琶湖の半分ほどもあった。三五〇〇万年ほど前のことである。堆積物で特に多いのが火山灰の固まった凝灰岩で、普通は湖底に植物の葉が流れ込むと、微生物によって分解されてしまうが、火山灰は栄養分がないため分解者がおらず、細部までよく保存された化石となった。この湖ができたのは、前段で述べた付加体が次第に大きくなってやがて陸上に出て、その後侵食によって平らな地形となり、そこに水がたまったためと考えられる。

最後に、神戸市の西部に広がる標高数十~百数十メートルの段丘を見てみよう。ここには三〇〇万年前から現在まで、陸の平野や湖から浅海にかけての環境で堆積した大阪層群という地層がある。この地層がどうして堆積したかは少しややこしくなる。順を追ってみていこう。前段で述べた神戸層群が堆積した低くて平坦な地形は、神戸だけでなく近畿地方を含む西日本の広い範囲に広がっていた。しかし、三〇〇万年ほど前に大きな変化が起こる。南海トラフで沈み込むフィリピン海プレートの運動方向が、それまで(西南日本列島に直交する北北西)よりも西寄り(西北西)に突然変わり、中央構造線[6]の北側の地帯が西寄りに引きずられながら押されるような力を受け始めた。これによって、

(6)　関東地方から伊勢湾、紀伊半島北部、四国北部を経て九州中部に至る世界でも第一級の大断層で、白亜紀後期にできてから、時代によってずれ方は変化してきた。

近畿地方には図8のようにしわ寄せが生じ、褶曲と逆断層によって山地と低地（海になっている部分もある）が繰り返す地形となった。東から伊勢湾、琵琶湖、奈良盆地、大阪平野（湾）、播磨灘と並ぶ北―南ないし北東―南西方向に伸びる凹地の間に、鈴鹿山脈、笠置山地、生駒山地、六甲山地などの同じ方向の凸地が、地下から絞り出されるように上昇してきている。こうしてできた凹地にたまったものが大阪層群とその同時代層で、凹地の中心部ほど厚く、凸部に近づくほど薄くなるとともに凸地の今も続く隆起に引きずられて隆起している。図5の地形図で神戸市の西部に広がる段丘は、図6の地質図から読み取れるように、大阪層群の縁辺部がこうして隆起してできたものである。

この変動は今もなお続いており、一九九五年の兵庫県南部地震はこのような大規模な長期にわたる大地の営みの一つとして、六甲山地南側の逆断層の一つが動いたものであった。生駒山地など他の凸地の両側にある逆断層も、数千年という長期のスパンで見れば動かない方がおかしいということが、地質を見るとわかってくる。また、隆起し続けているということは、それが崩壊・侵食されるプロセスである土石流もこれらのすべての場所で起こると考えておかねばならない。

3　自然景観の成り立ちと自然災害

自然景観を眺めて、その美しさに感動することは多いが、なぜここに山があり、なぜそこが平野になっていて、なぜその先が海になっているかというような疑問は、持ったとしても答えが見つからず仕方のないことだと思われる方も多いと思う。しかし、前節で見てきたように地形と地質を調べていくと、私たちがそこで生活し、産業や商業の基盤ともなっている地域の自然景観が、どのような自然史を経て成立したのかを知ることができる。地質学を研究している者は、地盤の硬さや種類を調べているのではなく、このような自然の歴史を知ることのできる唯一の証拠が地層や岩石や化石なので、その面白さに魅せられているのである。自然の歴史は人知を越えたダイナミックな変動の歴史であり、それを調べることには特別な面白さがある。近年ＮＨＫのブラタモリのおかげで、この面白さを理解していただける方が増えてきているのはうれしい限りである。

神戸の自然景観の成り立ち

自然景観の成り立ちは複雑で、人によってどこで時代を区切るか、またそれによってできる時代の数もまちまちである。しかし、専門家ではない人にわかりやすくするためにここでは、起承転結や四コマ漫画にならって、四時代に分けて見ていこう。

① 海洋底の時代

今から二～三億年ほど前（地質時代名では、古生代ペルム紀～中生代ジュラ紀）、今の場所ではなくはるか遠くの海洋の深海で、プランクトンの死殻が千年に一ミリメートルという速度で堆積しながら、当時大陸の縁であった原日本に近づいてきた。これを載せた海洋プレートは、大陸の下に沈み込みながら大陸の下に次々と上に載っていた物質を付け加えた。神戸の地下深くの大地の基盤は、このような付加体としてできた。

② 花崗岩マグマの活動の時代

付加体が形成された後、一億年~六五〇〇万年ほど前（中生代白亜紀）になると、沈み込んでマントルにまで達していた海洋プレート（このプレートは①の海洋プレートとは異なり、沈み込みの場所も少し海側にずれて、離れていた）から放出された水分によりマグマが生じ[7]、それが上昇しながら変質して膨大な花崗岩質のマグマができた。これが①のチャートの中に割り込んできて固まって花崗岩になったり、地上に噴出して大規模な火砕流となりその堆積物が地表を厚く覆った。

③　古神戸湖の時代

中生代の終わりと共にこのマグマの活動は終わり、地殻変動の少ない平穏な時代が新生代の大部分の期間にわたって長く続き、この間に①や②の岩石・地層からなる地表は侵食によってほとんど平坦な地形へと変わった。その中の少し低いところに、水がたまり古神戸湖などの湖ができ、周辺の平原を流れる緩やかな川からの砂や泥・小さな礫が流れ込む一方、神戸から少し離れた場所から大量の火山灰が飛んできて、これらの土砂と一緒にたまった。周囲の豊かな森からは多様な植物の葉などが流れ込み、湖底には淡水の貝なども生きていた。

④　変動の時代

ところが、三〇〇万年ほど前に、西南日本の下に沈み込んでいたフィリピン海プレートの運動方向が西寄りに突然変化し、大地を西へ押し潰すような巨大な力が加わりはじめた。これによって大地は褶曲したり逆断層ができて、隆起する場所と沈降する場所が東西方向に交互に生じるという大変動の時代に入った。六甲山地や帝釈山地はこの隆起する場所となり、表面にあった古神戸湖の堆積物などは侵食によって失われ、地下の古い基盤の岩石

（7）　マントルの岩石は水が加わると、その融点が数百度も低下する。そのために岩石の一部が融けてマグマとなる。

が地上に現れた。一方、沈降する場所は低地や浅い海となり、両側の隆起地帯から河川によって運ばれてくる土砂が堆積するようになった。この変動の時代が今も続いている。

自然の歴史から見た自然災害

このような自然の歴史が見えてくると、初めに述べた水害や土砂災害を、自然の長い営みの中での自然現象の一コマとして捉えることができるようになる。ここでは、このような視点で、神戸の水害・土砂災害を見直してみよう。

六甲山地の土石流や水害は、その南東側で多発しているが、そこは図5の地形図で見ると急斜面となっており、低地と直線的に境されている。これは図6の地質図と図8の地質断面図を見ると六甲山地が逆断層によって地下から絞り出されるように激しく隆起しているためであることがわかる。急斜面であるため、河川水も一気に流下して、市街地で河川を氾濫させて越流による水害が発生しやすいのもこのためである。

また、地下でできた花崗岩が隆起してほとんど地表に出てくると、減圧により割れ目が生じるとともに、山沿いに発生しやすい雲からの雨で化学的にも風化する。六甲山では風化した場所はコンクリートで固められていてほとんど見えないので、図9にこれがよく観察できる別の写真を示してある。風化が進むと粉々になった部分の中に未風化の丸いコアストーンができる。図1と図3に見られるような花崗岩の巨礫は、川で流されながら丸くなったのではなく、ここでできたものがほとんどそのままやってきたのである。そして、流れる土石流の中では、細かい粒子が潤滑剤となって大きな石ほどより高速で流れて下って前方に出てきて集中する（図11参照）。図10は、一九三八年の災害時の住吉川と国道2号線が交差する橋の付近のようすであるが、山から出て二キロメートルもの所にまでこのような巨礫が運ばれてきたのは、土石流のこのようなメカニズムによるものである。

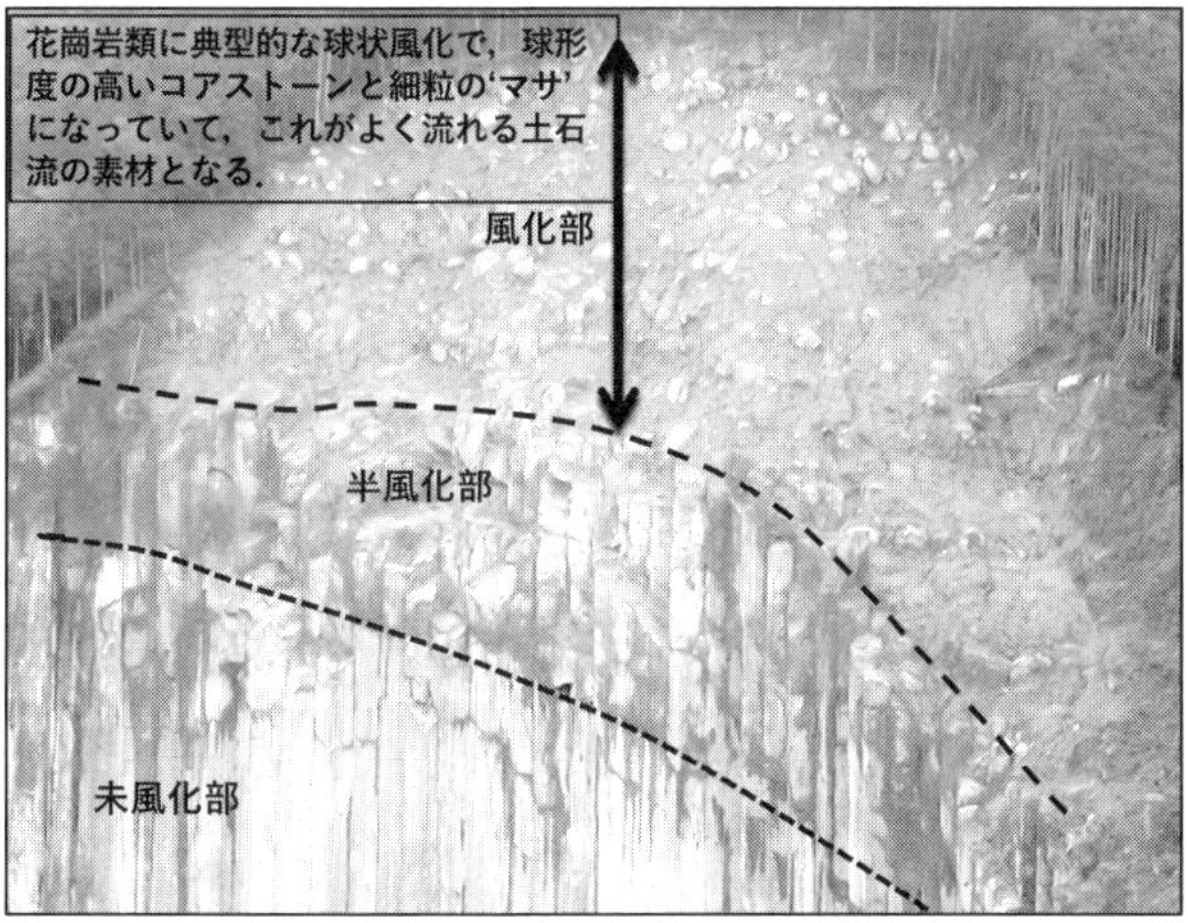
花崗岩類に典型的な球状風化で，球形度の高いコアストーンと細粒の‘マサ’になっていて，これがよく流れる土石流の素材となる.
風化部
半風化部
未風化部
図9　花崗岩の風化（和歌山県新宮市の熊野酸性岩類の採石場）

住吉川の惨状
図10　住吉川の惨状（『阪神地方　水害記念帳』より）

おわりに

神戸の自然災害には、もう一つ阪神淡路大震災のような直下型地震があるが、これもここで記したような自然史から見れば、三〇〇万年前に始まった。東からの押す力によって大地に凹凸の繰り返しが作られている現象のほんの一コマである。この変動の時代には同じような地震が何千回と繰り返されてきたのである。このような時間スケールで見れば、自分の住む場所で起こりうる破壊的な自然現象の種類や規模を想定でき、それに基づいてどのような備えをすべきかが、自然と見えてくる。

〔引用文献〕
甲南高等学校校友会編纂『阪神地方 水害記念帳』一九三八年

図11　土石流の特徴を示す土石流堆積物

発生源では図9のように泥や砂から巨礫までのさまざまな大きさの粒子が混ざっているが、流下中に大きい粒子ほど速く流れて、下流では巨礫を先頭にした流れに変わる。左上の先端部の拡大写真を見ると、細かい粒子を欠いた巨礫だけからなる数メートルの厚さの流れ（ストーンフロー）であったことがわかる。この写真は、六甲山と同じ花崗岩類地帯である和歌山県那智勝浦町の金山谷川で、平成23年9月4日に発生した土石流の直後の様子を筆者が撮影したものである。

column

岡本と梅——岡本（梅林）公園——

岡村こず恵

突然だが、あなたは梅の香りを思い出せるだろうか。風にのってかすかに感じる、ほんのり甘い、おだやかな香り。奥ゆかしいあの香りに包まれるなら、早春の梅林《ばいりん》がお勧めである。甲南大学岡本キャンパスの近くに、梅で有名な「岡本公園（通称、梅林《ばいりん》公園）（神戸市東灘区岡本六丁目六の八）がある。阪急岡本駅の西側に流れる天井川《てんじょうがわ》の西岸を、山手に三百メートルほど上って、西に百メートルほど入ったところにある。名の通り、ここはまさに梅林である。一月下旬から三月にかけて、四十種以上、約二百本の梅が香《かぐわ》しく色とりどりに咲く。おまけに高台にあるため眺望も素晴らしく、晴れた日には梅の枝越しに神戸のまち並みと海を一望できる（図1）。毎年二月の最終日曜日に開催される「摂津岡本梅まつり」では、甘酒の振る舞いや梅干し、梅パンなどの店も出て、二〇一九（平成三一）年には七千人以上の観梅客で賑わった。今でこそ、これほどのにぎわいを見せる岡本梅林だが、実は一度、その姿が消えてしまった時期がある。岡本と梅の深いつながりをご紹介しよう。

図1　岡本梅林公園から岡本のまちを望む（2020年3月3日、筆者撮影）

岡本梅林の起源は、明らかではない。しかし、一七九六（寛政八）年に刊行された『摂津名所図会《せっつめいしょずえ》』*は、いわば江戸時代後期の観光ガイドブックだが、これに「岡本梅花見図《おかもとうめのはなみのず》」が紹介されている。大坂の浮世絵師である丹羽桃渓《にわとうけい》による挿絵だ。甘酒を振舞ったり詩を詠んだり、

図2　丹羽桃渓による挿絵「岡本梅花見図」
『摂津名所図会』11巻（国立国会図書館デジタルコレクションより）

老若男女の風雅な様子が生きいきと描かれている（図2）。ほかにも、岡田半江《おかだはんこう》による「岡本梅林図巻」（一八三七（天保八）年）など、岡本梅林を描いた絵画や詩は数多い。

その後、一八七四（明治七）年に、大阪・神戸間に鉄道（現在のJR西日本）が開通し住吉駅が開業すると、岡本にも近代化の波が一気に押し寄せた。観梅客は徐々に増え、一八九七（明治三〇）年頃には、現在のJR摂津本山駅付近に二月中旬から約一か月間、臨時の停車駅が設置されるほどだった。さらに、一九〇五（明治三八）年には、阪神電鉄の大阪・三宮間が開通し青木《おおぎ》停留所が設けられると、梅林まで約二キロメートルの道に観光客が行列になった（図3）。当時の梅林の面積は現在よりずっと広く、住吉川の東側山手から保久良《ほくら》神社のあたり一帯に、六千坪ほどあったと言われる（図4）。一九一一（明治四四）年に仲彦三郎《なかひこさぶろう》が編纂した『西摂大観《せいせつたいかん》（郡部）』には、岡本梅林について次のように記されている。

「……春風脈々《みゃくみゃく》衣を吹き　清香習々《せいこうしゅうしゅう》鼻を撲《う》つ、半日の行楽は塵胸を一洗する清涼剤なり。」
（春風が絶えず衣を吹き透し、清らかな香りがそよそよと鼻を刺激する。半日の行楽は、心を洗う清涼剤である。）

図3　1905（明治38）年に設けられた阪神電鉄青木停留所が、観梅客で賑わう。ここから田園の中を約2キロ歩いて岡本梅林に向かう

図4　「銀杏返し」のように髪を結う女性が、岡本梅林を楽しむ。明治から大正期頃と推定。（図3、図4ともに和田克巳編著『むかしの神戸――絵はがきに見る明治・大正・昭和初期』神戸新聞総合出版センターP.140、1997年より）

ところが、一九二〇（大正九）年に、阪神急行電鉄（現在の阪急電鉄）が梅田・神戸（後の上筒井《かみつつい》）間に開通し岡本駅が設置されると、翌年には駅周辺の土地分譲が開始された。今では当たり前になった鉄道会社による不動産開発である。宅地開発は人々の高い関心を集めた。一九三三（昭和八）年には、ついに岡本梅林が宅地として造成される。追い打ちをかけるように、一九三八（昭和一三）年の阪神大水害により、梅林はさらに減少した。一九四五（昭和二〇）年の神戸空襲では、青木駅近くの川西航空機甲南製作所（現在の新明和工業）が攻撃目標の一つとされ、岡本梅林は、ほぼ失われてしまった。

一九五〇年代以降の急速な都市化によって都市近郊は乱開発され、環境破壊が社会問題化した。急激な都市開発は、市民の環境への保全意識を高める。神戸市は、六甲山の土砂を削りその土で海を埋め立てる、いわゆる「山、海へ行く」政策を本格化させた。その一方で、一九七一（昭和四六）年から「グリーンコウベ作戦」という緑化や公園整備事業を開始し、翌年には「人間環境都市宣言」をする。環境破壊の波を阻止し、環境と経済発展の調和のとれるまちづくりをめざすことが宣言された。

戦後、個人宅の庭に奇跡的に生き残った梅や、地元の小学校の全校生徒に梅の苗木が配布され、自宅で育てられた梅の存在は、地域の人々にかつての岡本梅林を忘れさせずにいただろう。市民の強い願いもあ

図5　白加賀梅（2020年3月3日、筆者撮影）

り、一九七五（昭和五〇）年に神戸市によって保久良神社付近に梅林が整備され、白加賀梅《しらかが》（図5）、摩耶紅梅《まやこうばい》など、白梅約百五十本、紅梅約百本が植えられた。そして、一九八二（昭和五七）年、同じく神戸市によって、かつて岡本梅林が広がっていた一角に岡本（梅林）公園が整備・開園された。本黄梅《ほんこうばい》のほか、太宰府天満宮から贈られた飛び梅など約二百本の梅が植えられた。岡本梅林が宅地化され始めてから、約半世紀ぶりのことだった。

その後、一九八六（昭和六一）年に、東灘区役所が梅を区の花に選定した。住民グループ等による梅の植樹活動や実態調査など、地道な活動も続けられた。一九九五（平成七）年の阪神・淡路大震災によって岡本のまちが大きく傷ついた時も、翌年には住民が中心になって、前述の「摂津岡本梅まつり」が開かれた。復興を祈願して、以降毎年、梅林公園で開催されている。二〇一一（平成二三）年には、梅林公園の拡張及びバリアフリー整備が行われ、園内にスロープが設置された。見物客で賑わう観光資源として、住民の静かな日常の彩りとして、これからも岡本梅林は人々に愛され大切に育まれていくだろう。

＊挿絵が掲載された一一巻は、一七九八（寛政一〇）年刊行。

〔参考文献〕

秋里籬島『摂津名所図会』一七九六（寛政八）年、一七九八（寛政一〇）年
梅一つ火会、梅まつり実行委員会、「岡本（梅林）公園」〔最終閲覧日二〇二〇（令和二）年二月二四日、https://www.us3.jp/

souryu/okamotokouen/〉
岡田半江「岡本梅林図巻」一八三七（天保八）年
岡本財産管理会『岡本・文化まつり』一九九二（平成四）年
鹿岳光雄『岡本の梅』宝積寺、一九八一（昭和五六）年
新修神戸市史編集委員会編『新修 神戸市史 歴史編Ⅳ 近代・現代』神戸市、一九九四（平成六）年
新修神戸市史編集委員会編『新修 神戸市史 行政編Ⅲ 都市の整備』神戸市、二〇〇五（平成一七）年
中島俊郎編著『岡本 わが町――岡本からの文化発信』神戸新聞総合出版センター、二〇一五（平成二七）年
仲彦三郎『西摂大観（郡部）』明輝社、一九一一（明治四四）年
仲彦三郎『西摂大観（郡部）』（複製）縮刷版、中外書房、一九六五（昭和四〇）年
本山村誌編纂委員会『本山村誌』、一九五三（昭和二八）年
和田克巳編著『むかしの神戸――絵はがきに見る明治・大正・昭和初期』神戸新聞総合出版センター、一九九七（平成九）年

現代に残る荘園

佐藤泰弘

はじめに

神戸市の東灘区、住吉川が六甲山から平野部に流れ出て作った扇状地には、左岸に岡本、右岸に住吉の街が広がっている（図1）。阪急電車の岡本駅、JRの摂津本山駅・住吉駅のあたりである。この一帯には一一世紀から一六世紀にかけて山路荘《やまじのしょう》という荘園があった。荘園は有力な貴族・寺社の領地である。山路荘の領主は平安時代に藤原氏・王家が確認され、その後、奈良の春日大社・興福寺の所領となった。

山路荘が存続した期間は日本史の時代区分における中世に重なる。中世は荘園の時代であり、人々にとっては荘園が行政機関のような役割を果たした。中世を通じて武家が力を

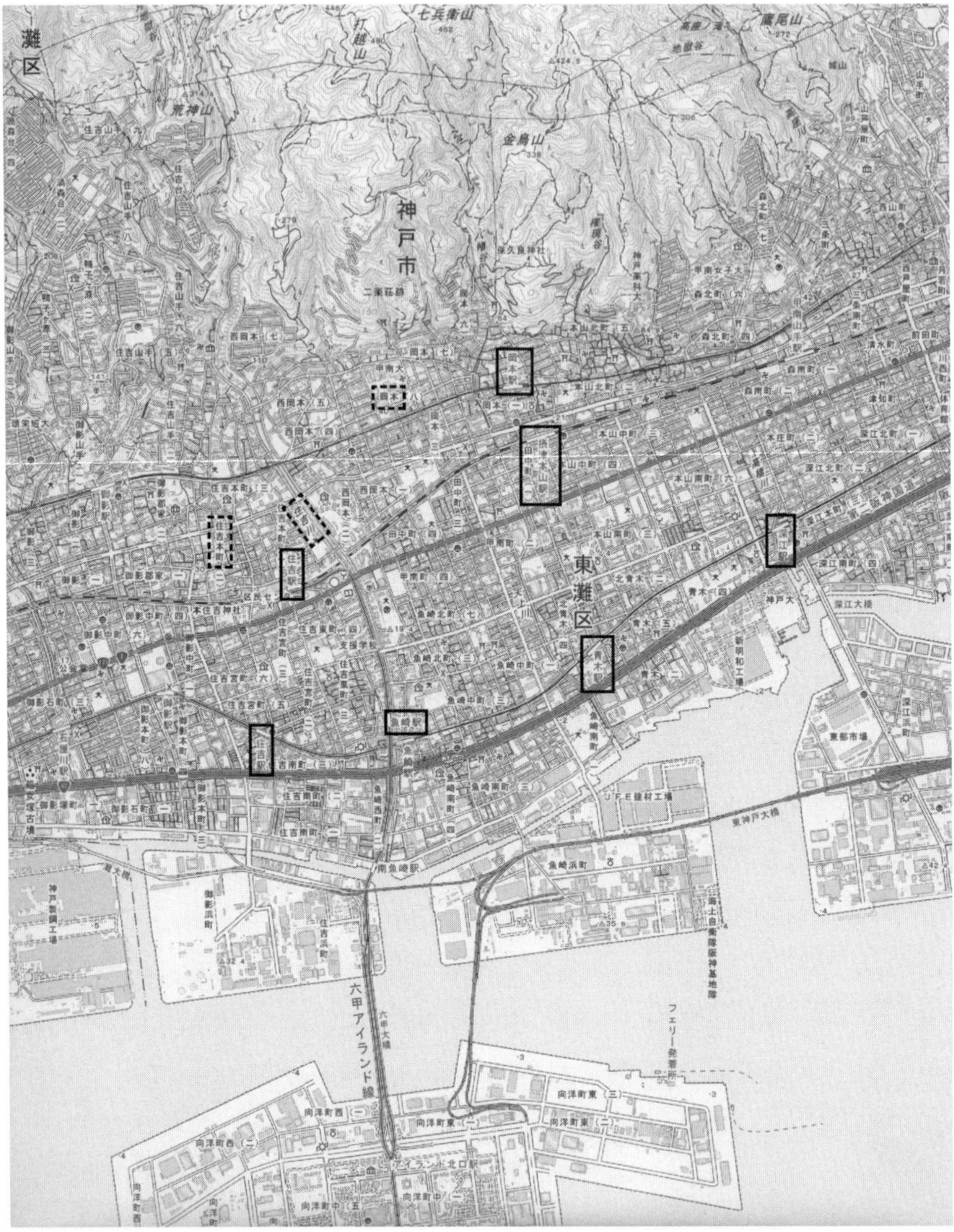

図1　現在の東灘区（国土地理院　二万五千分の一地形図「西宮」）

強めていくが、武家の支配も荘園の枠組みをもとに行われた。一方、中世の人々が日常生活を営む舞台は村落であり、村落は自治的な機能を果たす惣村として発達していった。荘園と村落の関係は様々であり、複数の村を包摂する大荘園もあった。

本章では山路荘[1]を手掛かりに、この地域の歴史を中世から現代まで辿ってみたい。『本庄村史』等の優れた成果によりながら、若干の知見を加えることができればと思う。

（1）史料では「山道」と表記されることもある。

1 中世の村と潮堤・新田開発図

山路荘には中世末期の村々が分かる史料が残されている。永禄一二（一五六九）年に作られた山路荘公事銭取納帳によると、山路荘には住吉村・野寄村・岡本村・横屋村・魚崎村・青木村（西青木村）・庄戸村の七か村があった[2]。それから百年ほど後、元禄一〇（一六九七）年の摂津国絵図には住吉村・岡本村・野寄村・田中村・横屋村・魚崎村・西青木村が見えている（図2）。田中村が中世の庄戸村に当たる。これらの地名は二〇世紀まで残っていた（図5）。

戦国時代の惣村《そうそん》が江戸時代の村や町の原型であったと考えられている。中世から近世へと続く山路荘の村々は、その好例であろう。ただし元禄の国絵図に山路荘は見えない。豊臣秀吉の検地（太閤検地）を引き継ぎ、徳川幕府は検地を進めて年貢の納入を村々に負わせたため、荘園の枠組みは不要になった。荘園のもとにあった惣村が、直接に幕府・大名に把握されたのである。

（2）永禄一二年一二月吉日山路荘公事銭取納帳（豊中市教育委員会編『今西家文書』）、同案（高井文書『兵庫県史　史料編　中世一』、一五四頁）。

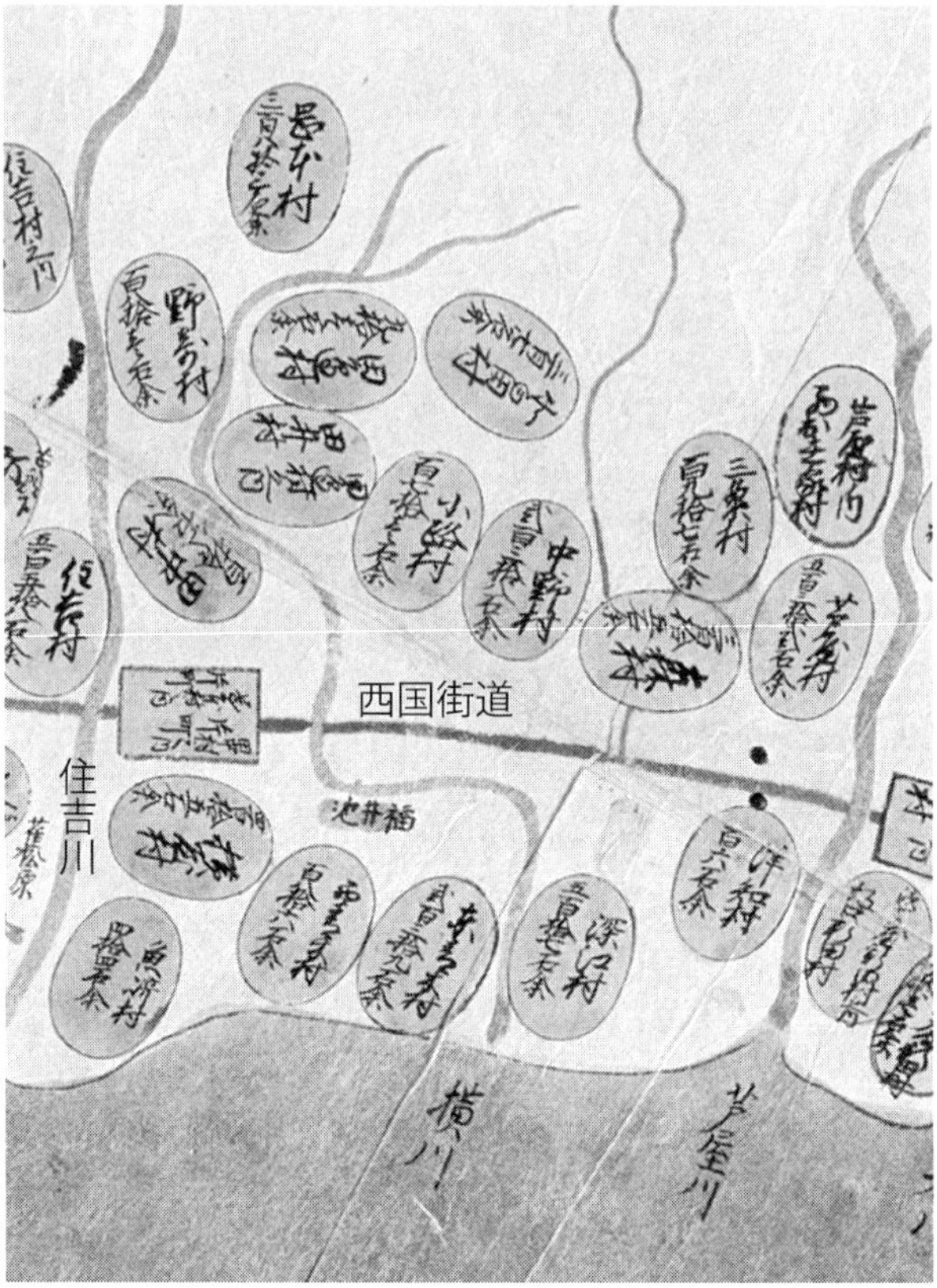

図2　元禄国絵図 摂津国（部分）（国立公文書館所蔵）
「西国街道」「住吉川」を加筆

しかし村々にとって荘園の枠組みが消え去ったわけではない。

一八世紀中頃、明和九（一七六九）年以前に作られたと考えられる絵図の写しが神戸市立博物館に所蔵されており、「本庄之庄山路庄郡家庄絵図」と呼ばれている[3]（図3）。これを検討した久武哲也氏は、この絵図が潮堤を造って開発された新田と水利を示したものであること、新田開発を進めたい横屋村と漁業のために浜を用益していた魚崎村との紛争が

（3）　この絵図の「郡家之庄」は郡家村と御影村を合わせた近世の呼称ではなかろうか。

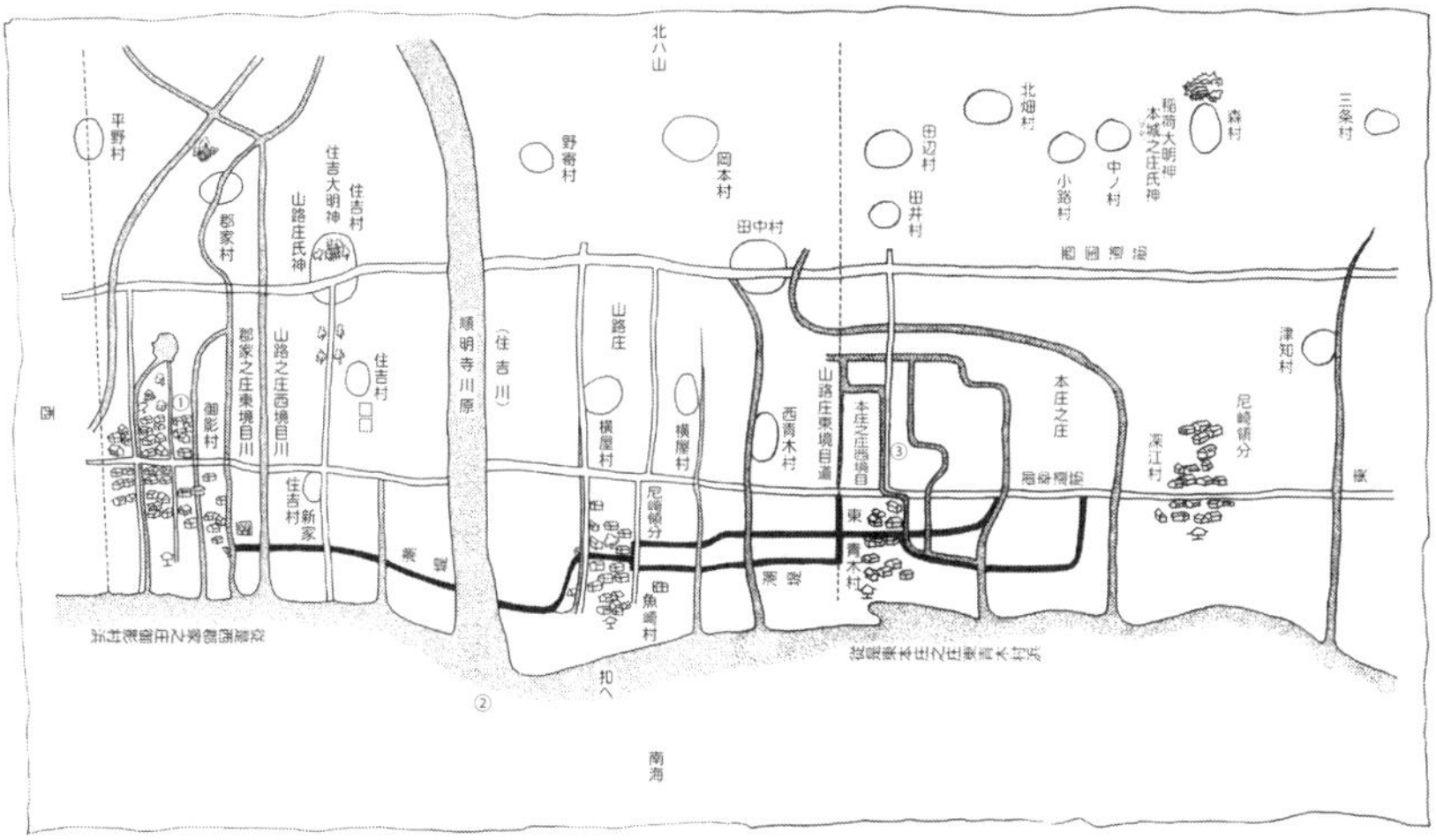

図3　本庄之庄山路庄郡家庄絵図トレース図（神戸深江生活文化史料館提供）

注：『本庄村史　地理編・民俗編』44・45 頁のトレース図をもとに修正を加えた。絵図原本において村落名は楕円形の中に書き込まれている。①③には「尼崎領分・片桐主膳正入組」との書き込みがある。②には貼紙があり「順明寺川原と御座候得共、往古は右川上ニ寺御座候ニ付、順明寺河原と申唱候由、相伝罷在候。いつ之頃より歟住吉川と相唱替、当時は住吉川ニ御座候ニ付、此段下ヶ札を以御断奉申上候。」と記されている。

背景にあったことを論じている。(4)久武氏の考察は絵図をはじめとする関連史料の丁寧な読み込みに支えられている。ここでは久武氏が自明のこととして触れなかった部分に注目したい。

この絵図は国絵図と同じように村落を楕円形で示し、村名を書いている。それとともに図中に「本庄之庄」「山路庄」と記され、陸側には「本庄之庄西境目」「山路庄東境目道」および「山路之庄西境目川」「郡家之庄東堺」、浜側には「従是東本庄之庄東青木村浜」「従是西郡家之庄御影村浜」と書き込まれている。つまりこの絵図には、国絵図には見えなかった荘園の枠組みが現れているのである。

（4）『本庄村史　地理編・民俗編』四四頁。

この絵図は現地における新田の開発・経営に密着した主題図である。そのため国絵図のような領主支配を均一に示す絵図には描かれない地域の実情が示されている。新田の開発と浜辺の用益とを調整することや、六甲山に発する用水を管理することは、個々の村で完結するものではなかった。村の生業は村をこえた地域関係のなかに定位されており、村の一つ上位にある領域が「本庄之庄」「山路之庄」「郡家之庄」であった。

絵図には「稲荷大明神　本城之庄氏神」と「住吉大明神　山路庄氏神」も見える。これらは中世においても人々の信仰を集めていたと考えられる。

2 入会地

明治初年、政府が近代的な地方制度として大区小区制を導入した際、近世の村は小区として組み込まれた。この後、地方制度が変転していくなかで、近世の村は地域の基礎的単位として昭和前半まで存続する。

明治政府が地租改正を進めて近代的な土地所有制度と税制を整えたことはよく知られている。政府は山林についても地租改正を行い、権利関係を明らかにしようとした。六甲山は、山麓にある村々が日常生活や農業生産に必要な資材・資源を採取する場、つまり入会《いりあい》地《ち》でもあった。そのため、この地域の村々の間で山の境界紛争、つまり入会地の境界をめぐる紛争が発生した。[5] 紛争の当事者は、山路庄の三か村（岡本村・田中村・西青木村）と本庄の九か村（三条村・津知村・森村・中野村・小路村・北畠村・田辺村・深江村・青木村）である。

（5）『本庄村史　歴史編』五三三頁。『本庄村史　地理編・民俗編』七一頁。『西宮市史　史料編』も参照。

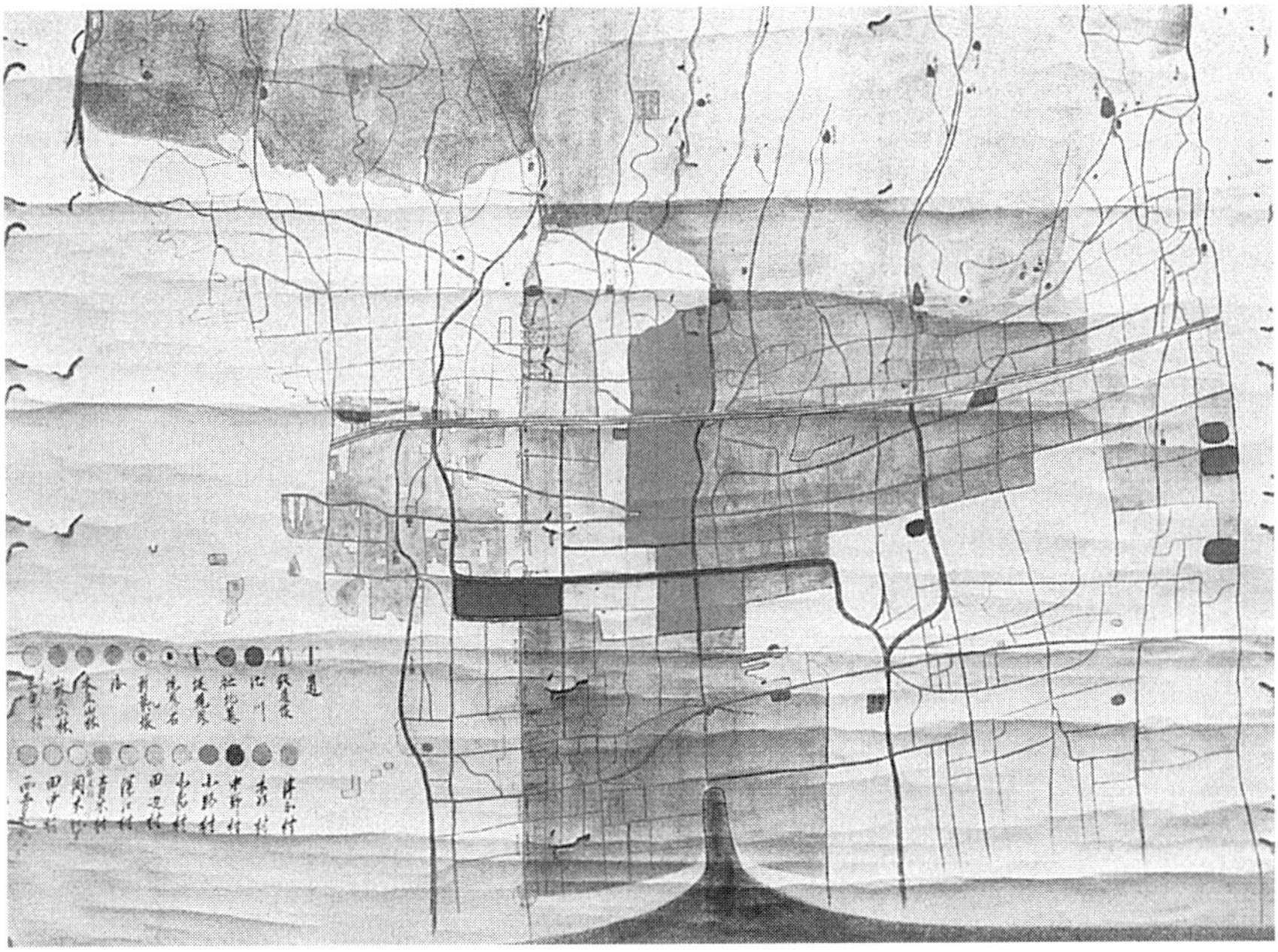

図4　山地境界条約絵図 部分（神戸深江生活文化史料館提供）

江戸時代においても山の用益は中世荘園の枠組みで行われており、その慣行は明治になっても生きていたのである。

この紛争は田中村区長と芦屋村区長の仲裁によって決着し、明治一二（一八七九）年に境界を定めた「山地境界条約絵図」（神戸深江生活文化史料館保管）が作られた（図4、口絵2頁）。絵図に描かれた山林は東側が薄い緑に、西側が深い緑に、それぞれ塗り分けられている。凡例によると薄い緑が「本庄山林」、深い緑が「山路庄山林」である。この絵図の主題は山林の境界であるが、平野部の村々も詳細に示している。山路庄と本庄との境界は条里制の地割りに沿って、下地中分図《したじちゅうぶんず》のように一直線である。

この地域では近代になっても、入会地の用益・管理において山路庄・本庄という中世荘園の枠組みが生きていた。ただし山路庄において紛争当事者となったのは三か村だけである。その意味においては、「庄」が村を束ねる枠組みであるとしても、地域における政治の主体は村である。

久武氏は「この庄（山路庄と本庄之庄、引用者注）の境界が明治期に至るまで入会山の用益や水利の配分、あるいは神事などの宗教的祭祀の開催といった社会生活の重要な側面においても、現実的な機能を果たしてきたことを物語るものであろう」と論じている。[6]久武氏が論じる「現実的な機能」は層を成して人々の生活に組み込まれており、それぞれの層位が歴史の積み重ねでもある。

この地域では、長い中世を通じて荘園制の枠組みの中で村落が生まれ惣村へと成長し、それが近世の村へと連続していった。近世においても荘園の枠組みは単なる遺制ではなく、入会地や用水の管理においても、氏神の信仰や神社の祭礼においても、生きていた。それは近代にまで続いている。この連続性を担保したものは、社会を基礎付ける生業の基礎構造が中世・近世そして近代初期まで変化しなかったからであろう。しかし近代は生業のあり方も含めて、社会を根柢から変えていく。

（6）『本庄村史　地理編・民俗編』七二頁。

3　六甲山と財産区

近世までの村が持っていた共有財産は、近代的な所有制度には馴染まなかった。そこで、村落の共有財産を近代的な法制度のもとに置くため、財産区という制度が特別に設けられた[7]。山の境界が確定した後、明治一四（一八八一）年、本庄の九か村では各村の持ち分を定めて入会地の山を共有とした。明治二二（一八八九）年に施行された市制町村制によって、各村はそれぞれに財産区を置いて財産を管理できるようになった。

市制町村制では、村々が再編された（図5）。深江・青木・西青木の三か村が合わさって本庄村となり、森・中野・北畑・小路・田辺・田中・岡本・野寄の八か村が本山村に、魚崎・横屋は魚崎村に、住吉は単独で住吉村となった。本庄村はかつての本庄の呼称を引き継いでおり、本山村は本庄と山路庄の名称に因んでいる[8]。本庄村も本山村も当時の人々による歴史の継承である。本庄村・本山村・魚崎村では、近世の村（部落）が大字として残った。しかし中世から続いた山路庄・本庄ではなく、近代の行政村という枠組みが作られたのである。

明治時代以来の産業構造の変化（つまり産業革命）によって、農業・林業・水産業そして商業なども合わせた伝統的な生業は変貌していく。近世の村が大字として継承されていても、人々の暮らしや生活圏は変化しており、日常生活における入会地の必要性も変わっていく。

（7）『本庄村史　歴史編』七八〇頁。

（8）『本山村誌』一八八頁。

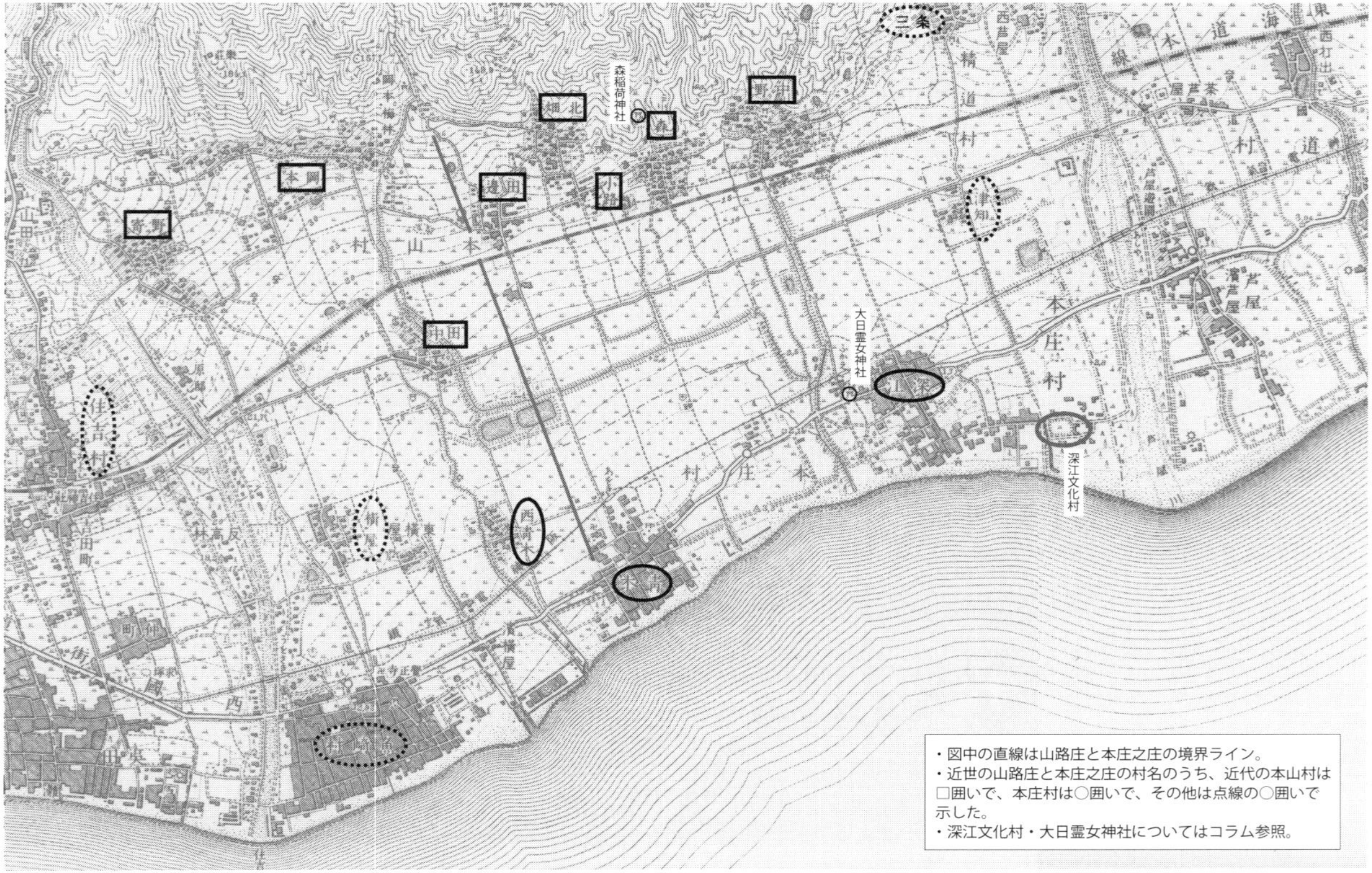

図5　明治時代の山路庄・本庄域（地図資料編纂会編『正式二万分一地形図集成』関西（柏書房、2001）「西ノ宮」「御影」より）

昭和二五（一九五〇）年には神戸市が拡張して東灘区が生まれ、本庄村・本山村など山路庄や本庄であった地域も東灘区に含まれた。昭和三〇年代に各部落の財産区が所有する山林を神戸市に売却するに当たり、旧本庄に属する財産区では話し合いが持たれた[9]。山林の存在が古くからの地域の繋がりを保っていたとすれば、それはこの時が最後であった。

神戸市の発展とともに地区の再編成が進むなか、旧来の大字は消えていった。例えば、昭和五四（一九七九）年に野寄・岡本は岡本・西岡本に、西青木・東青木は青木・北青木に、再編された（図1）。岡本・青木という伝統的な呼称を用いているものの、その範囲は変化している。戦国時代から続いてきた村落の枠組みは、ここに終焉を迎えたのである。

戦国時代から現代までの地域史を点描してきた。では、それ以前はどのようであったのだろうか。

(9)『本庄村史　歴史編』七八二頁。

4　山路荘と加納荘

山路荘は摂関家の庶流である藤原頼宗の系統に伝えられた荘園である（図6）。山路荘が初めて史料に見えるのは応徳元（一〇八四）年であり、今南荘との相論が朝廷で審理されている。その後、藤原宗忠と伊通の間で相続争いが発生し、政治情勢も影響して、山路荘は伊通に伝えられた[10]。

山路荘は伊通の娘呈子（近衛院后妃の九条院）を経て、その養女市宮（二条天皇皇女）に伝えられた。市宮が伝領した時、山路荘は加納荘と一組の荘園になっていた[11]。一二世紀は王

(10)『本庄村史　歴史編』二六九頁。
(11)山路荘・加納荘とともに山城国の金頂寺も伝領されているが、本章では割愛する。

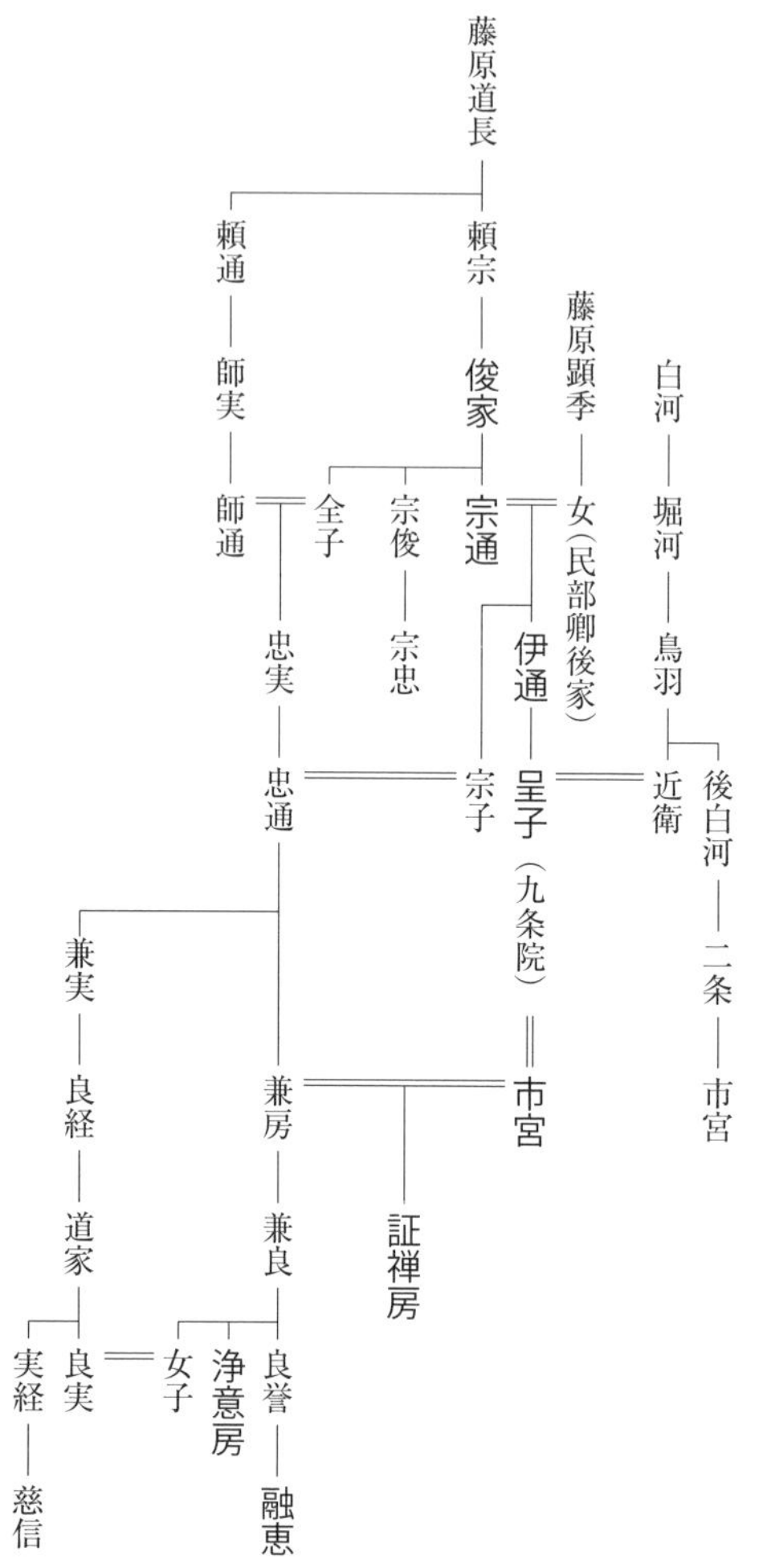

図6　山路荘の伝領

家領荘園が数多く立てられており、九条院領の時に加納荘が加えられた可能性が高い。一般的に加納とは本来の荘園（本荘）に加えられた部分である。山路荘の加納が加納荘として独立した荘号を得たのか、山路荘に隣接した土地が加納荘として立荘されたのか、その経緯は未詳である。両荘は、市宮と藤原兼房の間に生まれた証禅房を経て、兼房の孫浄意房に伝えられ、さらに融恵に伝領された(12)。

正和五（一三一六）年、融恵は山路荘・加納荘を「大般若経并神供料所」として、春日社に寄進した。この頃、摂津守護代も務めた安東蓮聖が山路荘内の稲光名を山城国の清涼寺に寄進して相論になっており、春日社への寄進は相論を有利に進めるためではないかと

(12)『本庄村史　歴史編』二八〇頁。

考えられている。[13]

中世の春日社は興福寺と一体である。融恵の叔母が興福寺大乗院門跡慈信の叔父藤原良実と婚姻関係にあり、融恵自身も良実の猶子であることから、[14]融恵は慈信を介して春日社に寄進したと考えられる。後の史料によると山路荘は大乗院門跡の所領であり、そのもとで門徒の松林院が管理している。[15]寄進の当初から荘園は大乗院の所領であり、年貢が春日社に寄せられたのではなかろうか。

南北朝・室町時代になると摂津国の西部は度重なる戦乱の舞台となり、山路荘・加納荘では武家が勢力を伸長させた。[16]正長元（一四二八）年に摂津守護細川持元が今南荘とともに「山地・加納庄」の預所職を求め、文安四（一四四七）年には「山道・加納両庄」の住人中嶋入道良円が守護の検断を受け、良円が務めていた公文職が闕所となる事件が起こっている。[17]

このように一五世紀前半まで、山路荘は山路・加納両荘として史料に現れている。ところが一五世紀後半になると、『大乗院寺社雑事記』に「山道庄」と記されているように、加納荘が見えなくなり山路荘だけになっている。幕府方の文書には「山道加納庄」と見えており、これは尋尊の書き方であろうか。[18]

応仁の乱によって山路荘は不知行になるものの、乱後には大般若経会が春日社の勅願三十講に重ねて行われ、山路荘の年貢が勅願三十講にも用いられている。[19]勅願三十講は正応元（一二八八）年に後深草院の発願により始まった。供料として越前国坪江荘が寄せられ、法会は大乗院門跡が相承した。[20]融恵が荘園を寄進した当初より大般若経会が勅願三十講に合わせて行われていたのか、一五世紀になって坪江荘からの料物が滞るなどして山路荘の

(13)『本庄村史　歴史編』一八三頁。
(14)『本庄村史　歴史編』が紹介する広橋家記録「改元部類」紙背文書（二八〇頁）及び『尊卑分脈』。
(15)『史料纂集　三箇院家抄　第二』二六一頁。
(16)『本庄村史　歴史編』第三章三節・四節。
(17)『満済准后日記』正長元年一〇月四日条。『建内記』文安四年九月二四日条〜一一月一六日条。
(18)『大乗院寺社雑事記』文明六（一四七四）年正月二四日条・文明一一年正月二日条など。年月日未詳摂津国社領并人給分等注文（蜷川家文書一〇『兵庫県史　史料編中世九』三九〇頁）。
(19)『本庄村史　歴史編』三〇三頁。
(20)『勘仲記』正応元年四月二一日条。

年貢で補うため併修するようになったのか、検討の余地があるように思われる。それとともに荘園の呼称において、加納荘が見えなくなって山路荘だけになることは、現地の状況が関係しているのではなかろうか。

5　山路庄と本庄

先に紹介したように永禄一二（一五六九）年の山路荘公事銭取納帳に見える七か村は近世の山路庄の村々に繋がっている。この帳簿には、村別で一筆ごとに地積が記され、「山」「山公」「加」と注記されている（図7）。『兵庫県史』は「山公」が「山公事」を略したもの、「加」が「加地子」のことであると注釈している。[21] しかし「山」は山路荘、「山公」は山路荘の公田（もしくは公事田）、「加」は加納荘のことではなかろうか。この解釈が正しければ山路荘と加納荘は入り組んでいることになる。また、公事銭取納帳に「山」「山公」と記しているのは、取納帳の山路荘と「山」「山公」の山路荘とが異なるからである。取納帳の山路荘は、山路荘（山・山公）と加納荘（加）を合わせて領域的に統合したものである。

天文一〇（一五四一）年頃の妙観院周隆書状は神戸市灘区にあった都賀荘に関するものであり、「山路、本庄、今南庄、下三ヶ庄」として近隣の荘園に言及している。[22] この「山路、本庄」は近世の山路庄と本庄に繋がる。一六世紀前半には近世に続く山路庄・本庄の枠組みが成立している。周隆書状の「山路」は公事銭取納帳に見える山路荘であろう。山路荘・加納荘を合わせた山路荘が成立したことによって、加納荘が消えたのである。

（21）『兵庫県史　史料編一』一五四頁。

（22）七月一八日妙観院周隆書状（天城文書一四『兵庫県史　史料編中世一』一三七頁）。今井林太郎『旧天城文書と都賀庄』。

では山路庄に隣接する本庄は、どのような荘園だったのだろうか。「本庄」の初見は正和四（一三一五）年であり、悪党交名注文に悪党の在所を示す地域名称として見える。(23) 荘園名として本庄は特異であり、荘園の本荘つまり立荘時の本体部分を指す呼称であると考えられる。この「本庄」については、芦屋荘の本庄とする説（『新修芦屋市史』）と山路荘の本庄とする説（『本庄村史』『神戸市史』）があり、地域の一体性から見れば後者が妥当であろう。『本庄村史』が推測するように、山路荘は本庄之庄も含んでいたことになる。

一五世紀前半までの山路荘・加納荘は入り組みながらも、近世の山路庄と本庄之庄にまたがる広大な領域を持っていた。それが西側の山路荘と東側の本庄に分割・再編されたのである。この分割・再編が行われたのは加納荘が見えなくなる一五世紀後半ではなかろうか。西側が春日社の料所とされたために山路荘を継承し、東側が山路荘の本荘であったため、本庄と呼ばれるようになったのではなかろうか。

康安二（一三六二）年に山路荘・加納荘では半済《はんぜい》が実施されている。(24) この時の半済は下地を中分するものではなかったはずである。しかし室町期を通じて、この地域には摂津守護の勢力が浸透してくる。そのため山路荘・加納荘は興福寺・春日社と武家との間で分割されたのであろう。文安四（一四四七）年に公文職が闕所《けっしょ》になったことや応仁の乱後における知行の回復の過程が、荘園再編の契機になったのかもしれない。東半分の本庄は細川氏の支配下に置かれたのではなかろうか。

(23) 正和四年一一月日籠置悪党交名注文案（内閣文庫摂津国古文書『鎌倉遺文』二五六六九）。

(24) 〔康安二年〕四月二一日法印公恵書状（内閣文庫「御挙状并御書等執筆引付」『兵庫県史　史料編　中世七』大乗院文書七、一七六頁）。

おわりに

山路庄も本庄之庄も、その領域は六甲山から海浜までに及んでいた。六甲山系に発する河川および用水によって、もしくは入会地の山林を村々が利用することによって、北の山と南の浜は日常生活において結びつけられていた。中世の荘園は、山から浜までの空間を領域の中に取り込むことによって、人々の生業を包摂して成立した。その荘園という支配の枠組みの中で村々が成長していった。山陽道や瀬戸内の陸海の交通は東西を結ぶものであるが、荘内における人々の生活圏では南北の繋がりが重要であったはずである。

近代になると人々の生活圏は変貌する。その変化は近世において進行していたのかもしれない。明治二二（一八八九）年に生まれた本山村と本庄村は、本山村が山手にあり、本庄村が浜手にある。地域の結びつきは南北から東西へと変わっていく。

明治七（一八七四）年に敷設された官営鉄道（現在のＪＲ）は、この地域では住吉駅があるだけであった。明治三八（一九〇五）年に阪神電車が開業し、海浜の町場を結んだ。西国街道（浜街道）が通り、酒蔵が並び、町場が発達していたのは海側であった。山手の農村部では、大正九（一九二〇）年の阪急電車の開通（岡本駅の設置）や昭和二（一九二七）年の阪神国道電車の開設によって、住宅地や町場としての開発が進んでいった。東西を結ぶ鉄道が発達するとともに、人々の生活も神戸・大阪という東西の都市部との関係が深くなる。それとともに地域では、南北の結びつきが弱まっていったと考えられる。

図7　摂津本山駅前の一筋西より南を望む

昭和一〇（一九三五）年、摂津本山駅が開業した。これは本山村が鉄道省に請願して実現したものであり、開設経費は地元の負担であった[25]。本山村の名称が本庄と山路庄を合体させたものであったように、摂津本山駅は本庄と山路庄の境界線上に位置している。

ＪＲ摂津本山駅を降りて南側に出て一筋西に入ると、海側に向かって狭い道路が延びている（図７）。この南北に走る道路は、厳密ではないにしても、山路庄・本庄という中世末期の荘園の境界に重なっている。とはいえ、この駅で乗降する時に中世に思いを馳せるのは、難しいかもしれない。

（25）『本山村誌』四一八頁。

〔参考文献〕
京都府立大学・歴彩館「東寺百合文書ＷＥＢ」
豊中市教育委員会編『今西家文書』豊中市教育委員会、二〇〇四年
兵庫県史編集専門委員会『兵庫県史　史料編　中世一・七・九』兵庫県、一九八三年・九三年・九七年
本山村誌編纂委員会編集・発行『本山村誌』一九五三年
本庄村史編纂委員会編集・発行『本庄村史　歴史編』二〇〇八年
本庄村史編纂委員会編集・発行『本庄村史　地理編・民俗編』二〇〇四年
芦屋市史編集専門委員会編『新修芦屋市史　本篇』芦屋市役所、一九七一年
新修神戸市史編集委員会『新修神戸市史　歴史編Ⅱ古代・中世』神戸市、二〇一〇年
今井林太郎『旧天城文書と都賀庄』神戸市教育委員会、一九六〇年
『角川日本地名大辞典　ＤＶＤ-ＲＯＭ版』角川学芸出版、二〇一一年

column

深江を歩く

佐藤泰弘

現在、大阪と神戸を結ぶ鉄道は北から阪急・ＪＲ・阪神の三線である。一八七四（明治七）年に開通した官営鉄道（現ＪＲ）は大阪と神戸を結ぶ鉄道であり、途中の駅は神崎・西ノ宮・住吉・三宮だけであった。しかし住吉駅が設けられたことで、その周辺が実業家たちの別荘地として発達することになった。一九二〇（大正九）年に開業した阪急の神戸線は、山手の農村地帯を通り、駅周辺を住宅地として開発していった。これらに対し、一九〇五（明治三八）年に開通した阪神は浜手の町場を結んだ。例えば東灘区の深江・青木・魚崎・住吉・御影などの駅は、西国街道（浜街道）にそって発達した江戸時代以来の町場である。国道2号線が整備されると、一九二七（昭和二）年から一九七五（昭和五〇）年まで路面電車が運行した。阪神電車が経営した阪神国道線である。

阪神電車の深江駅は神戸市の東端である。ここで降りてみよう。阪神電車の高架化は二〇一九年一一月に東灘区での工事が終了し、神戸市内の高架が完了した。現在、駅周辺の整備がすすんでいる（二〇二〇年一二月現在）。

深江駅を降りると南北に走る稲荷筋に出る（「現代に残る荘園」図1・5参照）。この稲荷筋に接して駅の南東に、西国街道の浜街道に面し、大日霊女神社《おおひるめじんじゃ》が鎮座している（図1）。この神社は深江地域の氏神であり、地元では大日神社とも呼ばれている。社殿が阪神淡路大震災で倒壊し、二〇〇〇（平成一二）年に再建された。もともとこの地にあった薬王寺が一四八一（文明一三）年に一向宗に改宗して本尊を阿弥陀如来としたため、もとの本尊であった大日如来を村人が祀ったと言われている。

深江の財産区が管理・運営している深江会館と神戸深江生活文化史料館も、大日霊女神社の境内にある（図2）。会館は昭和四三年に竣工し、史料館は消防倉庫を増改築して昭和五九年に開設された。本書「現代に残る荘園」

でも触れたように、財産区は明治以前の村々が持っていた共有財産を管理するために設けられた。村の共有財産は中世の入会地に遡る歴史を持っている。そのように考えてみると、深江の会館・史料館は中世から続く村の共有財産が姿を変えて現在に伝えられたものと言えるかもしれない。村の歴史も含めた地域の史料館が財産区によって運営されているのは、とても似つかわしいことのように思える。

史料館には、江戸時代末期に深江で医者を開業した深山家に関する資料が展示されている。そもそも史料館が設立される契機となったのが、深山家から医事資料・民具などを寄贈されたことにある。史料館は開設後も地域の史料を受け入れ、史料調査等も行っており、その成果は史料館だより『生活文化史』において発表されている。

史料館の展示で興味深いのは漁具である。この地域で用いられていた漁具や当時の写真が展示されている。今では沖合に埋め立て地が造成されて工場・倉庫などになっているので想像することは難しいかもしれないが、深

図1　大日霊女神社の境内と深江会館

図2　神戸深江生活文化史料館

江の集落は農業とともに漁業を生業としており、一九七二（昭和四七）年まではこの地域にも漁業協同組合があった。

大日霊女神社の境内には深江の各地から色々な石碑が集められている。その一つに魚屋道《ととやみち》の碑がある（図3）。この碑は一九八二（昭和五七）年に深江財産区が深江駅の北側に建てたものであるが、都市整備のため境内に移された。深江で獲れた魚を六甲山を越えて有馬に運ぶ道路が魚屋道である。神戸から有馬への道は本書「神戸・有馬の街道と道標」でも取り上げているが、その一つの起点は深江にもあり、森稲荷神社の横を抜けて有馬に向かっていた。

現在は駅のある稲荷筋が深江の中心となっているが、江戸時代において稲荷筋は深江村の西の外れであり、村

図3　魚屋道の記念碑

図4　札場跡の説明板

図5　森稲荷神社の鳥居と道標

図6　森稲荷神社の手水鉢

図7　手水鉢背面銘文の拓本（生活文化史27掲載）

の中心は、その二筋東側にある札場筋（深江幹線）であった。現在、西国街道（浜街道）と札場筋が交わる所に公園（大日公園）があり、「札場跡」の説明板が立てられている（図4）。

　さて深江駅から稲荷筋を北に向かうと森稲荷神社に至る。本書「現代に残る荘園」でも触れたように、森稲荷神社は本庄之庄の氏神である。途中にある朱色の大きな鳥居は昭和二年に建てられた（図5）。稲荷神社は六甲山に発する川が平野部に流れ出る口に当たっており、また山へ入る口でもある。この地域の生業に関係の深い山と川の接点にあることが、よく分かる。

　この森稲荷神社には一八二二（文政五）年に奉納された手水鉢がある（図6）。背面の銘文には、願主として深江村の魚屋八良兵衛・浜屋清三郎・魚屋庄兵衛、浜屋甚兵衛、青木村の魚屋三四郎らの名前が見えている。深江村・青木村には魚屋・浜屋の屋号を持つ住人がおり、この地域の村々の生業を物語っている（図7）。

　深江駅を降りると、よくある私鉄の駅という印象をもつだけかもしれない。しかし少し気を付ければ、この地域がたどってきた歴史を語ってくれるものと出会うことができる。駅に隣接して、神戸深江生活文化史料館があることは、地域史を学ぶには最適である。史料館のホームページで公開されている史料館だより『生活文化史』は、深江を中心とした日常生活の歴史や文化に関する情報の宝庫であり、地域の歴史を掘り起こし伝えようとする熱意に溢れている。戦争や災害のような大きな出来事に対し、日常の生活文化は注目されることが少ないかもしれない。しかし大きな出来事も、暮らしのなかに位置付けられることで、より厚みを増していくはずである。

〔参考文献〕
田辺眞人「魚屋道と出会って」神戸深江生活文化史料館『生活文化史』一〇　一九八七年
下久保恵子・望月友二「深江の漁業について」神戸深江生活文化史料館『生活文化史』一六　一九九一年
望月浩「神戸市東灘区深江地域の路傍の石造遺物分布調査報告」神戸深江生活文化史料館『生活文化史』一九　一九九三年
望月浩「神戸市東灘区森北町所在の稲荷神社境内石造遺物調査報告」神戸深江生活文化史料館『生活文化史』二七　二〇〇〇年
道谷卓「大日霊女神社の社殿が復興」『生活文化史』二八、二〇〇一年
芦屋市史編集専門委員会編『新修芦屋市史　本篇』芦屋市役所、一九七一年
本庄村史編纂委員会編集・発行『本庄村史　地理編・民俗編』、二〇〇四年
本庄村史編纂委員会編集・発行『本庄村史　歴史編』、二〇〇八年
新修神戸市史編集委員会『新修神戸市史　産業経済編Ⅰ』神戸市、一九九〇年
神戸鉄道大好き会編『阪神国道電車』トンボ出版　二〇一四年
神戸新聞ＮＥＸＴ「阪神電鉄　神戸市内の高架化完了」二〇一九年一一月二五日

神戸・有馬の街道と道標

東谷　智

1　「行き先名前」と道標

神戸で「道」を強く意識したのは、二〇〇五（平成一七）年にJR六甲道駅に降り立ったときであった。言うまでもなく、六甲道という駅名の「道」に注目したからである。「〇〇道」は「〇〇へ向かう道」という意味で、水本邦彦氏が提唱した「行き先名前」という道の名付け方の一つである。[1]まさに六甲道駅は、六甲山へ向かう道に接している（地図）。六甲道駅が開業した一九三四（昭和九）年には、すでに六甲ロープウエー（一九三一年開業）と六甲ケーブルが開業しており（一九三二年開業）、六甲道駅からバス、ロープウエー・ケーブルを使って六甲山にいたる「道」があったのである。

（1）　水本邦彦「道の名前と八風街道」（滋賀県教育委員会中近世古道調査報告書5『八風街道』、二〇〇一）。のち同『絵図と景観の近世』校倉書房、二〇〇二年に収録。

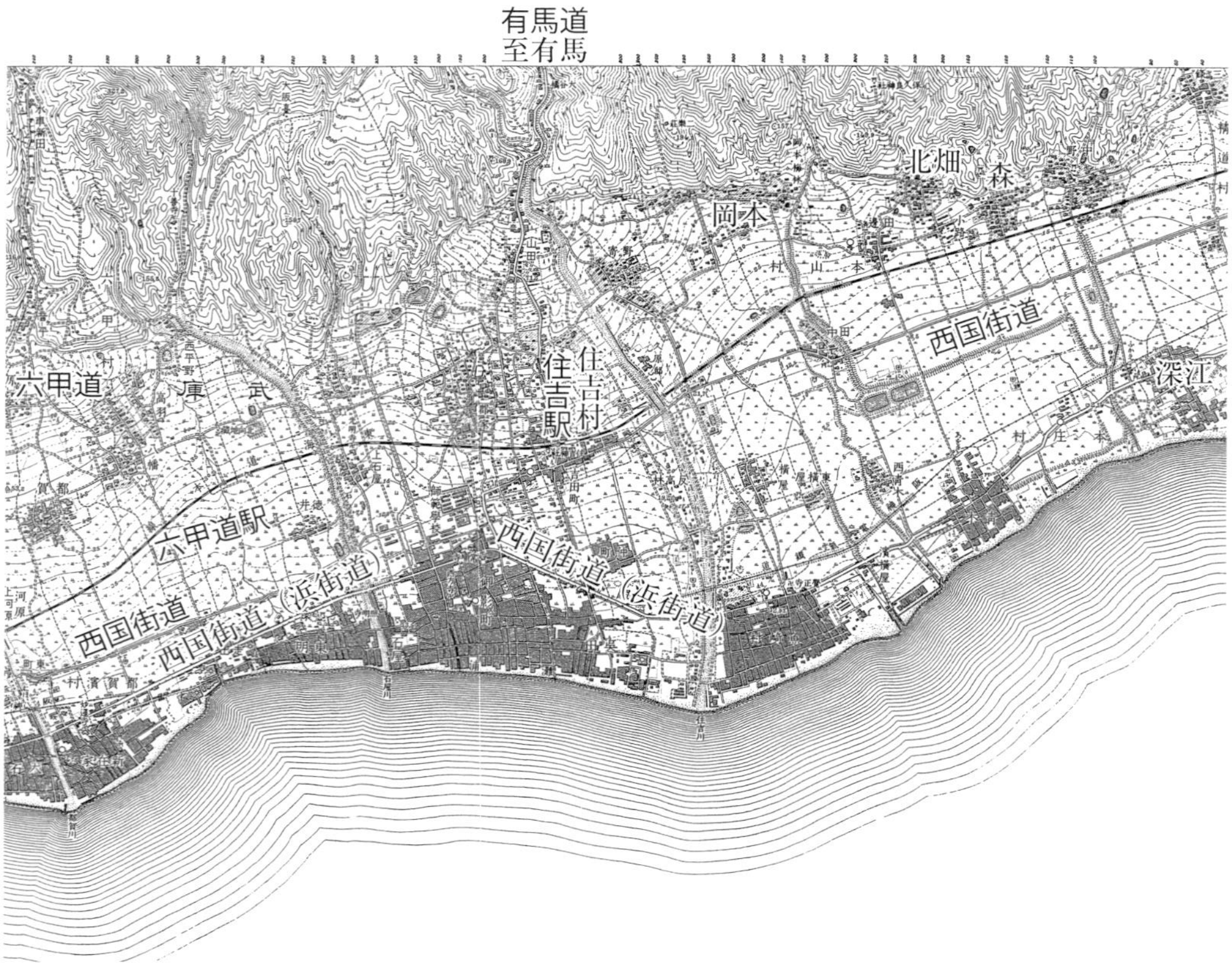

地図　地図資料編纂会編『正式二万分一地形図集成』関西（柏書房、2001）「御影」「有馬」、1910（明治43）年測量

水本邦彦氏は「行き先名前」の事例を道標から多く集めている。道標は行き先を知らせるもので、江戸時代には人やモノの往来をサポートするインフラの一つであった。阪神間にある江戸時代の道標をいくつか見てみよう[2]。

道標の最も一般的な形は四角柱であり、四面に字が彫られている。この道標（写真1・東灘10）が建っていたのは住吉大社（JR住吉駅横）の御旅所（おたびしょ・祭礼の際に神輿が神社から移動し、仮に鎮座するところ）と伝えられ[3]、一つの面には「住吉大明神」とある。左右の面には、「右　西宮大阪道《（ママ）》」「左　兵庫明石道」とあり、現代風に言うと右は西宮・大阪方面、左は兵庫・明石方面を意味する。つまり、住吉神社への道と、西宮・大阪方面と兵庫・明石方面を結ぶ西国街道[4]が交わった場所に建っていたものである。

「行き先」が「右」と「左」で示されているのも興味深い点である。地図で行き先を把握する場合、東西南北の方位で地名を把握する方が分かりやすいが、現地では方位よりも左右の方が「行き先」を把握しやすい。その場に立つ人の感覚に合う形で「行き先」が明示されているのである。

写真1　呉田会館（東灘区住吉南町）前に立つ道標。

次に見るのは、浜街道[5]にあった道標である（写真2・東

（2）本章で触れる道標の情報は、山下道雄・沢田幸男・永瀬巌『神戸の道標』（神戸新聞出版センター、一九八五年）から得、現地調査を行った。本書は神戸市内の道標を調査した労作である。道標一つ一つについて、その写真と道標に記された文字を記し、解説を付している。また、道標に関する基礎知識の解説もあり、道標を学ぶ入門書としても優れている。

本書で取り上げる道標については、『神戸の道標』に掲載の整理番号を用い、「所在の区＋番号」で、「東灘8」のように記す。

（3）注（2）前掲書。

（4）山崎（現京都府大山崎町）方面から西宮に至り、打出（現芦屋市）を経由して現在の国道二号線付近を東西につなぐ街道。三宮の生田神社参道を経由して、兵庫（現神戸市兵庫区）方面へ向かっていた（『大阪府の地名』『兵庫県の地名』いずれも平凡社）。

（5）西国街道の海側の道で、現在の国道四三号付近を東西につなぐ道であった。西国街道の打出から別れ、三宮の生田神社参道につながっていた（注（4）前掲書）。

写真2　東灘区御影本町にある道標。この道標にも徳本上人の石碑への「行き先」が書かれている。

灘12）。四面のうち、右には「すぐ兵庫　三里」、左には「すぐ大坂道」とある。「すぐ」とは漢字で書くと「直ぐ」で、「真っ直ぐ」を意味している。江戸時代の人が住吉や深江（いずれも現在の東灘区）を通る西国街道や浜街道という東西を結ぶ街道に立った場合、「行き先名前」としては東は西宮で西は兵庫がもっともポピュラーであった。またより遠い「行き先」としては東は大坂、西は明石が思い浮ぶというのが一般的であったと言えよう[6]。

なお、写真1の残る面には「嘉永四年（一八五一）亥春三月建之　竹谷氏重兵衛／増田屋民五郎／仝（同）治郎兵衛」と、建立の年月と施主（建築主）の名前が書かれている[7]。地域における有力者が資金を提供して道標を建設することは、人々の往来に資する公共的なインフラを提供することとなり、有力者の役割の一つであった。また写真1のように、神社仏閣への道標となっている場合は、氏子・檀家が施主となる場合など、信仰と結びつく意味があるとも考えられる[8]。

（6）紹介した二例の他にも、東灘区には「右　大坂道」「左　兵庫道」と彫られた道標（東灘8・11）がある。

（7）増田屋民五郎・増田屋治郎兵衛は、岡本村庄屋を勤めた増田太郎兵衛の縁戚で、住吉村在住であった（甲南大学所蔵・増田家文書）。両家はいずれも水車株を持つなど、手広い経済活動をしていたと思われる。

（8）施主の目的や役割は多様であり、紹介したのはその一例である。

2　六甲山を横断する道──南北を結ぶ道

東西を結ぶ街道における道標を見てきたが、ついで南北を結ぶ道を見てみたい。南北を結ぶ道は六甲山を横断する山越えの道となるが、こうした道が江戸時代に複数あったことは広く知られている。例えば、北畑村（現神戸市東灘区）から権現谷と呼ばれる谷筋を登る道は、六甲山南麓と有馬を結ぶ主要な登山路の一つであった[9]。また森村（現神戸市東灘区）からは、雨ケ峠を越えて六甲山を横断する魚屋道（トトヤミチ）もあった[10]。魚屋道とは、大阪湾で取れた魚を六甲山越えで運ぶ道で、住吉（現神戸市灘区）や御影（現同市東灘区）から横断するルートもあった[11]。森村からのルート途上には、替場（カエバ、物資交換所）があり、有馬方面と六甲山南麓の双方から物資が集結し、売買が行われていた[12]。六甲山を横断する道は、海と山の産物が行き交う物流の道であった。

では、六甲山を横断する南北の道について、江戸時代の道標から見てみよう。写真2は一八四九（嘉永二）年に和泉屋新吉によって浜街道に建てられた道標である。この道標は、浜街道から徳本上人の石碑に至る道を案内するものであった。徳本上人とは、紀伊国日高生まれの僧である。この石碑は、一七九八（寛政一〇）年に住吉村に来村し、巡錫（錫杖を持ち、教えを広めて回ること）したことにちなんだものである[13]。道標があることから、幕末の嘉永期には、浜街道から徳本上人の石碑への道案内が必要であったことを示している。道標を利用するのは、石碑の場所をよく知る住吉村の住人ではなく、旅などで住吉村にやっ

（9）　大国正美『古地図で見る神戸─昔の風景と地名散歩─』神戸新聞出版センター、二〇一三年。同書は、江戸時代の古地図を読み解き、村々の景観や人々の生活の場などを具体的に示しており、阪神間の江戸時代を考える上で必読の書と言えよう。本章で紹介した北畑村から有馬への道についても、絵図の写真から、谷筋を通って六甲山へ向かう道の様子を知ることができる。
（10）　注（2）前掲書。
（11）　『兵庫県の地名』平凡社。
（12）　注（2）前掲書。
（13）　注（11）前掲書。なお現在の徳本寺は一九一五（大正四）年現在地に移転してきたという。

てくる他所の人々であった。この道標は、あたかも徳本上人石碑への「参詣道」を示す役割を持っていた。

この石碑は、現在の白鶴美術館の西側にある。この「参詣道」は、先ほど述べた住吉から六甲山を横断する魚屋道に重なっている。ところが現状では、「六甲道」など六甲山に向かう道を意味する「行き先名前」が彫られた江戸時代の道標は見つかっていない。また御影や北畑村など他の魚屋道でも、六甲山を「行き先」とする江戸時代の道標は『神戸の道標』には見られない。魚屋道は物流の道であるため、行き交う人々は日常的に利用する道であり、魚屋道は道標を必要としない道であった。魚屋道の途中にある石碑までは、魚屋道に「参詣道」が重なっていた。同じ道であるにもかかわらず、旅人が訪れる「参詣道」のみ道標があることは、道標の役割が日常的に使うことのない道（＝未知の道）を通る人々に向けたものであるということを物語っているのである。

3　「有馬道」の道標

住吉村からの魚屋道について、江戸時代の状況を見てきた。江戸時代には「有馬道」という「行き先名前」は見いだせなかったが、六甲山南麓には「有馬道」という「行き先名前」が彫られた道標がいくつか残っている。ＪＲ住吉駅横にある道標には、「有馬道　是ヨリ北江九十丁」と彫られている（写真３・東灘６）。江戸時代の道標では、すぐ（真っ直ぐ）や、左右という現場に立った者がどちらに進むのか、という道案内であったのに対し、こ

写真3　この道標は江戸時代の道標よりも相当大きい。

の道標は「北」という方位を認識していることが前提となっている。『神戸の道標』には、合計二七一の道標が掲載されている。そのうち江戸時代の年号が明記されているのは四三ある。このうち東西南北の方位で行き先を示しているのは二例[14]のみである。また、年号が明記されていないものの記載内容から江戸時代の道標と思われるものには方位があるものはない。江戸時代の道標に方位を記すことは、極めてまれであると言えよう。

写真3の道標が建てられたのは明治に入ってからである。一八七四（明治七）年に大阪―神戸間に鉄道が開通し、翌一八七五年六月に住吉駅が営業を開始した。すると住吉駅前から六甲山を越えて有馬温泉に行く湯治客が増え、一八七七年にその道筋が大改修された。この道標はその後に建てられたものである[15]。また一八八一年に建てられた道標（東灘14）には「従是住吉ステーション迄九丁四五間」と記されている。東西の人々の移動が次第に鉄道に移っていく様子がうかがえる道標である。

江戸時代の魚屋道が明治の鉄道開通によって「有馬道」へと変わっていく様子を見てきたが、道標からさらにその変化を見てみよう。住吉駅の北方の三叉路にある道標（東灘

（14）一例は天保一二（一八四一）年建立で（北72）、もう一例は嘉永四（一八五一）年建立である（西56）。

（15）注（2）前掲書。

4）には「右モ　左モ　有馬道」と書かれている。『神戸の道標』では、左右とも同じ行き先の道標はこの例のみである。左右で異なる「行き先名前」である場合、複数の「行き先」が示されている。しかし、この道標は写真3の道標と同様に鉄道開通後に建てられ、有馬という一つの「行き先」（「有馬道」）への強い意識が感じられる。

鉄道の開発にともなって住吉駅と有馬を結ぶメインロードが生まれたことは従来からよく知られていた。『神戸の道標』では、住吉駅周辺に茶屋が建ち並び、カゴ屋の丁場（客を待っているたまり場）があって賑わっていたことが書かれている。また地図を見てみよう。この地図は一九一〇年に測量された地図である。住吉駅から北に延びる道の先には「至有馬」とあり、この道が有馬道であることを示している。また、周辺道路と比較すると、道幅の広い幹線道路であったことが読みとれる。

写真4　「ありまみち商店街」で見られる幕。

本章では魚屋道から「有馬道」への変化を見たが、その後「有馬道」はどのように変化していったのだろうか。一八八九（明治二二）年に阪鶴線（現JR福知山線）が開通すると「有馬道」を経由して有馬に向かう人は少なくなった。[16] 一九三八（昭和一三）年に刊行された『有馬温泉秘話』[17]では、有馬への主要な交通路として①生瀬[18]から

（16）注（2）前掲書。正確には、明治二一年に宝塚から有馬口駅まで延長。
（17）小澤清躬『有馬温泉史話』五典書院、一九三八年。
（18）阪鶴線時代は有馬口駅という駅名であった。

有馬街道経由のバス、②三田から有馬までの鉄道（現神戸電鉄）、③神戸から鵯越を越えて唐櫃、有馬に向かう鉄道（現神戸電鉄）が挙がっている。またそれらに加えて六甲山頂から有馬までのロープウェーが計画中であることも書かれている（六甲から六甲山山頂へのロープウエー・ケーブルカーはすでに開業）。交通路の整備によって「有馬道」が役割を終えていったことが伺える。

では現在、有馬道の「痕跡」は残っているのだろうか。JR住吉駅から有馬道を北上すると、山手幹線に突き当たるまでの間、「ありまみち商店街」がある（写真4）。住吉駅を降りて有馬に向かう観光客と、観光客を待つ駅前の商店街という往時の情景が思い浮かぶのではないだろうか。商店街をさらにを北上し、山手幹線を越えると、有馬道は阪急と交差する踏切の名前は、「有馬道踏切道」である（写真5）。

写真5　「有馬道踏切道」（北向きに撮影）。

4　六甲山北麓からみる南北の道

六甲山を横断する南北の道について、南麓から眺めてきた。では北麓からはどういった道が見えるだろうか。一七三七（元文二）年に板行され、一八四八（嘉永元）年に写された「有馬郡湯本町之図」[19]には、「六甲越」の道が描かれている。「六甲越」とは、江戸時代に南麓では魚屋道と呼ばれていた住吉と六甲山をつなぐ道である。

　道標からも確認してみたい。『神戸の道標』では「六甲越」が記された江戸時代の道標は確認されていない。この道を示すもっとも古い道標は、一八七七（明治一〇）年六月に建てられたもので、二基ある（北13、北14）。いずれも「梶木建設」が施主となっており、「行き先」として「すみよし」（住吉）と書かれている。先に魚屋道が一八七七年に改修されて「有馬道」へ変化したことを見た。江戸時代には道標がない「六甲越」は、道をよく知る者が利用する道であった。明治以降に他所からの者が往来する道へと変化すると道標が建てられるのは、南麓の動きと全く同じである。

写真6　炭酸泉源公園にある石碑と解説板。

　また、北麓からの道標には「有馬道」と書かれていないことに注意したい。[20]「有馬道」が利用されていた時期の道標をもう一つ見てみたい（北15）。この道標には、有馬から「六甲山頂上ニ至ル三、七二六メートル」「住吉ニ至ル一二、四一三メートル」とあり、住吉が「行き先」となっているが道の名前は記されていない。一九二八年に刊行された「神戸有馬電鉄沿線名所交通図」[21]にも「六甲越」が描かれている。有馬から住吉に向かう道は、江戸時代から明治大正にかけて一貫して「六甲越」と呼ばれていたのである。つまり、南行きと北行きで道の名前が異なっていた。

（19）東京国立博物館のデータベースにて参照した。https://webarchives.tnm.jp/infolib/meta_pub/G000002070607HM_268

（20）この二つの道標には、いずれも「炭酸水」の文言が彫り込まれており、一八七三（明治六）年に梶木源次郎が炭酸泉を発見した後に建てられている。有馬温泉の炭酸泉源公園には梶木源次郎事蹟を記した顕彰碑があり、梶木が有馬の戸長であったことや、住吉への道を整備したことが記されている。顕彰碑は一九〇七年に建てられた。有馬町活性化委員会が一九九八年に建てた案内板があり、顕彰碑の全文が記されている（写真6）。

（21）鳥瞰図を多く描いたことで知られる吉田初三郎の図である。

　この図は、神戸有馬電鉄が手前左右に広がる配置となっており、左手に有馬温泉、右上に神戸が描かれている。左手奥には東京と富士山が描かれ、中奥には伊勢から紀伊半島が配置されている。紀伊半島の奥には地名だけであるがハワイとサンフランシスコが記載されている。この鳥瞰図は、鉄道をメインに描きつつ、港町神戸と海外の結びつきを示して最初に述べたように、「行き先名前」は、その場に立つ人の感覚に即した道の命名方法であった。「行き先」が違うことから、北行きと南行きで道の名前が異なることは当然である。こうした道の名前は、「逆向き別名」と名付けられており、人間の身体と道と行き先が一体化した、生身の本源的な空間認識に基づく名付け方だと考えられている。[22] 現在では、「有馬街道」や「国道二号線」のように、道の名前は行きも帰りも同じ名前である。江戸時代には当たり前であった道の「行き先名前」が次第に実感を持って受け止められなくなってきたことが感じられる。

しかし、現地に立って「行き先」を確認するという感覚は、意外なところに残っている。大丸神戸店では、北側の出口と南側の出口をそれぞれ山側、海側と呼んでおり、東西南北の方位を用いていない。山と海という神戸の景観を人々が認識していることに基づく名付けの例である。道路標識も東西南北という方位は用いず、進行方向を上にして、右折、左折という感覚を用いて行き先を知らせている。また、現在のカーナビゲーションやGoogleマップでは、進行方向が上になるように地図が表示される。現代のテクノロジーは、江戸時代の人々が持っていた、未知の場所で「行き先」を知るという感覚を最大限に活用したものだと言えよう。

おり、有馬が海外につながっていることを意識した図である。

国際日本文化研究センターのデータベースにて拡大図を参照した。https://lapis.nichibun.ac.jp/chizu/map_detail.php?id=00275015

(22) 注(1)前掲書。

column

海辺の風景——深江を歩く2

佐藤泰弘

神戸市西部の須磨には砂浜の広がる海水浴場がある。須磨は明治時代以来、別荘地として人気を博し、須磨海浜公園はその面影を残している。現在の景観からは想像することが難しいが、阪神間には須磨と同じく砂浜の広がる海岸線が続き、海浜の村々では、漁業で生計を立てる暮らしがあった。戦後、経済成長とともに都市開発が進み、海岸線は埋め立てられ、沖合に人口島が造成されていった。

芦屋川の河口部は芦屋村や深江村の集落から少し離れており、人家もまばらであった。その海辺は白砂青松が美しく、一九〇五（明治三八）年に阪神電車が開通して芦屋・深江に駅が設けられると、海浜住宅地として注目されるようになった。明治時代の行政区画で言えば、芦屋川の川筋を含む東側が精道村の芦屋（精道村の大字は芦屋・三条・津知・打出）、西側が本庄村の深江であった。現在の地名では、神戸市東灘区深江南町や芦屋市平田町・浜芦屋町・松浜町のあたりである。

美しい砂浜に近い海浜の住宅は、日本に暮らすようになった外国人に好まれた。それを代表するものが「深江文化村」である（「現代に残る荘園」図5も参照）。深江の集落から南東に当たる場所に作られたもので、洋館の集った住宅街である。

ここには一九二四（大正一三）年から一九二九（昭和四）年にかけて、広い芝生の中庭（コートヤード）をかこむように一三棟の西洋風の住宅が建設された。この住宅街を構想したのは建築家の吉村清太郎である。吉村はアメリカ人の建築家ヴォーリズの建築事務所（近江八幡）で働いた経験を持っており、当時、深江に住んでいた。個々の住宅を設計したのは吉村だけではなく、ロシア人の建築家ラディンスキーやイギリス人のミッチェルな

図1　芦屋浜の貴志康一と妹たち

図2　貴志良雄（叔父）・ヴェクスラー・康一

ど海外の建築家がいたことも知られている。文化村に住んだ日本人は四家族だけであり、イギリス・アメリカ・ロシア・オランダなど国際色豊かな人々が暮らした。ラディンスキーはロシア革命を逃れて日本に来ていた。そのような亡命ロシア人が神戸には数多く暮らしていた。ピアニストのアレクサンダー・ルーチンは神戸でピアノを教えながら、深江文化村の一軒を借りて避暑地として用いていた。このルーチンを中心として亡命ロシア人の音楽家たちが集まり、一種のサロンが生まれた。

この深江文化村は芦屋川の西側に当たる。それと対をなすように芦屋川の東側には一九三一（昭和六）年、洋風の貸別荘など一一棟を擁する「三宜荘」が作られ、ここにも外国人が居住した。大正から昭和初期にかけて、芦屋から深江の一帯は外国人が暮らす国際色豊かな地域であった。それは戦間期の国際情勢を背景に成立したものであり、それ故、日本が戦争の時代に入って行くとともに、海外からの住人は多くが日本を去って行った。

この地に住まうようになったのは、外国人だけではない。明治時代の大阪は、工業の発達にともない、生活環境が悪化していた。そこで大都市郊外の健康的な生活の場として阪神間が注目され、芦屋川の河口一帯は海岸の砂浜が美しい保養地・避暑地として好まれた。

その頃、芦屋浜にいたバイオリンを学ぶ高校生が、一九二三年の頃からロシアのバイオリニスト、ミハイル・ヴェクスラーに師事するようになった。貴志康一（一九〇九〜一九三七）である。大阪で事業を営む貴志家は、子どもたちの成長によい場所を求めて、大阪から芦屋浜に転居してきた（図１）。深江文化村を訪れていたヴェクスラーが、バイオリンの音に引かれて芦屋浜の貴志家を訪れたという逸話がある（図2）。ルーチンを後援していた朝日新聞社の社主上野精一が康一の父貴志彌右衛門と高校の同級生であったことなどから、おそらくルーチンがヴェクスラーに康一を紹介したのではないかと考えられている。貴志康一は若くして亡くなるが、バイオリニストとして活動するだけでなく、フルトヴェングラーに師事して指揮を学び、交響曲「仏陀」等を残すなど多彩な活躍をした。

貴志康一の生涯は、阪神間モダニズムと呼ばれるものが、どのように生起したのかを具体的に示してくれる。大阪から脱出した裕福な人々、神戸に集まった海外の人々と文物、大正デモクラシーを謳歌し発達しつつある市民社会、そして戦間期の比較的平和な国際情勢。阪神間モダニズムには、このような国内外の色々な動きが収斂して生み出された文化現象という一面が、確かにあったと思われる。

阪神間の美しい海浜が人々を引きつけた。六甲の山並みも無視できないが、阪神間モダニズムは砂浜が生み出したと言えるかもしれない。瀬戸内の穏やかな海と六甲の山並みは、今でも目にすることができる。それとともに、今では失われた白砂青松にも思いを馳せてみたい。

〔参考文献〕

「阪神間モダニズム展」実行委員会編『阪神間モダニズム』淡交社、一九九七年
芦屋市立美術博物館編・発行『モダニズム再考　二楽荘と大谷探検隊』一九九九年
毛利眞人『貴志康一　永遠の青年音楽家』国書刊行会、二〇〇六年
本庄村史編纂委員会編集・発行『本庄村史　歴史編』二〇〇八年
新修神戸市史編集委員会『新修神戸市史　産業経済編Ⅰ』神戸市、一九九〇年

第2部

伝統とモダニズム

神戸ことばの昔・今

都染直也

はじめに

神戸発展の詳細は他の章にゆずるとして、本章では、まず、神戸市発足当時、その中心地域ではどのようなことばが使われていたのか、「兵庫ことば」の資料をもとに考える。次に、市制百年を経た一九九〇年代末の調査結果をもとに、神戸ことばの変貌を紹介する。

1　神戸ことばの昔

『岩波ことわざ辞典』（時田昌瑞）の序文で、「長崎ばってん江戸べらぼう神戸兵庫のなんぞいやついでに丹波のいも訛り」が紹介されている。「長崎…江戸…」は耳にすることもあるが、続きに神戸、さらには丹波まであることを知る人は少ないだろう。右の諺では「な

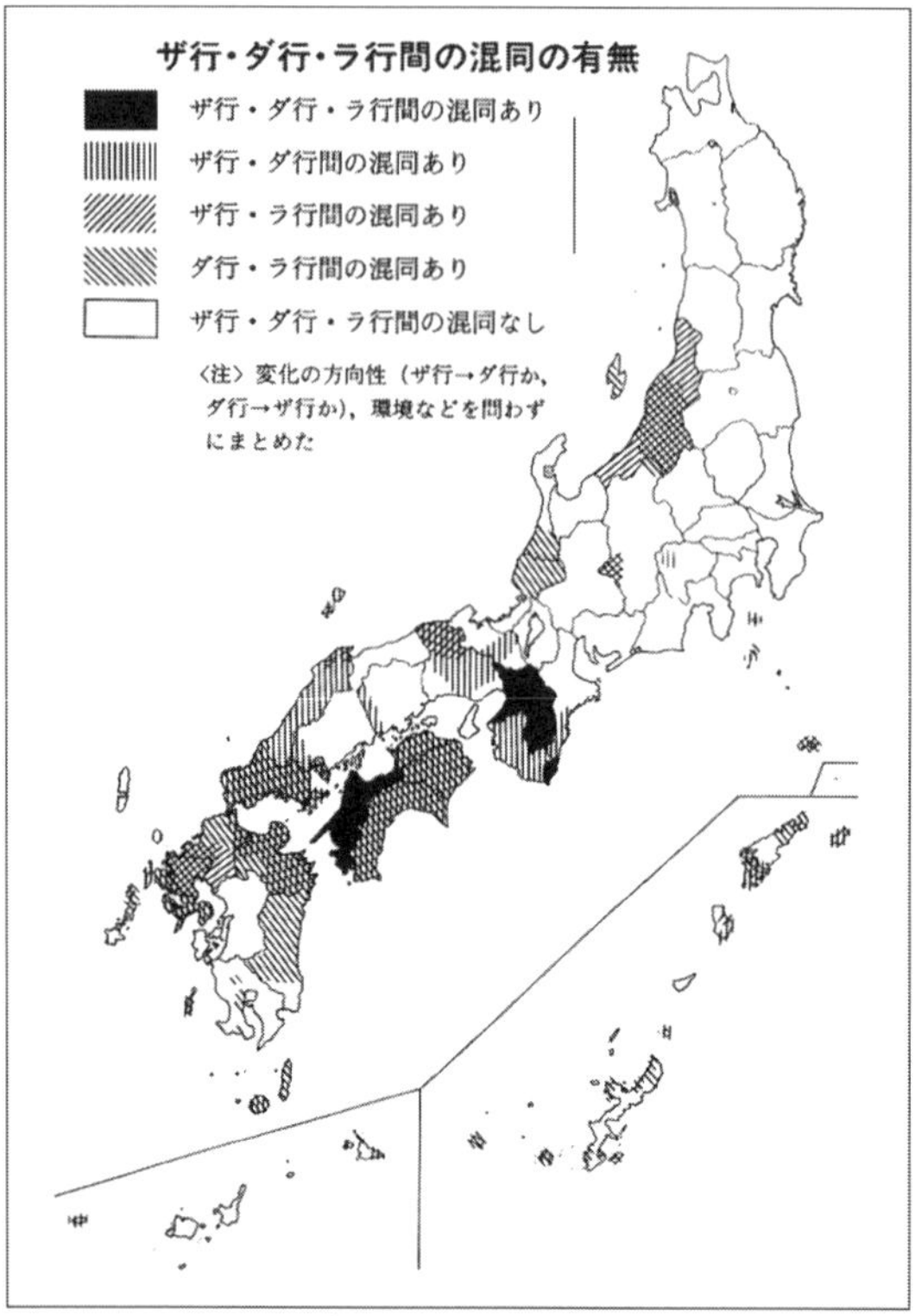

図1　ザダラ行混同地域の地図　佐藤（2019）より

んぞいや」とあるが、地元神戸では「ナンドイヤ」とも言う。このゾとドの交替現象は、テレビのバラエティ番組では和歌山や河内がよく取りあげられるが、日本語学で言う「ザ・ダ・ラ行混同」である。略図ではあるが佐藤（二〇一九）では、図1のとおり、兵庫県の瀬戸内沿岸では東播磨地域のみが「ザ行・ダ行間の混同あり」で、神戸など阪神間は「混同なし」である。ところで、略図の基となった『日本言語地図』（以後、LAJ）は、一九〇三（明治三六）年以前（一八八七年以降が望ましいとされた）生まれの男性を対象とした臨地面接調査（一九五七〜一九六五）の結果である。わかりやすく言えば、昭和三〇年代に六〇歳前後であった男性の資料である。

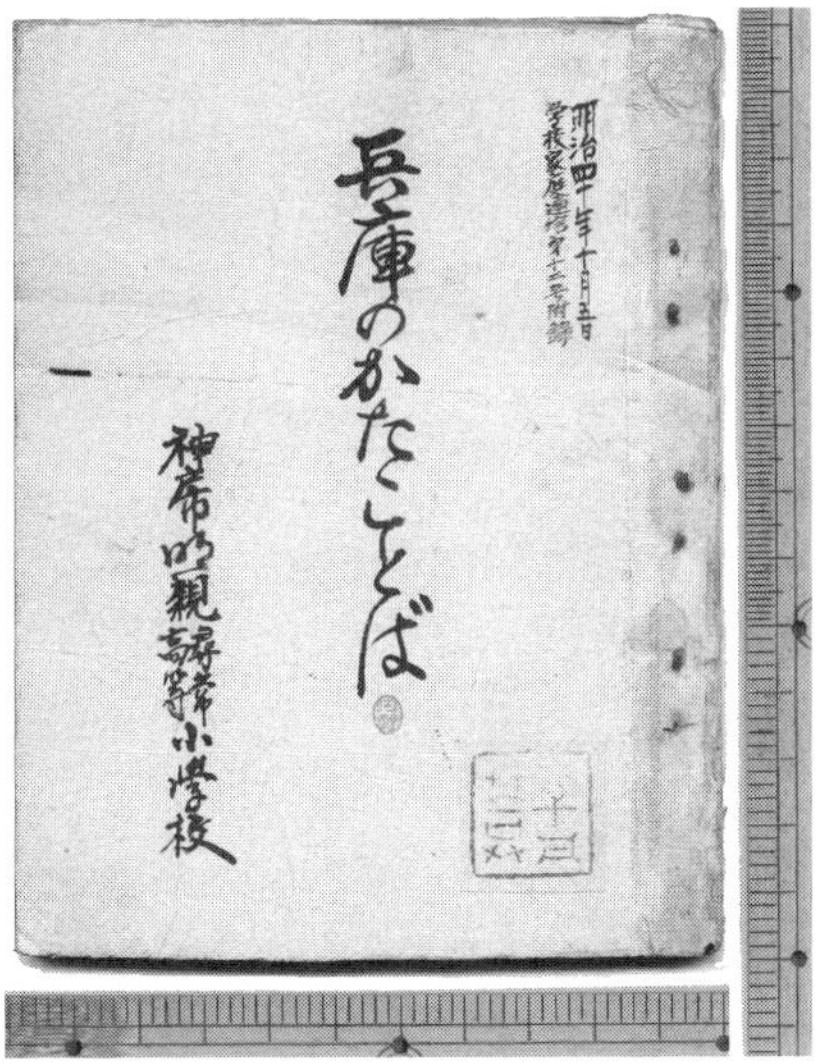

図2 『兵庫のかたことば』表紙

まず、神戸ことばの昔のようすを垣間見る。神戸市で最も古いとされている神戸市明親《めいしん》尋常高等小學校から、一九〇七（明治四〇）年、方言矯正を目的とした方言集『兵庫のかたことば』（図2以後、『兵庫』と略す）が刊行されている。同書は、表紙とは別に、とびらに「兵庫方言」と内題が記されている（その他、同書について本文末尾で別情報を補記する）。同書は、刊行当時、さかんに行なわれていた「標準語普及・方言撲滅・方言矯正」の時流に沿うものであり、当時この地域で使われていることばを「あやまりことば」（左各例の平仮名の語）とし、それに対する「ただしいことば」（同じく片仮名の語）を一覧にしたものである。

『兵庫』には、「ごわす」「なはる、やはる」「そんなこと、いーやったんか」「はよー、おいでやす」「するよってに」といった大阪・京都的な表現、「とんなんす」など、取りあげるべき語句が多数あるが、本章では、右に紹介した「ザ・ダ・ラ行混同」に関係する、「頭に○印を附けたことばはぜひ早く矯正せねばならぬ」「容易に普通語に改め得られる」とされる語を中心に抄出する。

おでん	オゼン（オ膳）	ザ行→ダ行
でに	ゼニ（銭）	ザ行→ダ行
どーどー	ドーゾー（銅像）	ザ行→ダ行
するり	スズリ（硯）	ザ行→ラ行
りんりき	ジンリキ（人力車）	ザ行→ラ行
むかぜ	ムカデ（百足）	ダ行→ザ行
のぞ	ノド（咽喉）	ダ行→ザ行
ふれ	フデ（筆）	ダ行→ラ行
れんぽー	デンポー（電報）	ダ行→ラ行
どーそく	ローソク（蝋燭）	ラ行→ダ行

これらの例をまとめると図3のような関係が明らかになる。

「ザ・ダ・ラ行混同」とは言うものの、ラ行がザ行になる例は見あたらない。『兵庫』には挙げられていないが、筆者の内省（姫路方言）に基づくと、「珍しい」が［メッラシー］を経て、「メッダシー」という「ラ行→ダ行」型の存在も推測できる。

ちなみに、「ラ行→ザ行」が見られない（少ない）のは、音を作る方法（調音法）・音を作る位置（調音点）に因ると考える。すなわち、ザ行子音［dz］（破擦音）、ダ行子音［d］（破

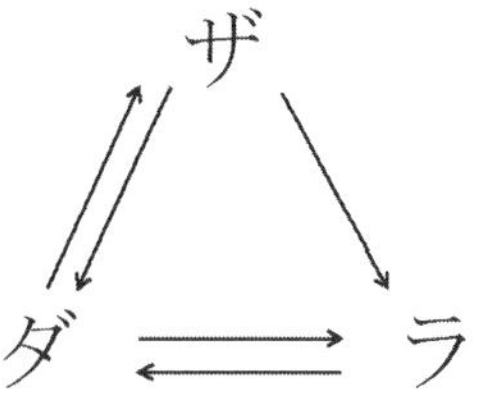

図3　ザダラ行混同の関係

裂音）、ラ行子音［ɾ］（弾き音）の三者は、調音点はほぼ同じであるが、調音法は、ラ行のみ破裂音的要素を持たない。したがって、舌先を上顎に向けて軽く弾くように調音される弾き音を破裂音にするためには、舌先と上顎との密着度を上げる必要があり、調音の負担が増す。一方で、破裂音の破裂（舌先と上顎との閉鎖）の度合いを緩めれば、弾き音に近くなるため、逆に、調音の省力化が可能である。また、「ザ行→ダ行」も少なく、調音における負担（破裂音の直後に摩擦音を付加）増の回避と思われる。このような音声学的要因が、神戸ことばでの「ザ・ダ・ラ行混同」に影響していると言えよう。

次に、図1との関係について考える。ＬＡＪの資料は、明治時代の国語調査委員会が通信調査によって作成した『音韻分布図』とは異なり、方言研究者による臨地面接調査によるものであり、はるかに信頼性が高い。しかし、その調査結果において、阪神間の瀬戸内海沿岸部は「ザ・ダ・ラ行混同がない」となっており、『兵庫』とＬＡＪ、両資料の相違をどのようにとらえればよいのか考えなければならない。

現在の神戸市〜尼崎市に該当するＬＡＪ話者（情報提供者）の生年（一八〇〇年代下二桁）は、「神戸市垂水区：88、同生田区：89、同兵庫区：94、芦屋市：94、尼崎市：95」である。『兵庫』刊行時は十九〜十三歳に相当する年代で、同書が記録した兵庫ことばは、この話者達の世代の日常語であったと言えよう。一方、このＬＡＪ話者達に対する調査年は次の通り（一九〇〇年代下二桁）。

「神戸市垂水区：57、同生田区：57、同兵庫区：64、芦屋市：58、尼崎市：63」であり、

LAJ話者の生年と調査年との単純計算による、調査当時の年齢は、「神戸市垂水区：69、同生田区：68、同兵庫区：70、芦屋市：64、尼崎市：68」となる。以上から、次のようにまとめることができよう。

①神戸市誕生当初、神戸ことばにも東播磨に通ずる「ザ・ダ・ラ行混同」があった。

②『兵庫』刊行からLAJ調査までの五十数年の間に、神戸ことばの「ザ・ダ・ラ行混同」は大きく衰退、もしくは消滅し、共通語と同様の発音が行なわれるようになった。

たかが五〇年で、と思われるかも知れないが、ことば（日本語方言）の変化、特に音韻など共通語と異なる面での変化速度は、国立国語研究所の北海道や山形での調査・研究・報告によって明らかである（ただし、北海道や山形ではアクセントも共通語化が進んでいるが）。

甲南大学と神戸ことばという点では、避けて通れない話題がある。それは、甲南大学岡本キャンパスのすぐ西を流れる住吉川と方言敬語境界線の関係である。

甲南大学で、大学よりも東から通学する学生は、西からの学生が使う「〜トー、〜トン？」に驚き、違和感を持つ。一方、西からの学生は、なぜ違和感を持たれるのかが理解できない。たとえば、「この本持っトーで！」「話の筋も知っトン？」などである。この「トー、トン」は、元々はアスペクトと呼ばれる、動作の状態を表わすものである。

神戸市以西の日本では、「〜ヨル（進行中）」「〜トル（完了・継続）」を区別し、「トル」が「トー」、「トルノ？」が「トン？」とそれぞれ音声変化したものである。なお、大阪（および以東の日本、東京など）では右の二種類の状態を区別せず「〜テイル（〜テル）」で表現する。「トー」を使う学生にとって大阪の「テル」は共通語と同じであるため、ほぼ違和感がない。表面的には一部表現の対立「神戸：トーvs大阪：テル」であるが、その根本が意味するものは深く大きい。また、敬語（丁寧度は高くない親愛的表現）も大阪と対立する（厳密に言うと対立していた）。「大阪の人は目上の人に、来ハッタとか、行かハルて、言うテヤろ。」「京都の人もそない言うとっターッタなあ。」この「テヤ」／「ハル」、「ターッタ」／「ハッタ」の境界線が、一九五〇年代の鎌田良二氏の研究によって、右に述べた、住吉川にあたると報告された。しかし、二〇世紀末・二一世紀初頭生まれの大学生世代では、神戸のみならず播磨地域出身者でも「テヤ」「ターッタ」を耳にすることはなくなった。大阪・京都の「ハル」よりも、むしろ、西日本共通語形の「レル・ラレル」を敬語として使う傾向が顕著になってきている。

2 神戸ことばの今

本章に当初示された題目案は「神戸弁（神戸ことば）ってあるの？」であった。「ある、あった」が回答である。具体的な例として、一九九〇年代末期の調査資料（すでに二〇年以上が経過したが）で、「神戸ことばがある」「神戸ことばがあった」ことを見てゆく。

ここでは、「グロットグラム」を用いる。ことばの地域差と年代差を併せ見る資料図で、「地理年代言語図」とも呼ぶ（日本語学会（二〇一八））。以下に示すのは、鉄道の駅を「地点」とし、各地点で男性の三世代（一〇代、三〇代、七〇代＝息子・父親・祖父世代に相当）を話者とし、一人ずつに面接調査を実施した結果である（No.1～8は井上他（二〇〇三）、No.9は都染（二〇一七）をもとに増補）。調査地点は調査時に存在したすべての駅である。

No.1　神戸ことばが使われていると思う地域

グロットグラムの応用図である。各話者に「姫路〜神戸間で姫路ことばと神戸ことばの境界線」（一九九七年）、「元町〜大阪間で神戸ことばと大阪ことばの境界線」（一九九八年）を引いてもらった。グラフ下の「説明」にあるように、摂津の最西端・須磨〜六甲道は、話者全員が「神戸ことば」とした。先述の住吉川は、住吉と摂津本山の間を流れる。

No.2　ぱちんこ（ゴム付Y字型遊具）

加古川から神戸市の中・高年層に、イシヤリや、変化形イッシャリが広がるが、兵庫駅以東の中年層には見られず、共通語形パチンコに変わり、低年層では全域パチンコである。

No.3　インサイ（地面に枡を書いて行なうボール遊び）

地面に田や日のような枡を描き、ボールをバウンドさせ、勝敗によって、枡（地位）を移動する遊び。須磨〜六甲道の高年層にインサ・インサイがみられ、大久保（明石市）〜六甲道の低年層にも見られる。一方、姫路・大阪方面にインサ系は見られず、神戸の方言（俚言）と言えよう。共通語形は無く、関東ではガンバコなどと呼ばれる地域がある。

No.4　ウラオモテ（グループを二つに分ける方法）

ジャンケンの一種で、掌を上に向けるか下に向ける（甲が下になるか上になる）かで、グループを二分するジャンケンの一種。この資料では、姫路・大阪方面には見られず、神戸の方言と言える。しかし、都染（一九九九）以降、全国各地から使用する旨の報告がみられるようになったが、相変わらず東京・大阪という大都市での使用報告はみられない。

№5　買った、№6カッタ（借りた）

この二枚のグロットグラムでは、地域差はみられないが、全域において「カッタ」がどの意味で使われるか、相補的分布となっている。つまり、姫路～大阪間で誰かが「本をカッタ」と言った場合、その人物の年層によって「書店で」か、「図書館で」かが分かれる。

この地域の伝統的表現、借用した意味の「カッタ」は若い世代には受け継がれなかったことがわかる。その原因は、購入した意味の共通語形「カッタ」が定着し、同音衝突が生じたためである。なお、共通語の「買ったカッタ」のアクセントは［低高高］である。この地域の低年層の「カッタ」は［高低低］であり、共通語とは異なる。共通語では［高低低］の「カッタ」は「勝った」である。つまり、この地域の低年層に見られる［高低低］の「カッタ」は、伝統的方言ではなく、共通語形でもない、「新しい方言」である。

№7オモンナイ（おもしろくない）、№8ムズイ（難しい）

この二つのグロットグラムも先の№5・№6同様、相補的に見えるが、意味するところが異なる。新しい表現が生まれ若い世代に定着した直後を表わすのが№8、その状態で若い世代が年を重ねていった状態が№7である。

現代日本語では、悪い・否定的な形容詞は短縮される傾向がある（気持ち悪い→キモイ、

JR神戸線沿線(大阪-姫路間)グロットグラム 1997-1998

No. 1 項目名 神戸ことばが使われていると思う地域

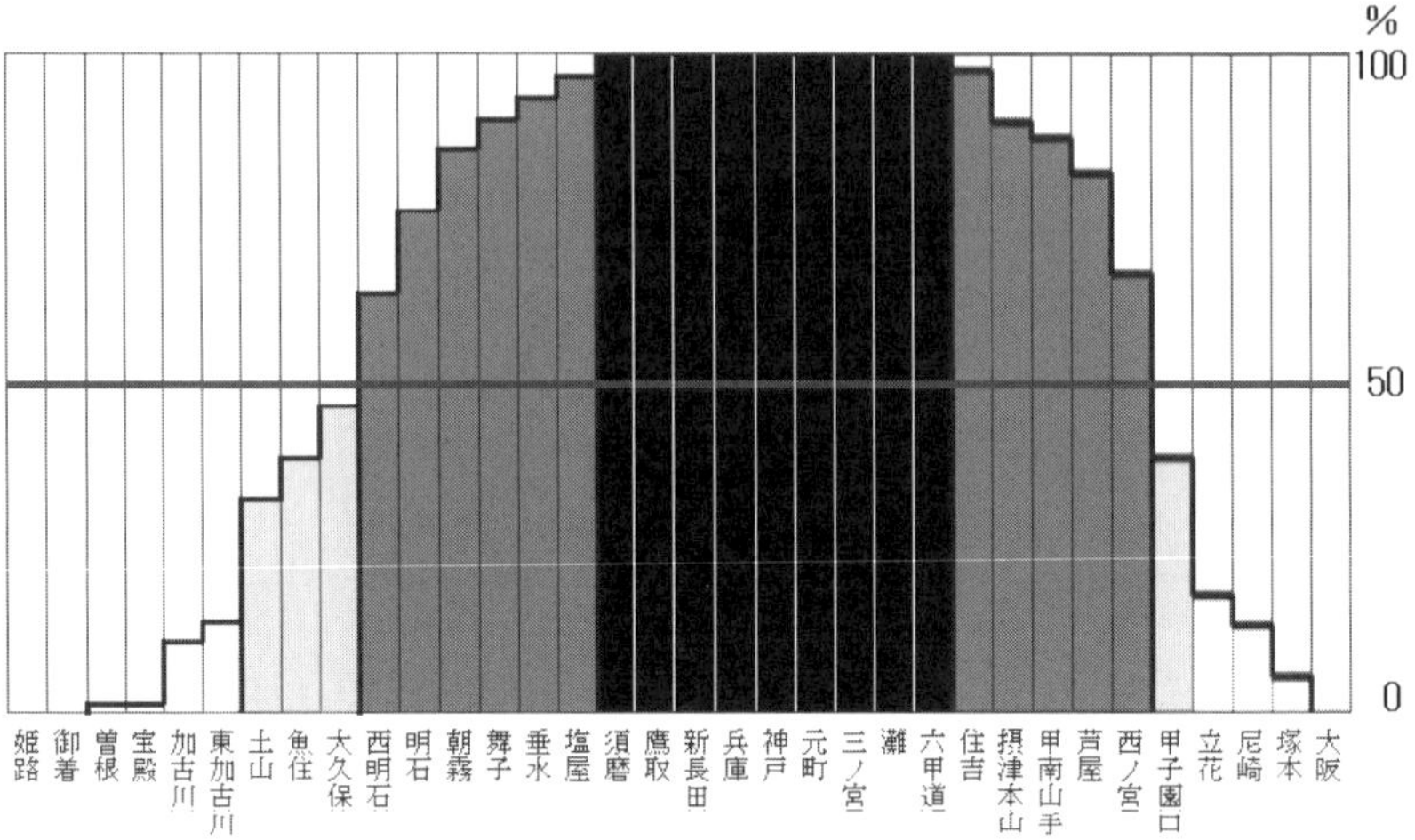

説明

- 1997年は、姫路～神戸間で、どこまでが神戸ことばの地域であるか、境界線を引いてもらった。
- 1998年は、元町～大阪間で、どこまでが神戸ことばの地域であるか、境界線を引いてもらった。
- %は、姫路～大阪間の全話者のうち、その地点(駅)が「神戸ことば」の地域であると回答した人の割合。
- 須磨・鷹取・新長田・兵庫・神戸・元町・三ノ宮・灘・六甲道は、全員が「神戸ことばの地域」と回答。

No. 2 項目名 ぱちんこ（ゴム付きＹ字型）

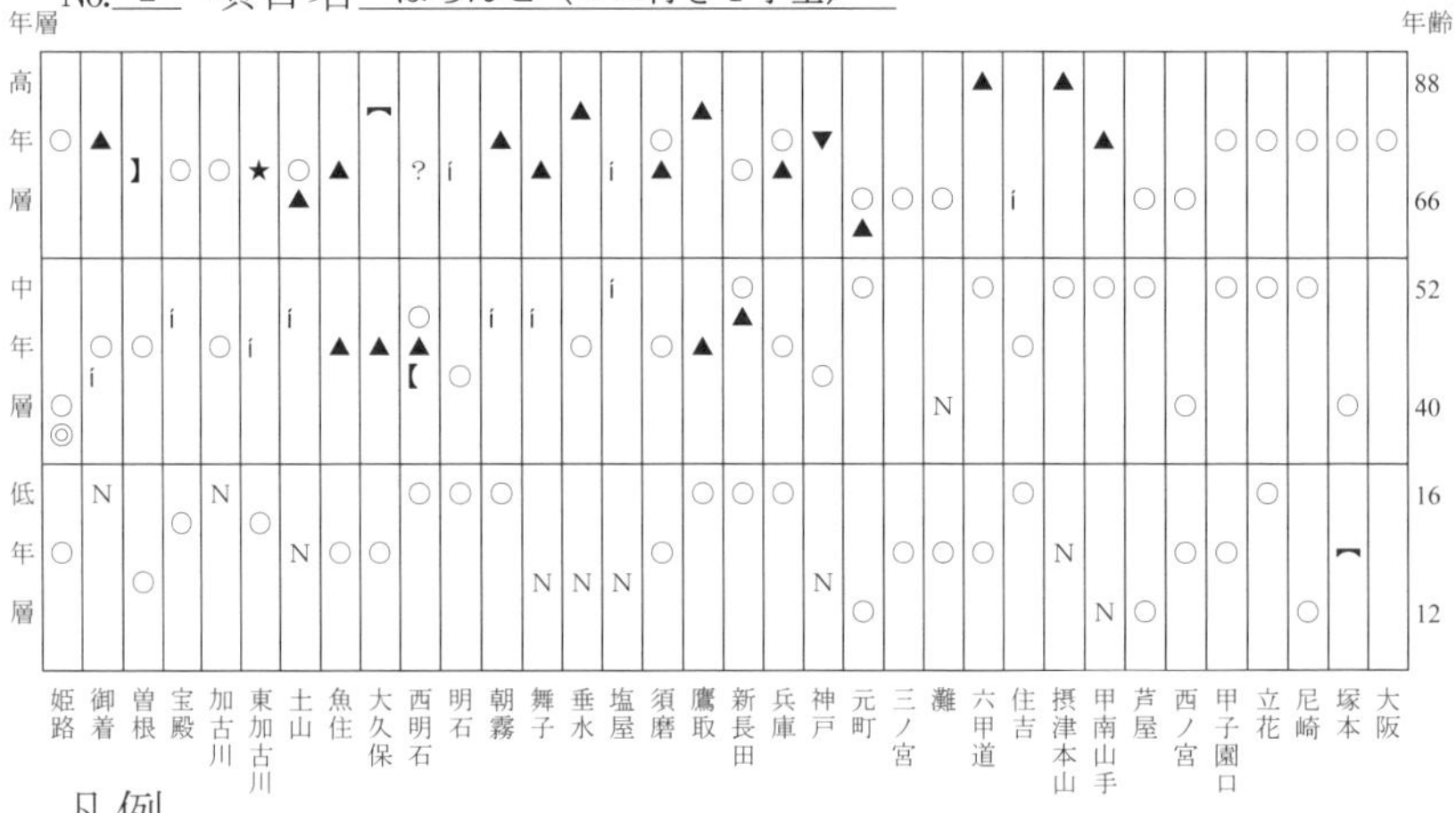

凡例

○ パチンコ	▲ イシャリ	】 ゴムテッポー	★ ブンヤリ
◎ パッチン	í イッシャリ	【 ゴムデッポー	? ハジキ
	▼ イシャリ	⌐ テッポー	N 資料なし

JR神戸線沿線(大阪-姫路間)グロットグラム　1997-1998

No. 3　項目名　インサイ（地面に枡を書いて行なうボール遊び）

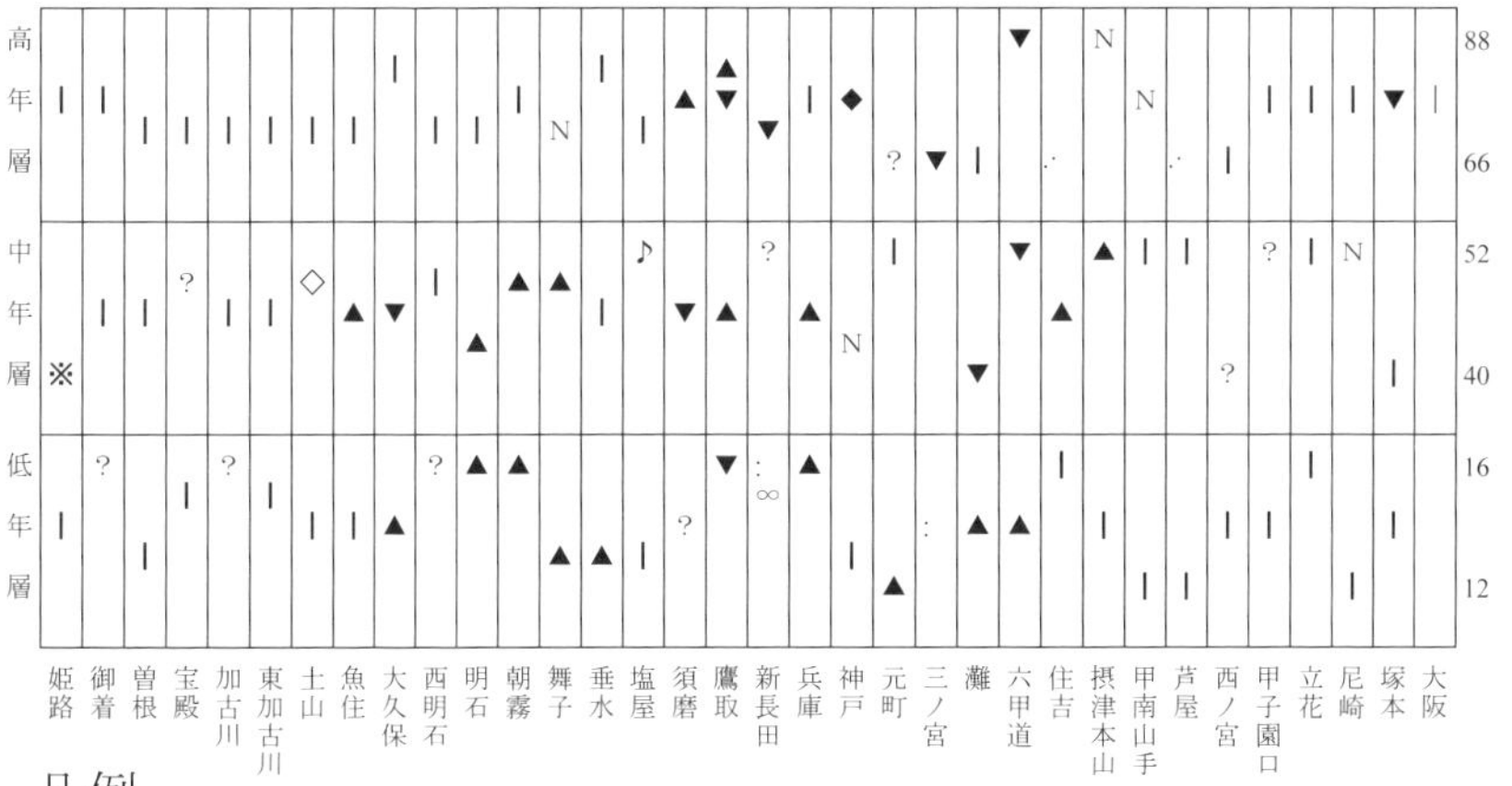

凡例

▲ インサ　∴ テンカチョーニン　※ ゲンロク　? 名前を覚えていない

▼ インサイ　: テンダイチューショー　♪ ドッチン　| 遊び自体を知らない

◆ インサイド　◇ テンカダイショー　∞ イチニサンシ　N テニス、ドッジボール

No. 4　項目名　ウラオモテ（グループを2つに分ける方法）

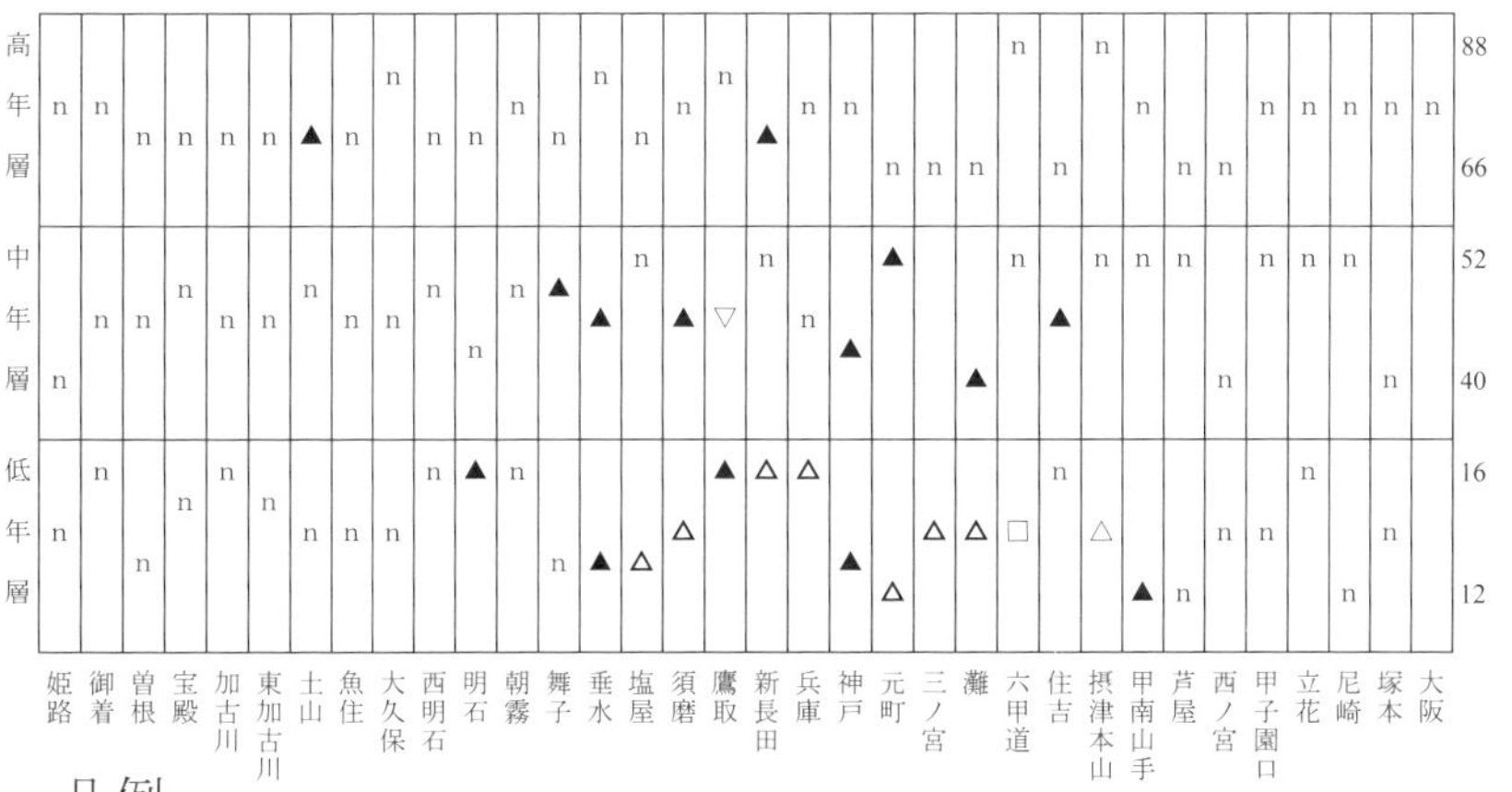

凡例

▲ ウラオモテ　△ ウラトオモテ　▽ オモテウラ　n 知らない

△ ウララオモテ　□ ウラランテ

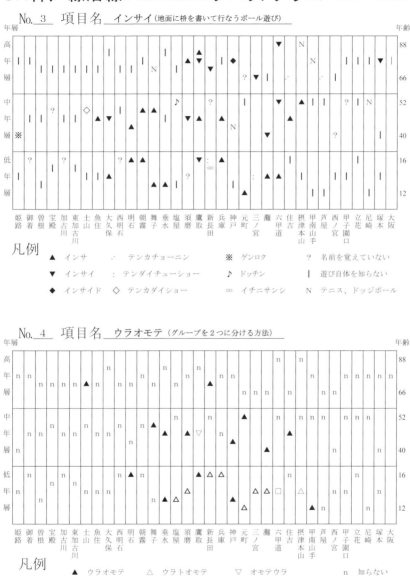

JR神戸線沿線(大阪-姫路間)グロットグラム 1997-1998

No. 5 項目名 買った

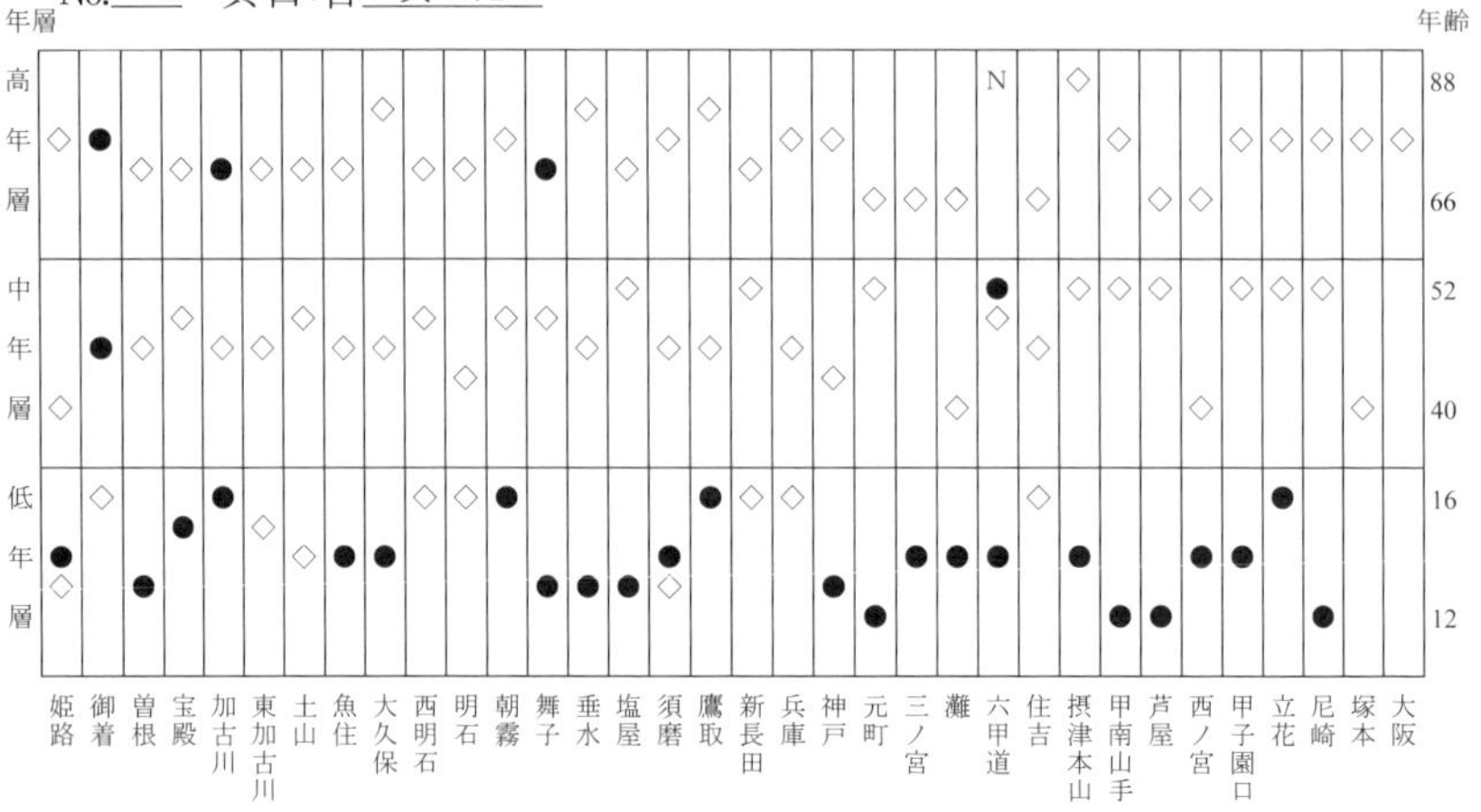

凡例

● カッタ　◇ コータ　N 資料なし

No. 6 項目名 カッタ (借りた)

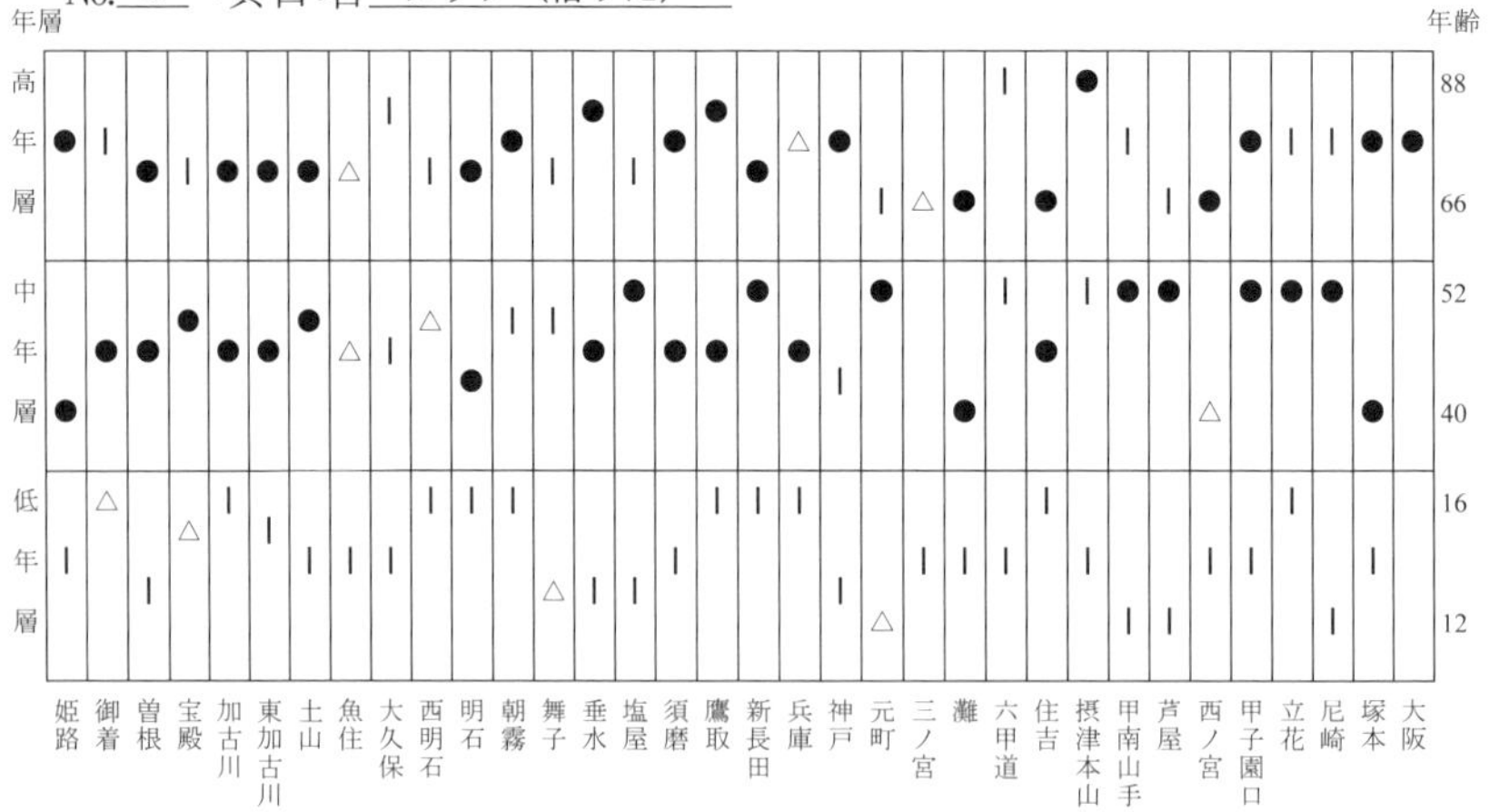

凡例

● 使う　△ 近所の人が使うのを聞いたことがある　| 知らない

JR神戸線沿線(大阪−姫路間)グロットグラム 1997−1998

No. 7 項目名 オモンナイ(おもしろくない)

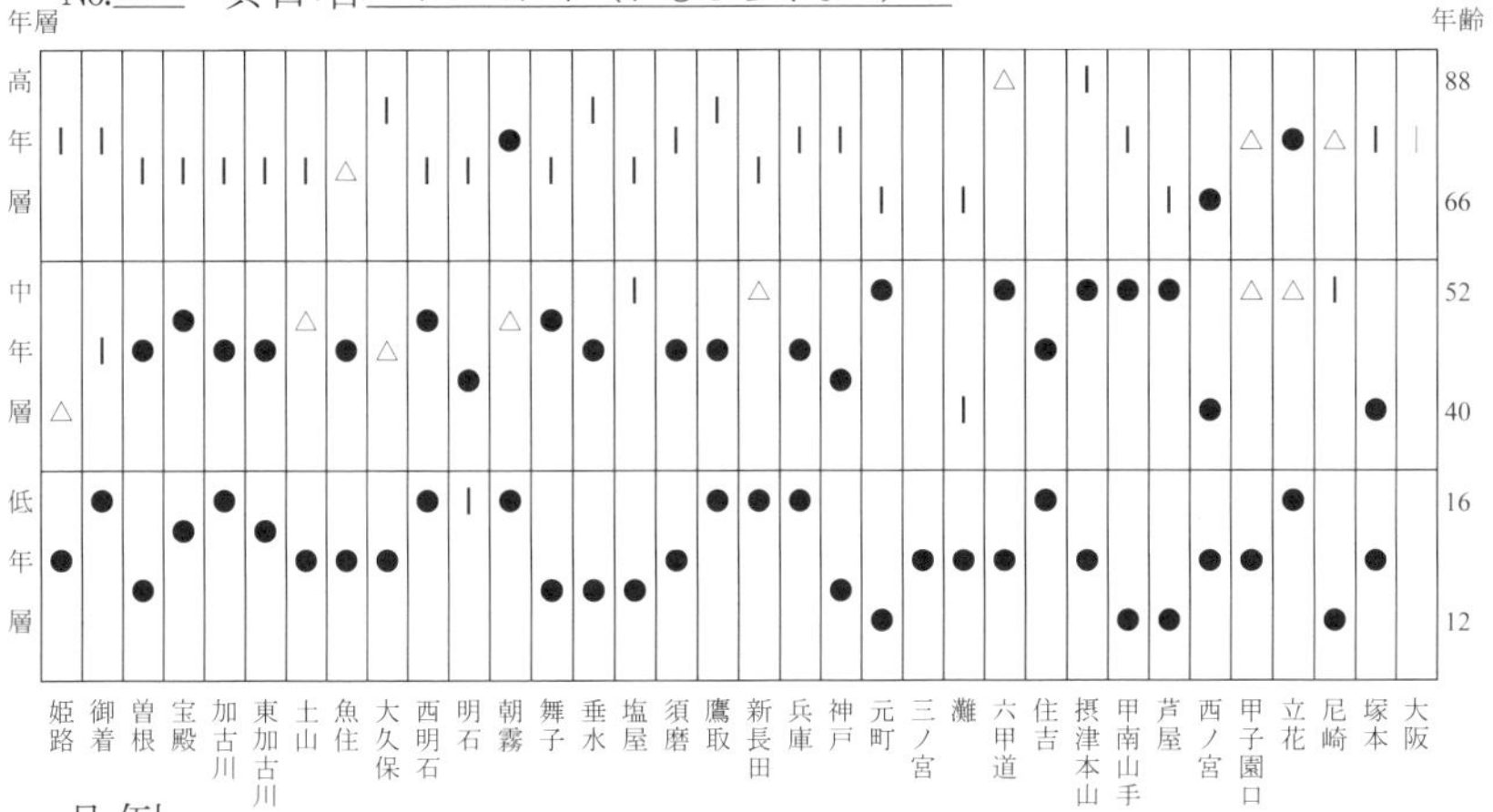

凡例

● 使う　△ 近所の人が使うのを聞いたことがある　| 知らない

No. 8 項目名 ムズイ(難しい)

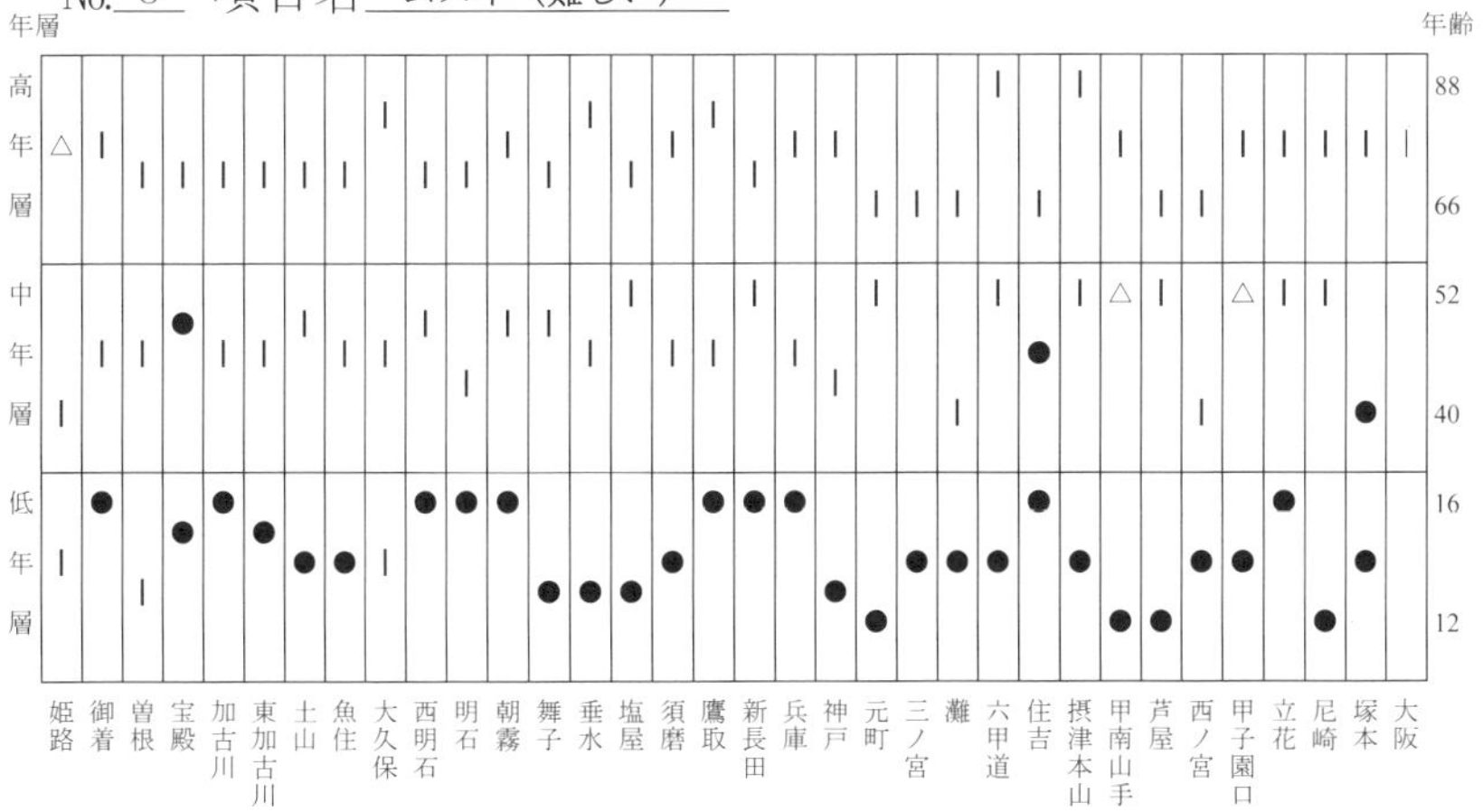

凡例

● 使う　△ 近所の人が使うのを聞いたことがある　| 知らない

恥ずかしい→ハズイ、面倒くさい→メンドイ）。No.8から、この地域において一九九〇年代後半には完全に「ムズイ」が定着していることがわかる。中年層の三例は、子どもなどからの影響と考える。高年層が全員「知らない」であることも注目される。右に記したように、この状態を保って低年層が年を重ねると、No.7のような状態になる。この地域では従来、「オモロナイ」が使われていた。しかし、おそらく一九六〇年代後半からオモンナイが定着し、その後三〇年を経たものと言えよう。つまり、オモンナイも一九六〇年代後半には、おそらくNo.8のような状態であったものと思われる。この二例をもとに、No.5・No.6を見るならば、「カッタ」の今後がどのようになるか、明確な推測が成り立つであろう。

No.9　近畿・北陸西部〜中国中部域広域グロットグラム（（バスが）来ない）

神戸を中心に、狭い地域でのグロットグラムを見てきたが、広い地域内での神戸周辺のことばについてまとめた資料である。京都〜大阪、大阪以南・以東が含まれていないが、最下段、特に右端の阪神間を、全体と比較してみれば、その特殊性に気づくはずである。

左頁の中国地方では、「どの地点、どの年層」でも、ほとんどが「コン」である。しかし、姫路〜大阪間では、地域・年層によって、さまざまな語形が見られる。たとえば、舞子〜甲南山手という、神戸市域には、大阪方面からの「ケーヘン」、姫路方面からのキヤヘン・キエヘンなど「キ〜系」、若い世代での「コーヘン」がきれいに分布する。伝統的な方言（高年層）として、姫路〜新長田に「キ〜系」、兵庫〜大阪に「ケーヘン」が見られる。しかし、中年層では「ケーヘン」が西進し、「キ〜系」に浸入を始め、このまま若い世代にも定着するかに思われたが、「コーヘン」が台頭してきた。その結果、低年層では「コーヘン」

が圧倒的な広がりを見せるに至った。なお、神戸周辺の低年層に見られる「コーヘン」と、姫路以西や兵庫県内陸部高年層の「コーヘン」は、その成立の過程が異なっている。前者が共通語形「コナイ」との干渉の結果生まれた「新しい方言」であると考えられるのに対し、後者は「コン」にもつながる伝統的方言から生まれたものであると考えられる。

まとめ

神戸の年配の女性達は、「神戸は方言じゃないわよ、標準語よ〜」ときれいな関西のアクセントでおっしゃる。決して、東京と同じことばではない。この意識はどこから来るのか。おそらく、「コテコテの大阪弁とは違う、京都のことばとも違う」という意識からであろう。さらに、街のイメージとして「ハイカラ」があり、「神戸」と「方言」とは、互いに縁遠いように思われている。しかし、「神戸ことばの昔」で紹介したとおり、百年あまり前の神戸ことばは、現在とは大きく異なっていたが、その後百年の間に大きく姿を変貌させ、今も変わりつつあることがわかる。なお、酒井雅史（二〇一七）では、神戸市は、摂津方言の地域として区画され、「神戸ことば」としての扱いが無くなっている。

近年、「地域資源としての方言」が研究テーマになり、また、実際に方言をあしらった商品が多く生産・販売されるようになってきた。方言が経済効果を生むというとらえ方である。これまで、ハイカラな街である神戸のことばには、そのような経済効果を生む活力はないと思っていた。しかし、世界規模で展開するコーヒー店が国内各所の御当地商品を

項目名：(バスが)来ない　男性資料(一部女性資料を含む)　　作図：都染直也

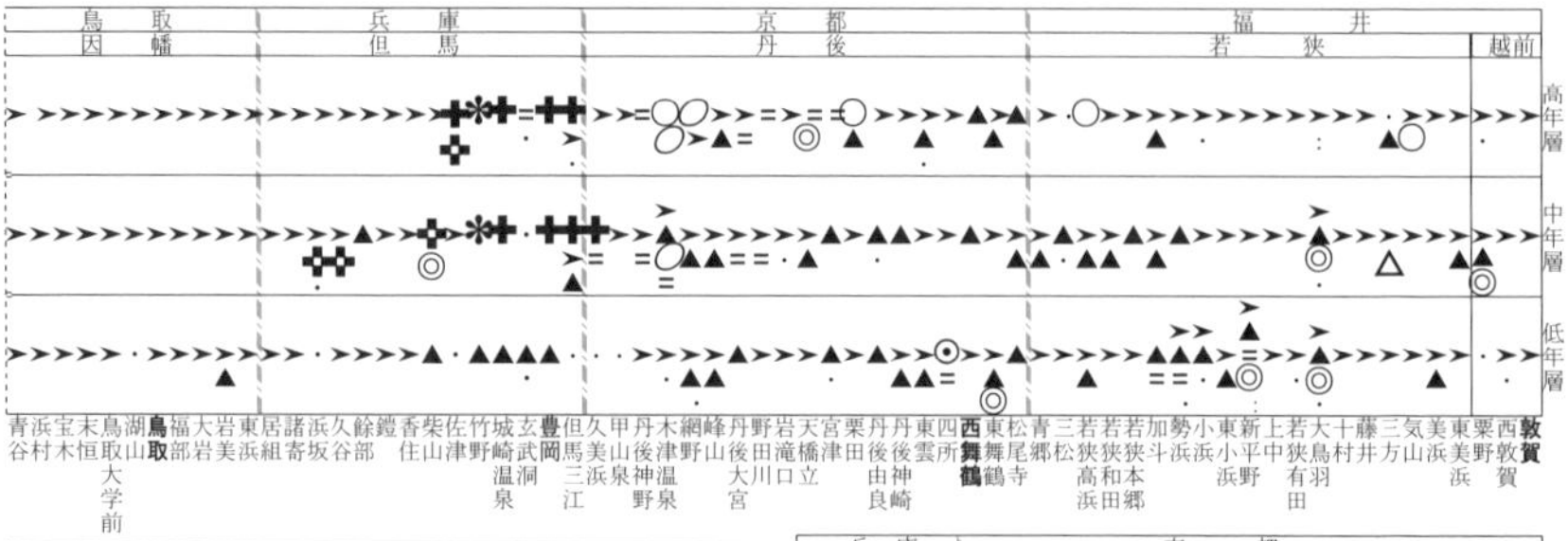

凡例

・ コナイ
: コネー
0 キナイ
➤ コン
コラン
▲ コーヘン
コエヘン
△ コヤヘン
コヤエン
キエン
キエヘン
○ キヤヘン
キャーヘン
⊙ キーヘン
キヘン
キヤヒン
◎ キーヒン
キヤエン
= ケーヘン
✚ クレヘン
クラヘン
✱ クリャヒン

強調表現
| クリャヘン
／ クリャセン
＼ クリャーセン
‖ クリャーヘン

― 未調査

下線〰付記号は女性話者資料

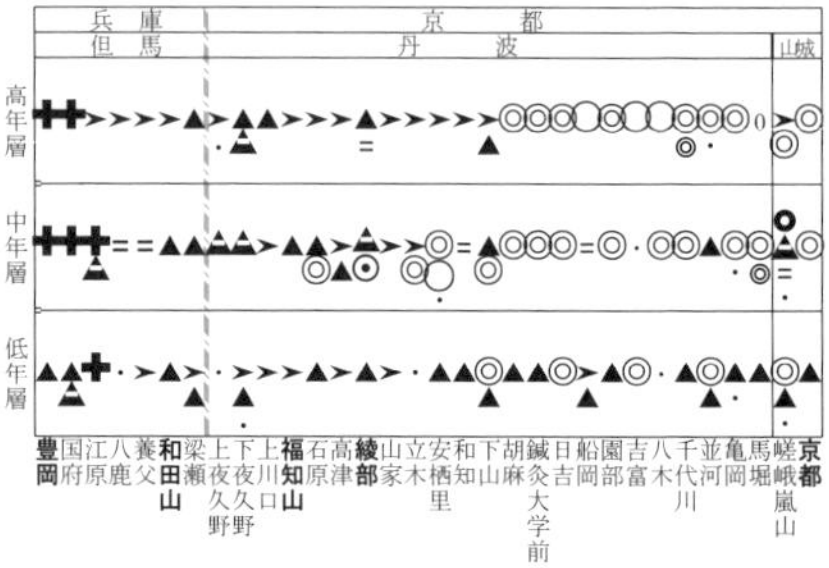

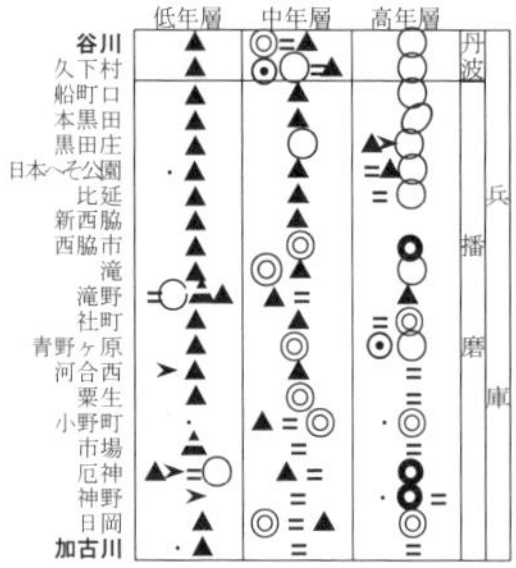

調査年度・調査対象区間

1997・98 年：山陽・東海道本線(東加古川-大阪)
2002 年：山陰本線(和田山－鳥取)
2003 年：山陰本線(湖山－松江)
2004 年：山陰本線(姫路－倉敷)
2005 年：播但線・山陰本線(京口－福知山)
2006 年：山陽本線・赤穂線(福山－西相生)
2007 年：山陰本線(乃木－石見福光)
2008 年：因美線・智頭急行線・山陽本線
　(津ノ井－苔縄、はりま勝原)
2009 年：山陰本線(京都－石原)
2010 年：山陽本線(広島－備後赤坂)
2011 年：山陽本線(御着－加古川)・
　加古川線・福知山線(日岡－丹波竹田)
2012 年：姫新線(播磨高岡－新見)
2013 年：伯備線(岸本－布原、石蟹－清音)
2014 年：ＫＴＲ・舞鶴線(但馬三江－瀬垣)
2015 年：舞鶴線・小浜線(東舞鶴－敦賀)
2016 年：山陰本線(黒松－飯浦)
2017 年：福知山線(下滝－尼崎)

総延長 1676.7km

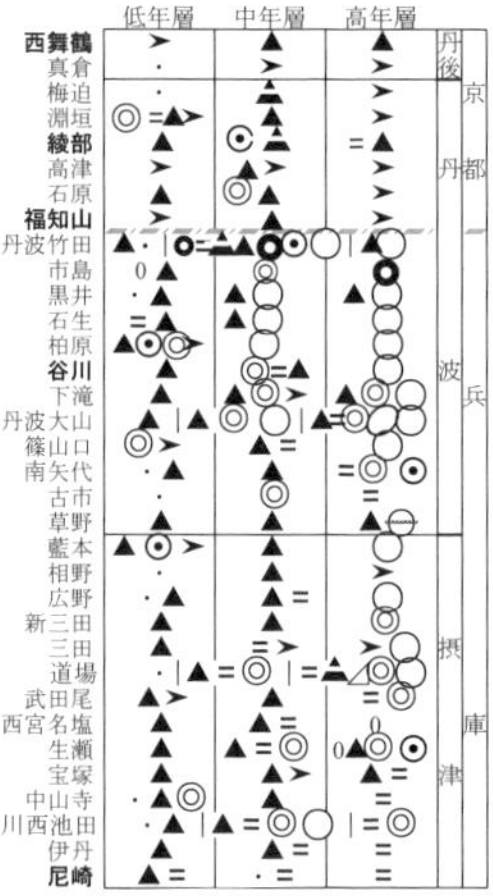

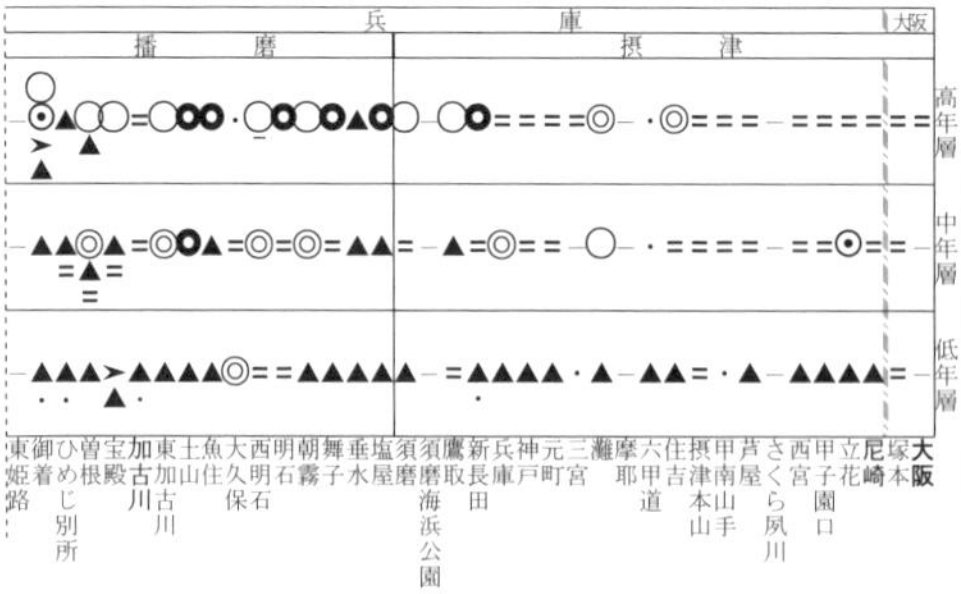

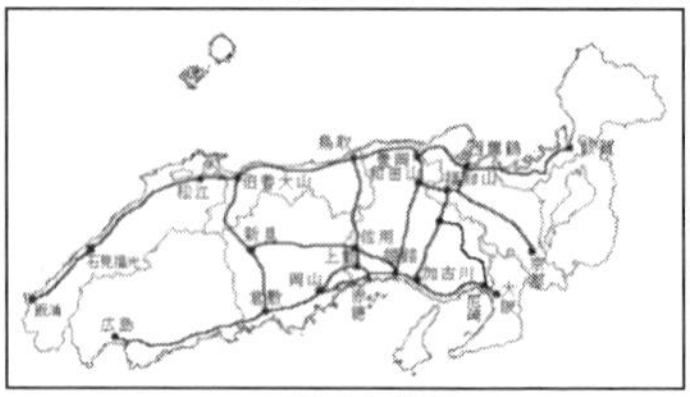

調査対象路線図

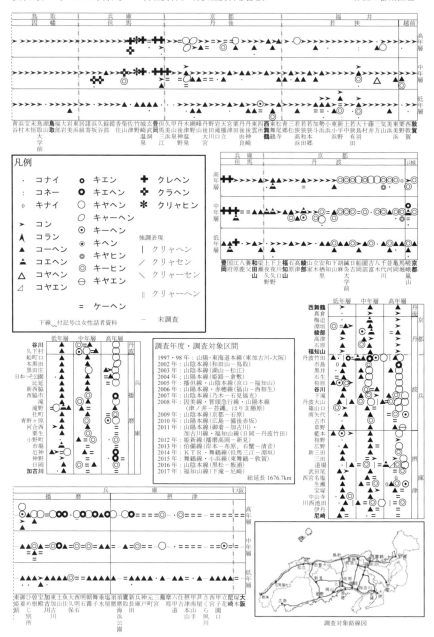

No. 9　近畿・北陸西部〜中国中部広域グロットグラム

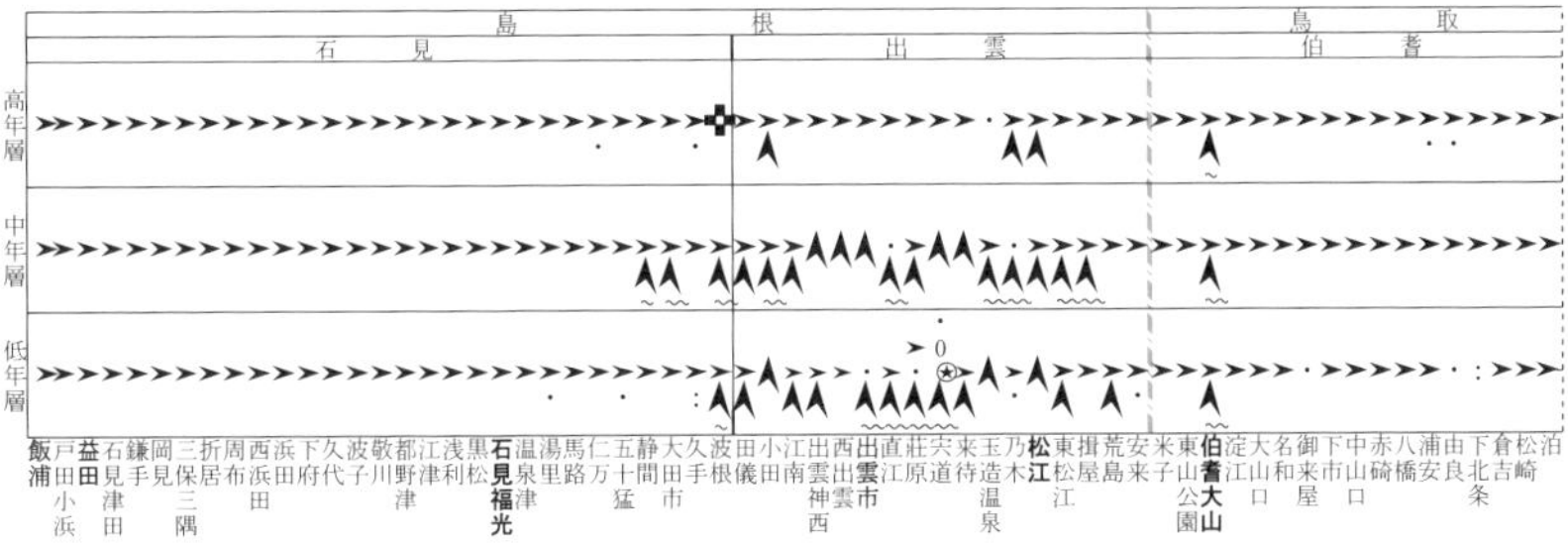

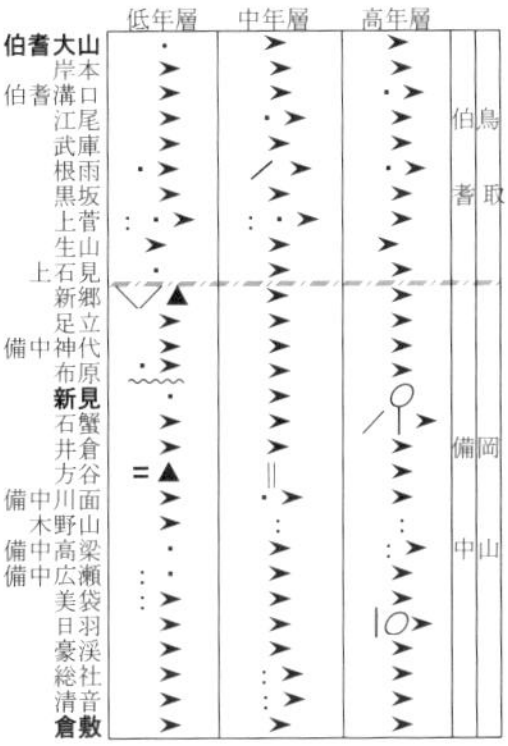

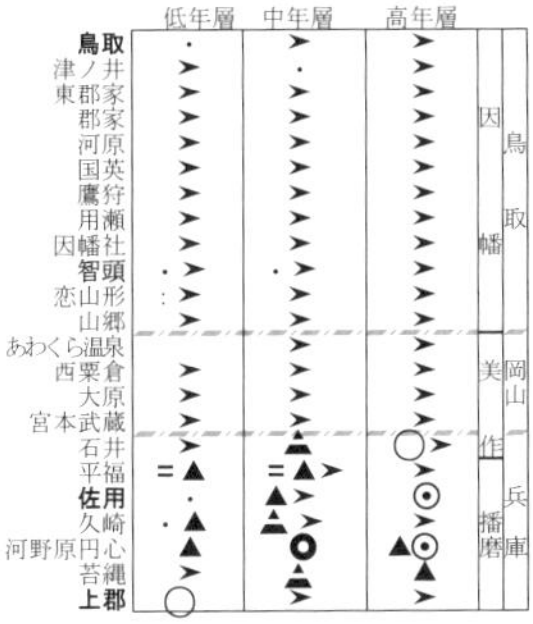

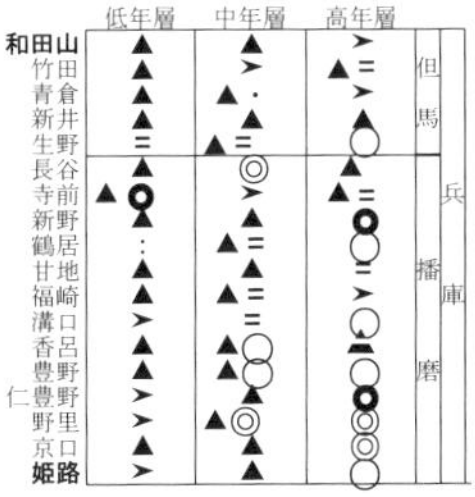

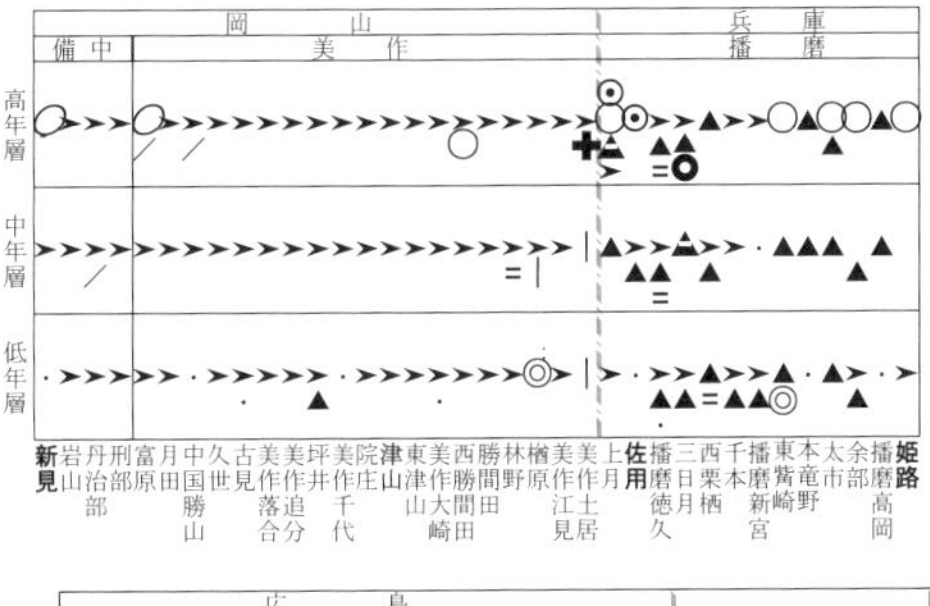

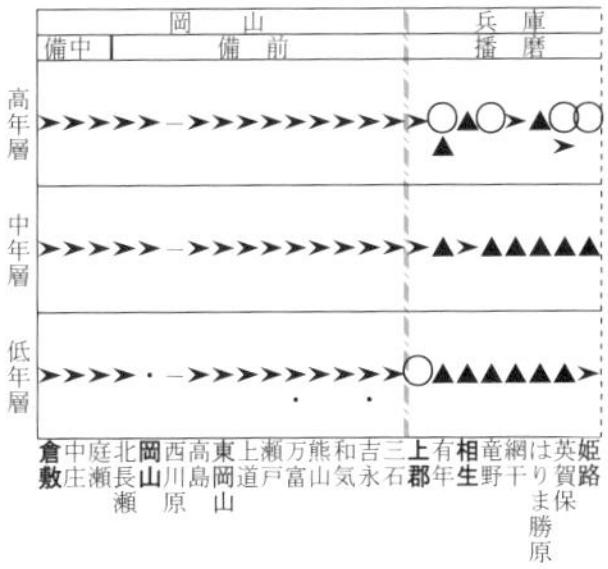

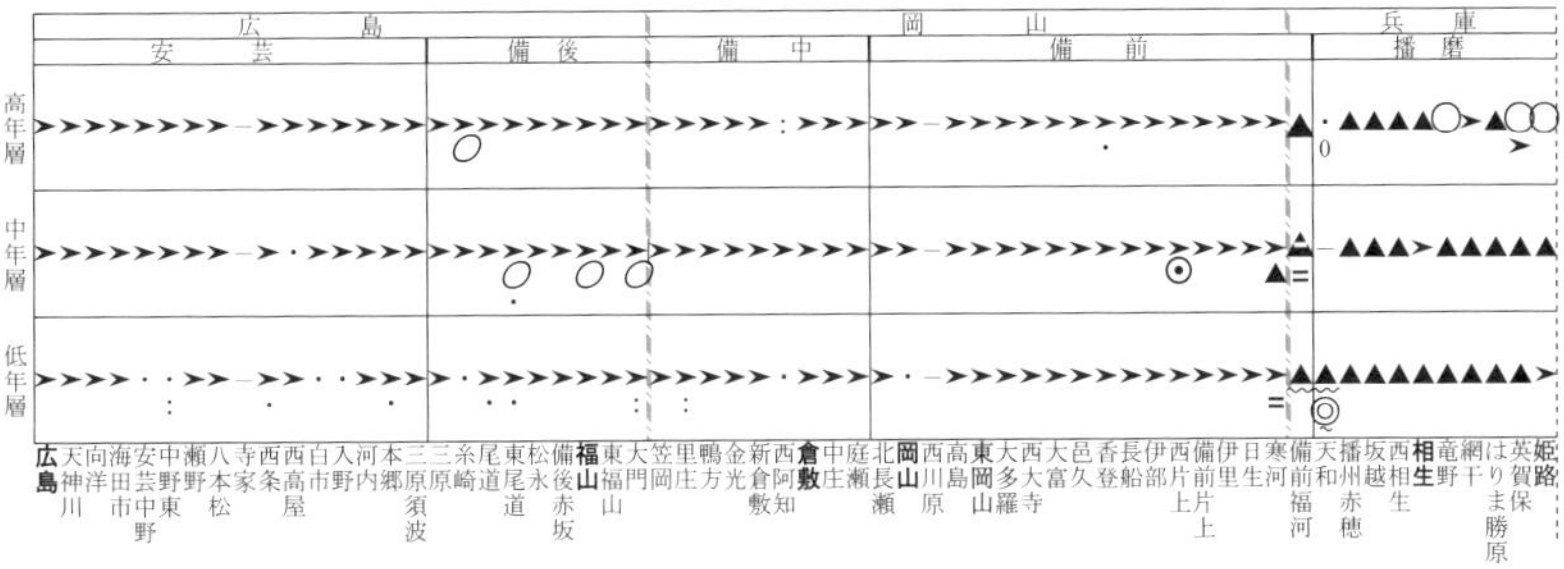

販売するようになり、神戸もその一つに選ばれ、神戸ことばをあしらった商品が販売されている。また、全国展開の方言商品を取り扱う会社が、「神戸版」を製造・販売し、新幹線の売店などで見かけるようになった。一方、商品ではないが、NHK神戸放送局は、夕方のローカル番組内に「知っとぉ？ 兵庫」というコーナを設けている。その結果、「神戸にも方言あるんや！」ということを地元視聴者の意識に根付かせてくれているであろう。

補記

『兵庫のかたことば』（内題「兵庫方言」）について

同書については、『ひょうごの方言・俚言』に、和田実氏による紹介文と写真がある。図2は、筆者所有のもので、和田氏紹介の写真と同じ表紙・作りである。しかし、同書には、同内容ながら、作り、デザインが異なるもう一種が存在する。筆者はそのもう一種も所有しているが、現在、所在不明である。国立国語研究所研究図書室には、「もう一種」が所蔵されている。二種の詳細な相違点については、本章では扱わないこととする。なお、蛇足として、アヤマリコトバ・訛語「シテンショ」に対し、ただしいことば「ステーション」が挙げられていることを記しておく。神戸ことばの語誌として貴重なものである。

〔参考文献〕
井上裕子・松本早織・村上恵美・山本裕美子・都染直也『JR神戸線グロットグラム 大阪―姫路』『兵庫県下グロットグラム集Ⅰ JR沿線篇（1）』所収 甲南大学方言研究会、二〇〇二年
鎌田良二『兵庫県方言文法の研究』桜楓社、一九七九年
国語調査委員会『音韻分布図』国語調査委員会、一九〇五年

国立国語研究所『日本言語地図　第1～6集』大蔵省印刷局、一九六六～一九七四年
国立国語研究所『共通語化の過程―北海道における親子三代のことば―』（国立国語研究所　報告二七）秀英出版、一九六五年
国立国語研究所『地域社会の言語生活―鶴岡における実態調査―』（国立国語研究所　報告五）秀英出版、一九五三年（第二回調査は一九七四年、第三回調査は一九九四年、第四回調査は二〇一五年に調査報告刊行）
酒井雅史「兵庫県神戸市方言」『全国方言文法辞典資料集（3）　活用体系（2）』方言文法研究会、二〇一七年
佐藤亮一編『方言の地図帳』講談社学術文庫、二〇一九年
都染直也「方言の近未来を予測する」『言語』28―12　大修館書店、一九九九年
都染直也「広域グロットグラムの試み：近畿・北陸西部～中国中・東部の調査資料をもとに」『方言の研究　3』日本方言研究会　ひつじ書房、二〇一七年
時田昌瑞『岩波　ことわざ辞典』岩波書店、二〇〇〇年
日本語学会編『日本語学大辞典』東京堂出版、二〇一八年
明親會『兵庫のかたことば（内題：兵庫方言）』神戸明親尋常高等小学校、一九〇七年
和田実・鎌田良二編『ひょうごの方言・俚言』神戸新聞総合出版センター、一九九二年

column

神戸の街で珈琲文化を考える

高田　実

褐色の液体が放つエキゾチックな香りは、心地よい緊張感と癒しをもたらす。もはやコーヒーは日本人の生活に欠かせないものになっている。その普及に大きな役割を果したのが神戸である。神戸港は、長い間日本のコーヒー豆輸入港のトップとして君臨してきた。

普及のきっかけは、開港と居留地文化の形成にある。神戸の場合は、開港が一八六八年にずれ込み、居留地建設も遅れたため、東西は生田川から宇治川、南北は海岸から北野の山麓にいたる広い範囲で日本人と外国人の「雑居地」が形成された。今の異人館はその名残であるが、この雑居地で、コーヒーを含む洋風食文化が普及することになる。

日本最初の喫茶店として、一八八八年鄭永慶が上野に開業した可否茶館の名があげられることが多いが、それより一〇年前に神戸元町ではコーヒー豆が売り出され、店ではコーヒーも飲めたという。当時の新聞には、「焦製飲料コフィー、弊店にて飲用或いは粉にて御求共にご自由」（『読売新聞』一八七八年一二月二六日）という広告がでていた。この店、放香堂というお茶の輸出商である。京都で宇治茶の製造と卸を営んでいた放香堂は、一八七四年神戸の元町に店を開き、一八七八年から「印度産加琲」を販売し始める。一九世紀末の産業革命以降、神戸港は近畿の紡績業向けの原綿輸入港として伸長するが、開港から一八八八年までの最大の輸出品は茶であった。当時、主に北米市場をめぐり世界商品としての茶の売り込み合戦が展開されていた。茶に火入れをし乾燥させる再製作業場（茶倉）が神戸にも建設され、紺青、藍青などで着色されて輸出された。この茶の輸出商が、コーヒーを輸入・販売した。インドから輸入される原綿とあわせてコーヒー豆が輸入され、茶が輸出される。世界市場に

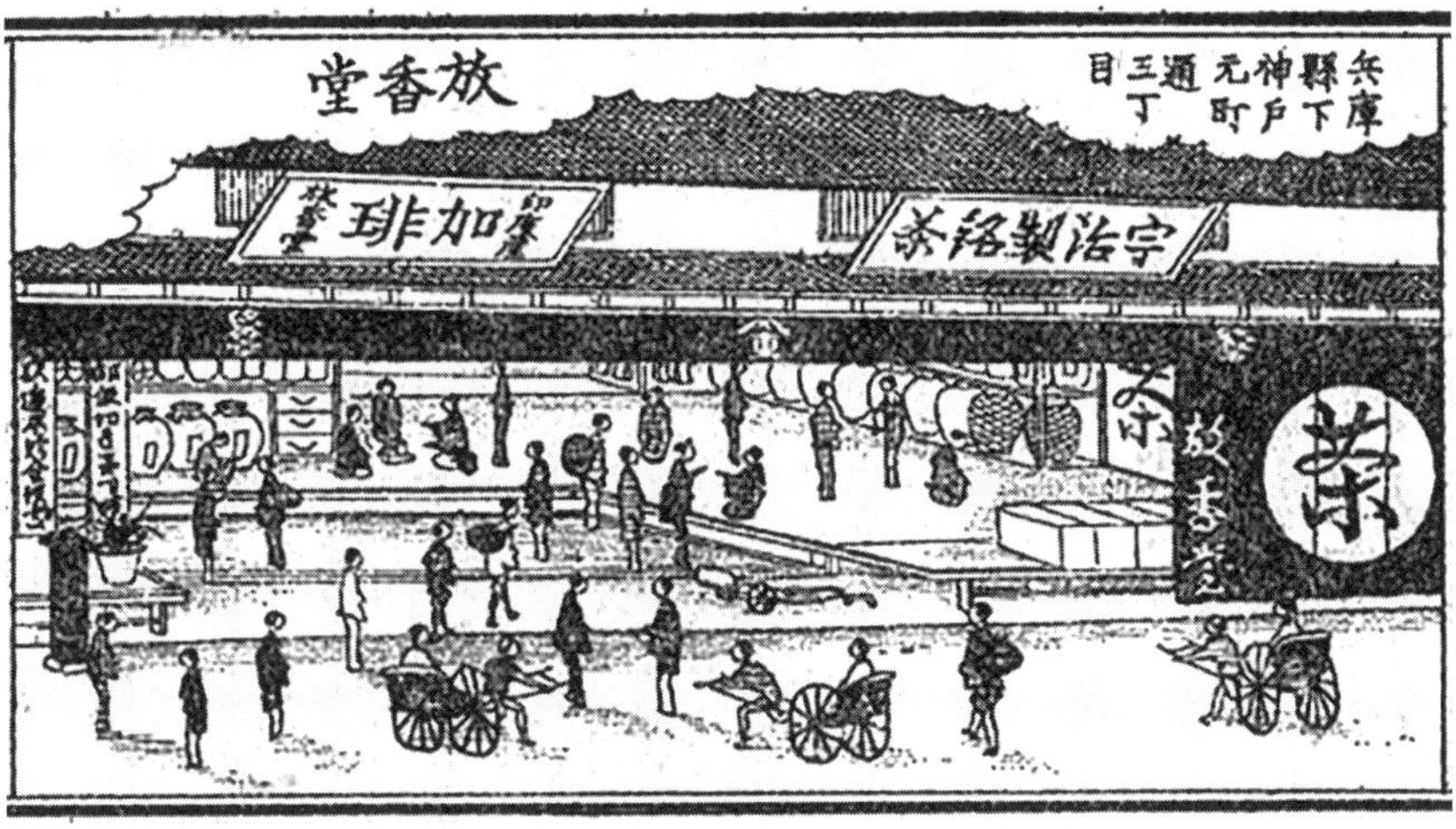

図1　「印度産珈琲」の販売を行っていた放香堂（垣貫與祐編『豪商神兵　湊の魁』1882年、神戸史学会複製、1975年）

リンクしたアジア間貿易のなかで、茶とコーヒーという二大嗜好品が交錯し、神戸の珈琲文化が花開くことになった。

しかし、コーヒーは茶とは異なる。単に熱いお湯を入れれば独特の味を楽しめる茶とは異なり、機械を用いて生豆を焙煎し、豆を挽き、抽出するという個人では難しい作業が伴う。そのため、当時は専門の焙煎業者が準備した豆を、喫茶店で味わうことが普通であった。

その結果、神戸には全国に先駆けて独自の喫茶店文化が生み出された。特に二〇世紀に入ると、一挙にクラシカルな店構えのモダン喫茶が登場する。一九一一年には三ノ宮に瀟洒なたたずまいのカフェーパウリスタ神戸支店、一九二三年には三星堂が開店して人気を博する。また、一八九七年神戸凮月堂、一九〇五年藤井パン（現ドンク）、一九二〇年ユーハイム、一九二四年フロインドリーブなどの今日にまでつながる店が、多様な国籍の人々によって開かれた。居留地周辺の三ノ宮、元町地区には、コーヒー、洋菓子、パンという洋風食文化の複合体が展開し始めた。大正モダンの時代には、元町近辺の洋風文化を楽しむ「元ぶら」が流行になったほどだ。その後、一九二八年には萩原珈琲、一九三三年には上島珈琲の開業と、神戸珈琲文化は最盛期

図2　神戸にしむら珈琲店—中山手本店

を迎える。また、一九四八年のにしむら珈琲の開業は戦後復興を象徴した。こうして二〇世紀前半に、神戸の喫茶店文化が確立したのである。

　歴史的に見るとコーヒー・ハウスは、近代社会をつくるための重要な「公共圏」を提供した。一八世紀のヨーロッパでは、力を持ってきたミドルクラスがコーヒー・ハウスに集い、政治変革や経済改革のために熱い議論を戦わせた。それがヨーロッパの民主主義や資本主義発展の起点となったことは、よく知られている。同じように、神戸の喫茶店も、大衆のための「公共圏」を提供した。人が集い、対話し、明日への元気をえるコミュニティの核として、喫茶店が機能していたのである。

　だが、この喫茶店文化は一九八〇年代以降大きく変容する。グローバリズムの展開により、地域の伝統ある喫茶店はスターバックスに象徴されるアメリカ発のチェーン店に押される。今日のコーヒー・ハウスは、他者との接触を断ち、イヤホンで音楽を聴きつつパソコン画面を眺める「個」の集積地へと変容しているようにも見える。しかし、神戸にはまだまだ懐かしい地元発の喫茶店が残っている。神戸の街を歩きながら、古くから続いている地域の純喫茶に立ち寄り、喫茶店文化の伝統と温かみに触れてみてはどうだろうか。われわれが失ってはいけないものに気づくはずだ。

図3　UCC本社とコーヒー博物館（ポートライナー「南公園」駅前）

ところで、人びとはなぜコーヒーに興じたのだろうか。そこには「モダン」の響きがあった。ヨーロッパ、とくにイギリスの絶頂期である一九世紀後半、急速な近代化を求めて開港し、欧化政策を追求した日本にとって、コーヒーは近代の「進歩」という「普遍的価値」を表すものであった。世界の一地域の文化でしかなかった嗜好品が、普遍性をもったのだ。ヨーロッパは自らの文化を「進歩」や「文明」の表象として世界に普及したが、受け手の側も、黒船の力を見せつけられるなかで、積極的にはそれを受容した。みんな「文明」の仲間入りをしたかったのだ。このプッシュ要因とプル要因の相乗効果で珈琲文化が世界に普及する。

しかし、その「文明」はヨーロッパの世界支配に立脚していた。アフリカ、アジア、中南米の赤道の南北二五度のコーヒーベルトでしか生産されない豆が、ヨーロッパ近代文明の重要なアイテムとなるためには、経済、政治、軍事の圧倒的な力の差が利用された。植民地におけるプランテーション経営、安価なコーヒー豆とそれを支える安い労働力など、「近代世界システム」の構造抜きには、珈琲文化は語れない。われわれの豊かさが何によって支えられているかも、一杯のコーヒーが教えてくれるのだ。

コーヒー豆をほとんど生産しない日本において、なぜこんなにコーヒーが流布しているのか。神戸にはUCCコーヒー博物館もあれば、古くからの喫茶店もたくさんある。この街をぶらぶらしながら、珈琲文化がもった意味を考えてみてはいかがでしょうか。

〔参考文献〕
小澤卓也『コーヒーのグローバル・ヒストリー―赤いダイヤか、黒い悪魔か』ミネルヴァ書房、二〇一〇年
川北稔『砂糖の世界史』岩波ジュニア新書、一九九六年
神戸山手大学環境文化研究所編『神戸カフェ物語―コーヒーをめぐる環境文化』神戸新聞総合出版センター、二〇〇三年
小林章夫『コーヒー・ハウス―一八世紀のロンドン、都市の生活史』講談社学術文庫、二〇〇〇年
芝田真督『神戸懐かしの純喫茶』神戸新聞総合出版センター、二〇一二年
田井玲子『外国人居留地と神戸―神戸開港150年によせて―』神戸新聞総合出版センター、二〇一三年
旦部幸博『珈琲の世界史』講談社現代新書、二〇一七年
角山栄『茶の世界史――緑茶の文化と紅茶の社会』中公新書、一九八〇年
日本コーヒー史編集委員会編『日本コーヒー史上・下』全日本コーヒー商工組合連合会、一九八〇年
UCCコーヒー博物館監修・神戸新聞総合出版センター編『神戸とコーヒー―港からはじまる物語』神戸新聞総合出版センター、二〇一七年
UCCコーヒー博物館『図説　コーヒー』河出書房新社、二〇一六年

灘の酒造り

西方敬人・井野瀬久美恵

はじめに——御食国《みけつくに》＝神戸・兵庫

日本は、どこに行っても自然豊かで、四季に恵まれ、美味しいものには事欠かない。そう感じるのは、昨今人気の「ふるさと納税」の商品カタログのせいばかりではない。それぞれの土地に根ざした野菜、地元の磯や沖でとれる旬の魚、土地の恵みで育つブランド畜産品など、お国自慢は、イコール味自慢でもある。

もちろん、兵庫県も負けていない。日本海と瀬戸内海という、環境の異なる二つの海に面した兵庫県は、古来、朝廷に海産物などの貢物を納めた食材豊かな国になぞらえて、「御食国《みけつくに》」を標榜している。清酒も兵庫県の重要な産品であり、北部は香住ほか但馬、南西部の姫路ほか播磨、そして摂津の灘五郷と、多くの酒蔵が県下に広がる。ここでは、自然と人間の知恵と進取の才との出会いが醸した、灘の清酒造りを紹介していこう。

1　日本酒の発酵技術

そもそも、お酒には「発酵」という現象が不可欠である。発酵とは、酵母（微生物）が糖分を分解する仕組みのことであり、その過程で、いわば残りかすとしてアルコールが造られる。ワインの場合その果汁に含まれる糖をブドウの果皮に付着している天然の酵母がアルコールに変えるため、発酵に必要な糖も酵母もオールインワンでブドウ自体に備わっている。ビールでは原料の大麦に含まれるデンプンを酵母が直接利用できないため、麦汁を作るというワンステップ（デンプンの糖化）[1]を踏み、そこに酵母を入れて発酵させる。一方、清酒の場合、糖化と発酵のステップを「同時並行」で行う。それも、「糖化」を麹菌《こうじ》というカビの一種に担わせ、麹菌と酵母という二つの生物の力をうまくバランスを取りながら発酵を進める。「並行複発酵」と呼ばれるこの手法は、世界に類を見ない高度な発酵技術である。また、発酵後そのままだと、米や麹の残渣を含む「どぶろく」あるいは「濁酒」であるが、それに「搾り」や「ろ過」を施すことで澄んだ「清酒」となり、「火入れ」によって品質が保持される（図1）。

（1）　デンプン等の多糖類を単糖類に変える反応を一般的に「糖化」と呼ぶ。発芽中の麦が、アミラーゼなどの酵素で自らのデンプンを分解して麦芽糖にしてエネルギーに変えているところを搾り取ったものが麦汁。

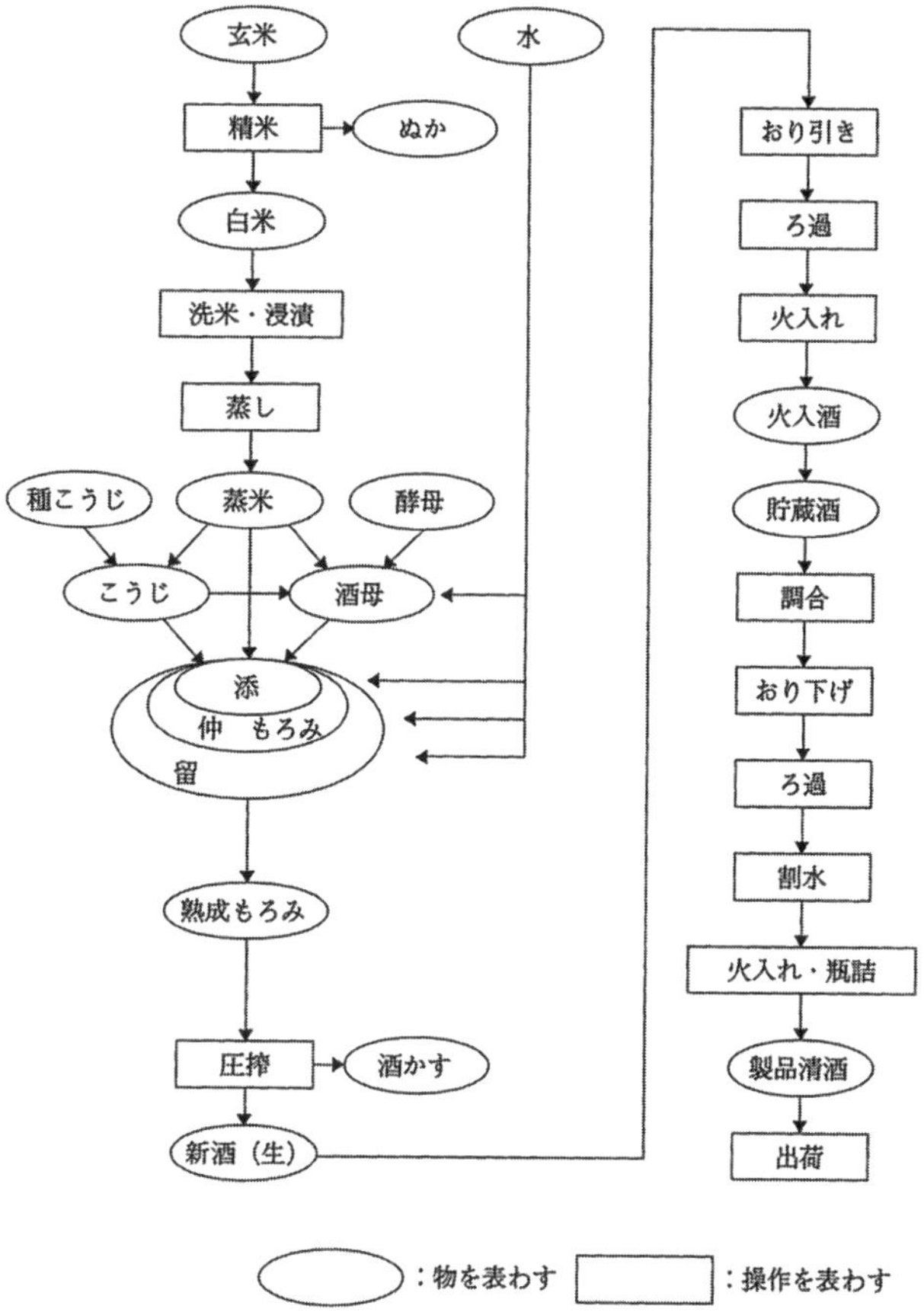

清酒の製造工程

図1　清酒醸造法の概略（改訂　灘の酒用語集、灘酒研究会、1997年発行）

本文中にある「酛《もと》」とは「酒母《しゅぼ》」のことであり、本格的にアルコール発酵を進める「醪《もろみ》」のもととなるものである。蒸米に麹《こうじ》菌を生やして麹を造り、蒸米、麹、水を混ぜ合わせて徐々に発酵させて優良な酵母を育てるのが酛である。

2　灘の酒造りの歴史――その起源と躍進

「清酒」は、伊丹の鴻池にあった山中酒屋が発祥ともされており、一六〇〇年、山中家の下男が主人に叱責されたことへの腹いせに、売り物であった濁酒に灰を入れたところ、清く澄み、香味も良くなっていた、と伝えられている（摂陽落穂集、三巻二六章）。この山中家の主人が、後に鴻池勝庵《しょうあん》と改名して鴻池財閥の祖となった（鴻池の碑文。図2右）。この逸話には、勝庵がザルに盛った灰を酒の桶に誤って落としたという別の形も伝えられている（宮水物語）。もっとも、『播磨国風土記』（八世紀初頭）にも「澄酒《すみさけ》」の記述が見られ、『万葉集』（八世紀後半）や『延喜式』（九二七）にも、米と麹で作った「白貴《しろき》（酒）」に灰を入れた「黒貴《くろき》（酒）」の文字も見られることから、この逸話自体が酒造りに精進した勝庵の創意工夫を示すための作り話だったのかもしれない。勝庵は、清酒を江戸に持ち込んで伊丹の酒を一躍有名にして、巨額の財を築いた。

その後、『本朝食鑑』（二巻穀部之二、一六九七）には、「和州南都（なら）の造酒が第一とされ、摂州の伊丹・鴻池・池田・富田のがこれに次ぐ」と記され、伊丹で造られた酒は「下り酒」あるいは「江戸積酒」として江戸へ運ばれ、「丹醸」と呼ばれて大変な人気を得た。これらを今に伝える石碑が伊丹市鴻池町にある（図2）。

灘での酒造りは、一六〇〇年代の半ばに伊丹の雑喉屋《ざこうや》文右衛門が西宮に移り住み、酒造りを始めたことに端を発する、というのが通説である。室町時代（一四四〇年頃）

図2　清酒発祥の地の石碑
伊丹市鴻池町にある、鴻池家の発展の経緯を記した石碑（右）と清酒発祥の地の石碑（左）。

表1　享保9年、江戸酒問屋による下り酒酒造家数調

地域	人数
大坂	459
天満	135
西宮	82
北在	78
伊丹	54
尼崎	41
兵庫	40
池田	27
伝法	23
三田	12
武庫	4
鴻池	1
摂津小計	956
今津	29
灘目	26
灘　小計	55
尾州	72
濃州	65
参州	57
河州（富田村）	6
泉州（堺）	4
播州（明石）	3
その他小計	207
総　計	1,218

石川道子「尼崎城下の江戸積み酒造業」『地域史研究』110, 2-27, 2010年より

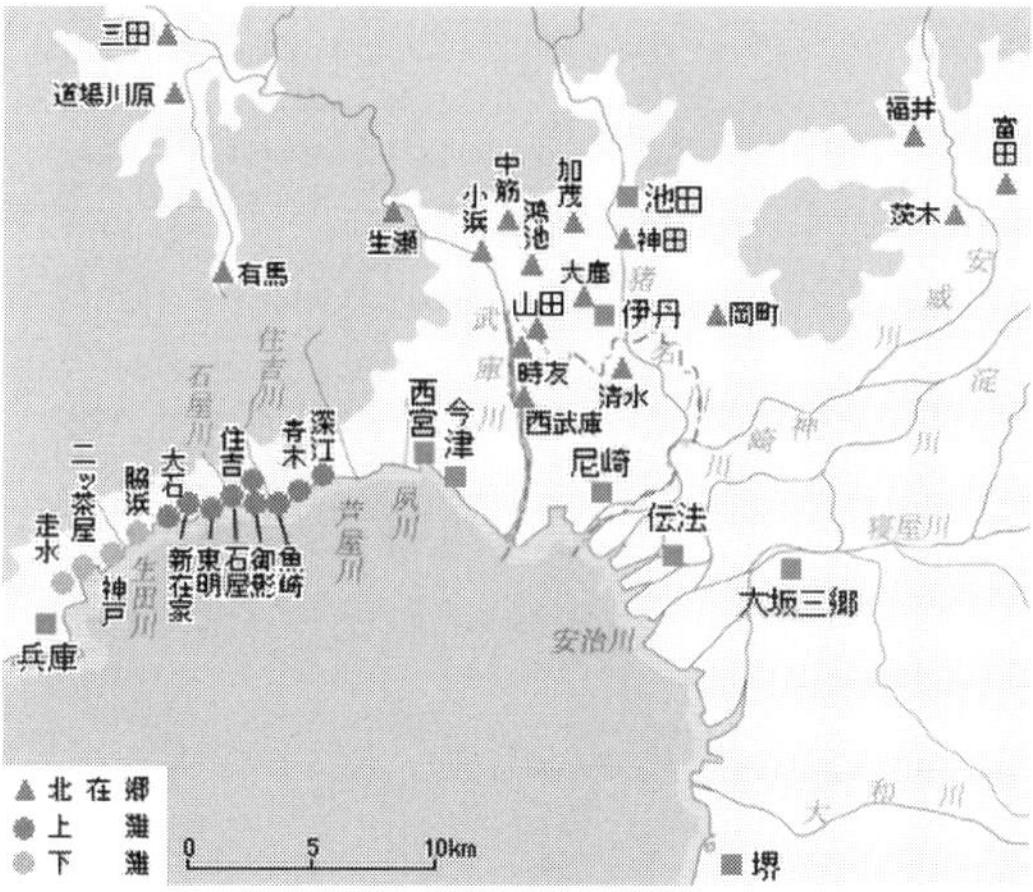

図3　摂泉十二郷

「灘目」は、現在の灘五郷では「西郷」、「御影郷」、「魚崎郷」の3郷に相当する「上灘（莵原《うはら》郡）」と、そのさらに西側に位置する「下灘（八部《やたべ》郡）」一帯を指す。

『尼崎地域史事典』図21（尼崎市立歴史博物館“あまがさき”アーカイブズ）から転載。

の文献には「西宮の旨酒」との記載も見られ（『改訂灘の酒用語集』）、灘や西宮の酒造りはそれ以前から存在したとも考えられるが[2]、灘の大躍進のきっかけは、雑喉屋が移り住んだとされるこの頃なのだろう。安永年間から天明年間（一七七二〜八九）にかけて、大阪三郷や池田、伊丹など九郷[3]をまとめた、いわば酒造組合に、今津、上灘、下灘の灘目三郷が加わって「摂泉《せっせん》

（2）　一六六〇年の「酒造株」では、池田に三八軒の酒屋があり、計一万一二三二石の株高を持っていたが（菊正宗HP）、第一次酒株改め（一六六六年）では、灘に位置する酒造業での株高は八四〇石に過ぎなかった（「灘の酒造業」神戸市文書館）。

（3）　大阪三郷、伝法、池田、伊丹、尼崎、西宮、兵庫、堺の八郷と富田、茨木、三田などをまとめた北在の九郷。

十二郷《じゅうにごう》」と呼ばれるようになり、江戸へ入津する清酒を取りまとめた[4]（図3）。江戸に入津する清酒量は、元禄一〇（一六九七）年の六四万樽をピークに、飢饉などの影響もあり一時減少したものの（長倉保、一九七三）、文化・文政時代（一八〇四〜三〇、化政期ともいう）には激増する。たとえば、文政四（一八二一）年、江戸へ運ばれた清酒一二二万樽のうち、摂泉十二郷からの入津は一一四万樽（九三％）、うち灘目からは六八万樽（五六％）。「灘」は圧倒的な存在感を示した。化政期といえば、政治、経済、文化の中心が上方から江戸に移り、商品流通が進み、浮世絵や歌舞伎といった町人文化が全盛期を迎えた時代。幕府の規律が緩んだこともあり、巨大市場江戸の消費は酒造りの規模を押し広げ、灘の酒造業は大いに栄えた。この後、明治期の激しい競争や太平洋戦争時の試練など様々な歴史を経るが、規模の大きな蔵が集積する灘の特徴はこの事情に根ざす。

3　現在の灘五郷

二〇一三年に和食がユネスコ無形文化遺産に登録されたことで、SAKE人気が回復しつつあるものの、清酒生産量は、昭和四八（一九七三）年の一七七万KL（キロリットル）をピークに右肩下がりで、平成二九（二〇一七）年にはその約三分の一となる五三万四千KLにまで落ち込んだ。しかし、その中でも、兵庫県は課税移出数量も輸出数量も全国一位であり（表2）[5]、灘五郷はその九〇％以上を占めている[6]。兵庫県、そして灘五郷は、間違いなく日本を代表する、日本一の酒どころなのである。

（4）「江戸下り問屋調査（享保九〔一七二四〕年）」に「灘目《なだめ》」として「灘」の名前が始めて登場するが、その際、江戸積酒造家は大阪を含む摂津一帯で九五六人であるのに対し、灘では五五人であり、まだまだ灘の影は薄い（表1：石川 道子、二〇一〇）。

（5）近年、清酒の輸出数量が九年間連続で過去最高を記録し、全国で二〇〇九年度は、約一万二千KL、二〇一八年度は約二万六千KLと二倍以上に増加している。兵庫県からは二〇一七年度に約九千KLが輸出されており、二位の京都を二倍以上引き離している。

（6）灘五郷酒造組合二〇一九年度のデータによる。

図4　灘五郷絵図（提供：灘五郷酒造組合）

表2　国税庁のデータに見る、兵庫の酒造り*1

	1位	2位	3位	全国
清酒製造業者数 （社）＊2	新潟県 （89［6.3］）	長野県 （74［5.2］）	兵庫県 （69［4.9］）	総計1415社
清酒の課税移出数量 （千KL）＊2＊3	兵庫県 （140［26.3］）	京都府 （119［22.3］）	新潟県 （43［8.0］）	総計534千KL
1社平均の課税移出数量 （千KL）＊2＊3＊4	京都府 （2.8）	兵庫県 （2.0）	埼玉県 （0.6）	平均0.4千KL
輸出製造業者数 （社）＊5	新潟県 （73［9.2］）	兵庫県 （43［5.4］）	長野県 （41［5.2］）	総計794社
輸出数量 （千KL）＊5	兵庫県 （8.6［38.0］）	京都府 （3.4［15.2］）	新潟県 （2.4［10.5］）	総計22.6千KL

＊1、（　）内は、上位3都道府県の各数値と［全国に対する割合（%）］
＊2、平成29年度調査分「清酒製造業の概況」による
＊3、課税移出数量とは、会社間での取引など、課税対象ではないものを除いた数量で、製造量に相当する
＊4、上述の課税移出数量を清酒製造業者数で割った数値
＊5、平成29年度調査分「清酒の輸出製造業者数及び輸出数量（都道府県別）」による

現在の灘五郷は、東は武庫川から西は都賀川の間、西宮市から神戸市東灘区、灘区にわたる東西約一二km程度の地域を指し、東から今津郷、西宮郷、魚崎郷、御影郷、西郷の五郷からなる（図4：提供、灘五郷酒造組合）。兵庫県内の酒造企業六九社のうち、灘では清酒蔵二六社、みりん蔵一社の全二七社（西郷二、御影郷九、魚崎郷四、西宮郷一〇、今津郷二）が灘五郷酒造組合の組合員として清酒等の製造を行っており、兵庫県内の約三九％が集積していることになる。また、兵庫県の蔵の規模は比較的大きく（表2）、この特徴は、コンクリート造りの大きな蔵が林立する灘五郷の町並みを見れば納得するところだろう。それは、江戸時代中期から後期にかけて、江戸積酒で築いた企業体力が現代にも引き継がれていることを示している。

4　灘の恵みを生かす

発酵という仕組みを利用した酒の醸造には、米、水、そしてその技術者である杜氏の存在が不可欠である。そして、それらすべてに灘の特性が生かされている。

米の恵み

醸造に用いる米は、麹を作る「麹米《こうじまい》」と酒母を造る際に加える「酛米《もとまい》」、醪《もろみ》に用いる「掛米《かけまい》」に区別される。麹米や酛米には山田錦などの酒造好適米が用いられるが、掛米には主食用の一般米などが用いられることもあり、米の品質の重要性は「麹米」にこそ求め

（7）　製麹《せいきく》の過程で米が柔らかくてつぶれてしまうと糊状化してしまい、麹の発育が妨げられる。また並行複発酵として、酵母の増殖に伴って徐々に、かつしっかりと糖化を進めることのできる麹が求められる。米粒の中央部が白く見える「心白《しんぱく》」が大きいことが一つの指標となる。

（8）　食用のうるち米も含めイネの

られる。酒造好適米の条件のひとつである「外硬内軟」の米は、適度な堅さで粒がつぶれ過ぎず、麹が米の中にまで入り込みやすく（はぜ込みがよいと表現される）、醪内でも十分に米のデンプンを糖化し、酵母による発酵をしっかりと支える「強い酒母」を作るのに重要とされている(7)。

灘からさほど遠くない播州は、六甲山系の北側に広がる比較的開けた盆地になっており、日中の日当たりが良く、日照時間も長くなり、しかも昼夜の温度差が大きい。また土壌はマグネシウムやリンに富む粘土質で水分の保持力が高く、酒米の生育に良好な気候条件と地質を持つ土地であった。一八九〇年代初頭には、灘の酒蔵会社と三木市や加東市の集落との間で、今でいう契約農家に相当する「村米《むらまい》制度」を立ち上げ、良い酒米を安定的に供給するとともに、農村と灘五郷との間での互助的な関係が出来上がった。この村米制度は脈々と引き継がれ、今でも農家と灘五郷との信頼関係は続いており、それを記念する「酒造米記念碑」が、戦後まもない一九四七年、三木市吉川町長谷に建てられた。

現在、酒米として人気の高い「山田錦」は、一九二三年に兵庫県立農事試験場(8)の明石本場種芸部で、ともに在来種であった「山田穂《やまだほ》」を母、「短稈渡船《たんかんわたりぶね》」(9)を父として交配され、九年間の選抜とさらに四年間の遺伝的固定化と適性試験を経て(10)、一九三六年兵庫県の奨励品種として登録された(11)（池上 勝、他、二〇〇五）。一つひとつの米粒が大きく、心白も大きいことを特徴とする。全国の酒造好適米の生産量は約九万六千tであり、うち兵庫県の生産量は約二万三千t（約二四%）である。そのうち山田錦は全国で約三万四千t、兵庫県で約二万t（約五八%）が生産されている。兵庫県内で山田錦の占める割合は、実に八六%にのぼる(12)。つまり、兵庫県は山田錦の主要な産地であり、山田錦は兵庫県における酒造好

品種改良は、農事試験場畿内支場において一九〇四年から加藤茂苞《かとうしげもと》により始められ、その後各都道府県の農事試験場でも進められた（吉田晋弥、二〇一二年）。

（9） 純系選抜されていた滋賀渡船2号だったとも言われている（池上勝他、二〇〇五年）。

（10） 酒米試験地として、佐用郡三日月村および徳久村（現在の佐用町）、神崎郡鶴居村（現在の市川市）、美嚢郡奥吉川村（現在の三木市）などの農家で試験栽培が行われた。これらの地域は、本場の明石をふくめ播州である。後述のGIはりまの項を参照。

（11） もうひとつの人気品種「五百万石」は、新潟県農事試験場で改良品種の「菊水」を母、「新200号」を父として交配され、一九五七年に新潟県の奨励品種として登録された。

（12） 農林水産省による二〇一八年産米の農産物検査結果（確定値）による。酒造好適米品種全体で見てみると九万六千tの生産量があり、そのうち山田錦は三五%、五百万石は二二%を占めており、この二品種で酒造好適米品種の半分以上になっている。

適米の主要品種なのである。これには、前述の村米制度の貢献するところが大きく、兵庫県、農業団体、灘五郷酒造組合などが兵庫県酒米振興会を組織し、農業指導を行うなど、生産者と消費者が一体となって守ってきた文化と言えよう。いや、ただ守るだけでなく、一九七一年から灘酒研究会内に酒米適性研究グループが作られ、酒造適性の分析方法が研究され、品種改良も進められており、「杜氏の夢（二〇〇四年登録）」や「兵庫錦（二〇一一年登録）」といった新たな品種が次々と生産されている。

水の恵み

灘五郷は、おもに花崗岩からなる六甲山系を北に抱き、そこから酒造りに適した地下水が供給される。灘五郷の中でも西宮地区の地下水は、「法安寺伏流」「札場筋伏流」「戎伏流」と呼ばれる三つの地下水脈が絶妙に混ざりあった「奇跡の水」と評される「西宮の水」、すなわち「宮水」として、優れた仕込み水となっている（福本章子他、二〇一七年）。宮水は、酵母に必要なカルシウムやマグネシウムなどのミネラルを多く含む「硬水」である一方、酒造りに悪影響を及ぼす鉄分をほとんど含まない。さらに、海岸線に近いことから、海底の堆積物を含む地層の影響や、海水の浸透などにより、酵母の栄養源となる塩素イオンやリン酸に富む地下水となっている（表3）。これらの特徴は、比較的発酵期間が短く、やや酸の多い「男酒」とも呼ばれる辛口タイプの酒を産みだす要因となっている。

この宮水は、一八四〇年頃、灘で複数の蔵を持つ山邑《やまむら》太左衛門《たざえもん》が、魚崎の蔵に比べて西宮の蔵で醸した酒の品質が良いことに気づき、その理由を徹底的に調べる検証実験を繰り返し、梅の木井戸の水が醸造に適していることを見出した。現在も灘五郷の多くの酒造会

図5　宮水発祥の地の碑
兵庫県西宮市久保町3にある石碑と今も水が湧く井戸。西宮酒造家十日会が管理している。

表3　灘の地下水の成分＊1

イオン＊2	御影	魚崎	西宮	住吉川	大阪＊3 中之島
pH	6.8	6.9	7.1	7.4	7.6
Ca^{2+}	42	29	51	18	19
Mg^{2+}	5.7	3.5	7.3	1.6	29
Na^{+}	23	11	25	8	190
K^{+}	6.8	2.8	9.8	1.5	31
Cl^{-}	28	10	35	5.4	340
SO_4^{2-}	40	17	39	9.1	0
SiO_4^{4-}	22	15	25	16	3.4
PO_3^{-}	0.78	0.27	4.4	0.02	0
Fe^{2+}	0.015	0.010	0.030	0.019	5.4
Mn^{2+}	0.0032	1.2	0.0024	0.0032	0.37

pH以外の単位はppm
＊1、日下譲（甲南大学理学部教授）、灘酒研究会会報第43号による。住吉川は川の流水
＊2、水中のイオンとして一般的な名称で示した
＊3、牧野和哉他「水質から見た大阪市内とその周辺の地下水の涵養源」地下水学会誌52(2), 153-167, 2010年による

社が、西宮に自社の井戸を持ったり、共同で井戸を保有したりして宮水を運び、仕込み水として利用している。
　ただ、前述のように灘五郷の地下水は、宮水でなくとも酒造りに適した地下水である。それぞれの蔵内に独自の井戸を持つ蔵も多

く、宮水と自己の井戸水とをうまく利用して、蔵独自の清酒を醸している。さらに神戸地区西三郷（西郷、御影郷、魚崎郷）では、一九六八年から綿密な調査を行い、住吉川の上流部（神戸市東灘区本山町野寄、ちょうど甲南大学の裏あたりに位置する）に取水口と配水池を設け、醸造専用水道を敷設することで、都市化による地下水の不足を克服し、安定した醸造用水の供給を可能にしている[13]。

宮水発祥の地「梅の木井戸」は、西宮市久保町の西宮酒造家十日会が管理しており、宮水発祥の地の石碑が立ち、今もくみ上げられる宮水を見学することができる（図5）。また、大関・白鹿・白鷹三社の宮水井戸敷地は「宮水庭園」として整備されており、説明案内板などから、その歴史や地下の様子を知ることができる。これらの井戸の一部は、一九九五年の阪神大震災の断水の折には、近隣住民に開放され、飲用・生活用水として活用された。

人という恵み

米、水とともに、酒造りに不可欠な存在が「杜氏《とじ／とうじ》」―酒造りの季節にやってくる蔵人の長であり、蔵内の管理全般を担っている。灘の杜氏の多くは、丹波杜氏であった[14]。

酒造りでは、麹や乳酸菌、酵母といった多様な微生物の状態に見合った温度コントロールや攪拌作業などが、昼夜を分かたず必要である。杜氏はその状態を見極め、意図する操作を蔵人全員に周知し、実行させる存在ではあるが、蔵人全員にも、作業の意味の理解やそのコツの習熟が求められる。蔵人が高度技術者集団と呼ばれる所以もここにある。

その一方で、その作業は「混ぜる」といった比較的単純な作業が二～三時間おきに繰り返されるため[15]、相当な重労働である。また「寒造り[16]」故に寒い環境での作業と、麹室《こうじむろ》[17]での

(13) 灘五郷酒造組合内の水資源対策委員会が立案し、当時あった三〇社が共同で出資して五年にわたる水質・水量調査等を経て敷設。延長七㎞の専用パイプで三郷に遍く配水している。

(14) 丹波は、多紀郡および氷上郡。現在の丹波篠山市および丹波市にあたる。昭和五九（一九八四）年度の統計では灘五郷全体で一二七二名の蔵人が季節労働者として働き、うち杜氏は六八名。そのうち多紀郡および氷上郡の出身者は四六名（六八％）であった。ちなみにその平均年齢は約五八歳。

(15) 灘では一日に平均二～六千kgという多量の米を混ぜたり、運んだりという作業になる。

(16) 発酵のエネルギーで発熱する槽の中の温度を、酛では七―一〇℃、醪では一〇―一六℃といった低温に保つため、外気温は低い方がよい。灘が六甲おろしの冷たい風のおかげで酒造りに適した土地であった理由の一つとなっている。

(17) 米麹を作る麹室の温度は三〇―四〇℃。その中で麹米に麹菌をうまく広げるために、何十kgもの米を混ぜたり、ほぐしたりする。

汗だくの作業が交錯する過酷なものだったようである。こういった辛い仕事が、杜氏や蔵人にとって冬の農閑期の重要な収入源であった。一一月末から三月までの約一〇〇日間の出稼ぎであったことから、「百日稼ぎ」とも呼ばれて他の出稼ぎと区別されており、労働力の流出を好ましく思っていなかった郷里の地主側でも特別に許可していた。

現在では、百日稼ぎの杜氏は、剣菱酒造などのいくつかの酒造会社を除いて、灘五郷でもほとんどいない。その代わりとなるのが「社員杜氏」である。それは、灘の酒造会社の多くが「四季蔵」となり、基本的に一年じゅう酒造りを行っていることと関係している。社内杜氏である製造責任者の部長を「杜氏代行」と呼ぶ会社もある（沢の鶴）。社員が「杜氏」を名乗るのはおこがましい、と言うことだそうだ。酒造りに関する知識と経験、そして蔵人を統括する人格を兼ね備えた杜氏に対する尊敬の念が、灘五郷の文化として脈々と受け継がれている。

5　灘のこだわりと知恵

清酒造りには、米、水、人以外にもいくつか沢山の要素が必要である。それらに対する灘の取り組みには、清酒の味へのこだわりとそのための研究、それらを先んじて行う進取気鋭の精神が顕れている。

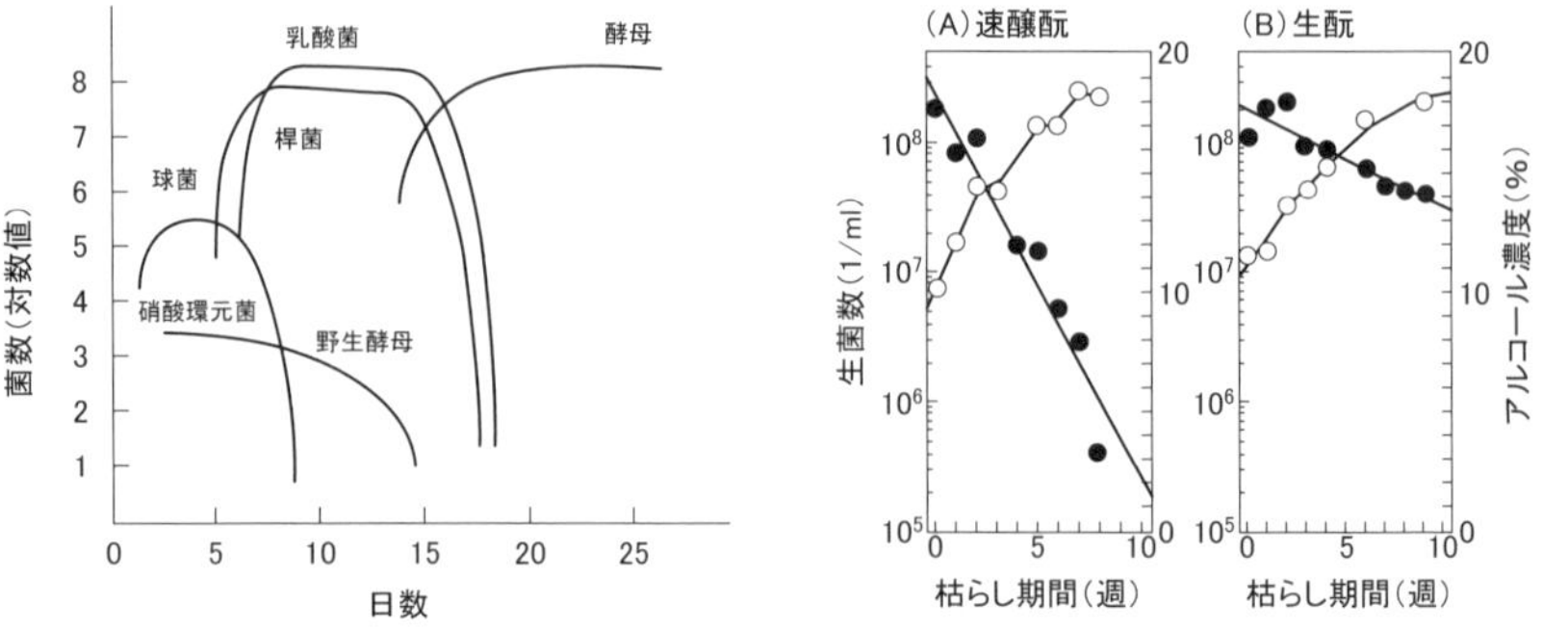

図6　生酛造りにおける酒母内での細菌叢の変化と酒母の強さ

左）生酛造りでは、酒母造りの間に多様な微生物が酒母内で順番に繁殖していく。最終的に増殖した酵母が醪に仕込まれていき、お酒を造っていく。右）生酛造りでは、一般的に醸造シーズンの始めにすべての酒母を造ってしまい、1月頃から順次醪仕込みを行って行く。枯らし期間とは、酒母が十分に成熟した後、醪に仕込むまでのその休息時間である。約2ヶ月10℃に保存したときの生菌数（●）とアルコール濃度（○）を示す。出来上がってから10週間も元気な状態を保てる生酛造りの酒母は、春先3月ごろの仕込みにも十分対応できる「強い酒母」となっている。勿論、使う酒母の枯らしの長さによって、醪の仕込み方やその後のケアは変わってくるが、知識と経験で辛口で複雑な味わいの美味しいお酒になる（溝口晴彦、原昌道、2010より一部改変）。

酵母

生《き》酛《もと》造《づく》りでは、雑菌の活動を抑えるため六℃程度の低い温度で仕込むことで硝酸還元菌が亜硝酸を生成し、酒母を酸性に傾け、混入した野生酵母を殺す（図6、溝口晴彦、原昌道、二〇一〇）。その間に酛《もと》掏《す》り（山卸し）で麹米を良くすりつぶすことで糖化が進み、酸性でも生育しやすい乳酸菌が増殖し、酒母がさらに酸性に傾く。本来の生酛造りでは、ここで蔵の空気中に漂っている「蔵付き酵母」が混入して増殖し始めるわけだが、現在では株化された一定の性質を示す酵母をこの段階で投入するのが一般的になっている。公益財団法人日本醸造協会が管理・頒布している「きょうかい酵母」と言われるものである。(18)特に7号、9号、10号は、吟醸香と呼ばれるフルーティーな香りの高い清酒を生むことで、人気が高い。今では一般的に供給されなくなったが、「きょうかい1号酵母」は、明治三九年に山邑家の持つ「櫻正宗」の酒母から単離された。

麹

種麹を業界用語で「もやし」という。一般的には、酒造会社はもやし屋さんから購入する。麹菌は、アミラーゼなどの酵素を産生して米のデンプンを糖化するのだが、近年酒の香気成分にも影響することが分かり始め、その生成要因などの研究も盛んに行われている。灘では、米麹を作るための製麹装置の開発や製麹法で清酒の褐変を防ぐ研究（浜地正昭、他、一九七七）など、業界を先導する研究も多い。

(18) 現在6号、7号、9号、10号、11号、14号が供給されており、それらに加えて発酵の際に泡を作らない「泡なし酵母」、「リンゴ酸高生産性多酸酵母」など二〇種類以上の酵母が供給されている。それぞれ性質の良く分かった単一の酵母を用いることで、品質の安定化が図れる。

醸造器具（木工技術）

江戸での大量消費に対応するためには、陶器の「甕《かめ》」では埒があかず、人の身長を越える仕込み桶（五〜六千L）を水漏れせずに作れる木工技術が必要とされた。また、軽く割れにくい菰樽《こもだる》も江戸への運搬に重要であった。灘のアドバンテージとして、加工しやすく、吸水して膨らむことで液漏れを防ぐなどの利点を持つ杉材が、吉野から比較的容易に手に入った点も指摘されている。加えて杉樽は、江戸までの輸送期間の間に清酒に杉の香りが移り、樽酒として灘の淡麗な酒をさらに美味しくした。樽屋さん、菰縄《こもなわ》屋さん、桶屋さん、箍《たが》を作る和竹屋さん、桶専門の材木を提供する木取り商などは、失われつつある特殊な木工技術と文化でもある。剣菱酒造や菊正宗酒造といった灘五郷のいくつかの酒造会社は、それらを内製化し、酒文化とともにしっかりと守り育てることに注力している。

樽と容器

清酒の容器に関しても初めて灘で使われたものがある。一升瓶のガラスビンとその王冠は一九〇一年に嘉納合名会社（現、白鶴酒造）が導入したものが業界では初で、一九七一年頃、品質保存の点で優れている茶色い一升瓶を最初に導入したのも白鶴酒造であったとされる（柏木道夫、一九八二）。また、一九七七年に発売された紙容器のハクツルサケパックも紙パック酒のパイオニアである。

6　灘の戦略――ＧＩとこれから

地域には、伝統的な生産方法や気候・風土・土壌などの生産地等の地域特性が、品質等の特性に結びついている産品が多く存在する。これらの産品の名称（地理的表示）を知的財産として登録し、保護する制度が「地理的表示保護制度（GI: Geographical Indication）」だ。海外ではボルドーワインやパルマハムなどが有名である。日本でも次第に広がりを見せており、二〇一五年には国レベルの地理的表示として「日本酒」を指定している。[19]「灘五郷」も二〇一八年に兵庫県神戸市灘区、東灘区、芦屋市および西宮市が範囲として指定され、灘五郷内で採水した水のみを使用し、灘五郷内で醸造、貯蔵および容器詰めがおこなわれていることなどを条件に名乗れることになっている[20]（図７）。「灘五郷」のネームバリュー

（19）酒類に関しては、「酒税の保全及び酒類業組合等に関する法律」第八六条の六に基づく「酒類の地理的表示に関する表示基準」により、国税庁長官が指定している。

（20）清酒のＧＩとしては、「灘五郷」の他に二〇〇五年から「白山」、二〇一六年から「山形」、二〇二〇年から「はりま」が指定されている。「はりま」では、兵庫県姫路市、相生市、加古川市、赤穂市、西脇市、三木市、高砂市、小野市、加西市、宍粟市、加東市、たつの市、明石市、多可町、稲美町、播磨町、市川町、福崎町、神河町、太子町、上郡町及び佐用町が指定された。確かに播磨には、美味しい清酒が沢山ある。

図7　灘五郷のGIマーク（提供：灘五郷酒造組合）

を国内で高めることは勿論、海外でもその認知度を増すための取り組みの一つとして期待されている。

　ただGIは、上述のようにそもそも地域に根ざした産品ということで、一般的には原料や素材の産地をその地域に限定することが多い。糖と酵母がオールインワンのブドウだけから作るワインは、ブルゴーニュという地方名やヴォーヌ・ロマネという村名で、それぞれの範囲内のブドウの使用に限定したGIを確立している。これまで紹介したように、清酒の場合は米の品種、麹や酵母の種類が豊富で、その組み合わせは多様である。米がブドウに比べて比較的運搬しやすい素材であることも手伝って、清酒の場合、麹米、酛米、掛米それぞれに適した米を全国から探すことも少なくない。それゆえに、一般的な意味でのGIは「宮水」に代表される灘の奇跡の水に求められ、先のような条件となっている。

　しかしもうひとつ、「灘五郷」に深く流れる地域の特性がある。「丹醸」以来脈々と引き継がれる創意工夫の気概、杜氏が創造し引き継いだ「造り」の技[21]、そして米の品種改良から容器作りまで、酒造りに関わるすべての人々がこれまで育て、培ってきた清酒文化――これらこそ、「灘五郷」を「灘五郷」たらしめている地域の力ではないだろうか。灘五郷GIでは、灘の「伝統的な製法」、つまり杜氏がこだわった「独自の美味しい酒を醸す技術」、そしてそれを長い歴史の中で醸成してきた「灘の酒造り文化」こそが「灘五郷」が売り出す目玉である。現在の取り組みが、「進取気鋭の心意気」と「清酒へのこだわりと研究心」、そしてそれらを醸す灘五郷の清酒文化を盛り込んだGIとして、今後も発展していっても

(21)「生酛造り」は、自然に混入する細菌を上手に利用する醸造法なので、古来の醸造法とも言えるが、手法として確立したのは丹波杜氏だと言われている。

らいたいと切に願っている。

〔謝辞〕

本章の執筆にあたり、剣菱酒造株式会社代表取締役社長白樫政孝氏、同日下貴久氏、スミカワ研究所有限会社代表取締役済川健氏、同水理地質研究室主任済川綾氏、沢の鶴株式会社取締役営業本部長岩田史朗氏、同取締役製造部部長西向賞雄氏、はじめ多くの方々からお話を伺い、貴重な資料をご提供頂きました。ここにお礼申し述べます。

〔参考文献〕

読売新聞阪神支局編『宮水物語―灘五郷の歴史―』一九六六年

『改訂　灘の酒用語集』灘酒研究会　一九九七年

菊正宗酒造ＨＰ「日本酒図書館　日本酒の歴史（後）」https://www.kikumasamune.co.jp/toshokan/07/07_02.html（最終アクセス二〇二〇年一二月一〇日）

神戸市文書館ＨＰ「灘の酒造業　5近世前期の灘酒造業」https://www.city.kobe.lg.jp/information/institution/document/syuzo/5.html（最終アクセス二〇二〇年一二月一〇日）

石川道子「尼崎城下の江戸積み酒造業」『地域史研究』110、二一―二七頁、二〇一〇年

長倉保「日本民族と醸造食品　元禄期の江戸積酒造業（その1）」『日本醸造協會雑誌』68（10）七二三―七二五頁、一九七三年

池上勝他「酒米品種「山田錦」の育成経過と母本品種「山田穂」、「短稈渡船」の来歴」『兵庫県立農林水産技術総合センター研究報告　農業編』53、三七―五〇頁、二〇〇五年

吉田晋弥「酒米品種群の成り立ちとその遺伝的背景」『日本醸造協会誌』107（10）、七一〇―七一八頁、二〇一二年

福本章子、済川綾、済川晃、済川健「宮水（灘五郷の酒造用地下水）保全活動」『環境と測定技術』44（2）、九―一三頁、二〇一七年

日下譲『灘酒研究会会報』第43号　一九七八年のデータ

牧野和哉他「水質から見た大阪市内とその周辺の地下水の涵養源」『地下水学会誌』52（2）、一五三―一六七頁、二〇一〇年

溝口晴彦、原昌道「「生酛造り」に関する一考察」『日本醸造協会誌』105（3）、一二四―一三八頁、二〇一〇年
浜地正昭他「製麹条件とデフェリフェリクリシンの生産に関する研究（第1報）」『日本釀造協會雜誌』72（12）、八八〇―八八四頁、一九七七年
柏木 道夫「白鶴酒造」『日本釀造協會雜誌』77（12）、八九三頁、一九八二年

column

神戸スイーツの発祥
——神戸にスイーツ産業が生まれたのは何故だろうか——

西村順二

神戸を代表する産業や商品とは何だろう。今や神戸ビーフが最も有名であるだろう。しかし、それ以外にも神戸エレガンスと呼ばれるアパレル、灘五郷にまたがる清酒、日本の洋家具発祥である神戸家具、貿易集散地から発展した真珠加工業等が神戸で発展してきた。その中にあって洋菓子は、神戸スイーツと呼ばれるほどの知名度を上げたと言える。神戸地域に見られる地場産業は多様に存在するが、図1にあるように、一九九五（平成七）年から二〇一四（平成二六）年の二〇年間で売上高、企業数、従業員数の全てでマイナスを示していない地場産業は洋菓子だけである。今もって、神戸スイーツは活性化されており、地場産業として維持されているということである。

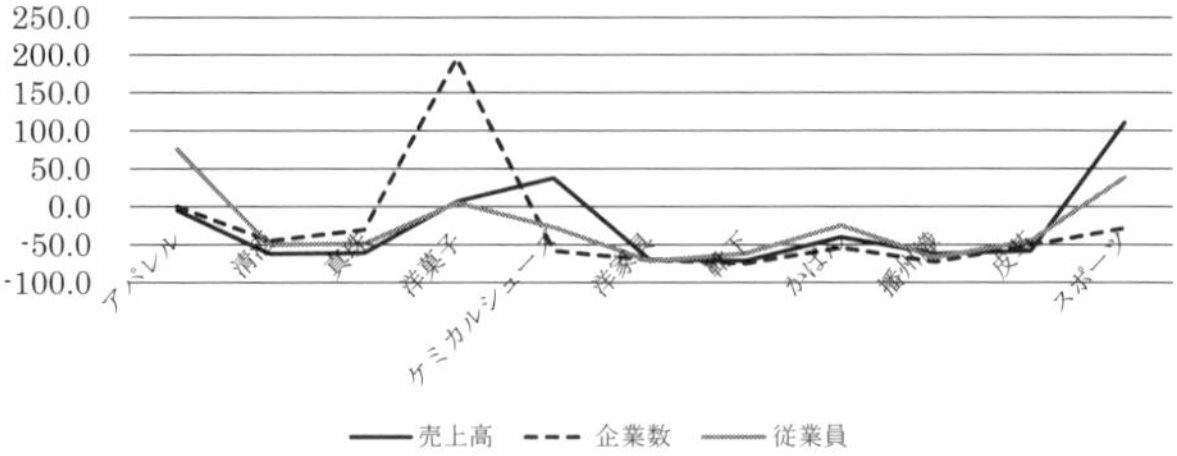

図1：神戸・兵庫県の地場産業の成長（%）－1995年と2014年の比較
出所：（公）神戸ファッション協会編『神戸ファッション業界規模調査2016』、2016年3月。

それでは、神戸の街にスイーツが根付きだしたのはいつ頃からであろうか。神戸は、古くから海外に開いた港町であり、異国との文化交流・経済交流が進んでいた。古来「大輪田泊」として港湾整備されており、江戸時代には「兵庫の津」として賑わうこととなった。そして、日米修好通商条約等により一八六八（慶応四）年に神戸港が開港され、一五〇年を超える歴史を有している。

港湾都市であるが故に、洋菓子文化とその人材・資材・技術情報等が神戸に多数流入してきたことにより、神戸のスイーツ産業が生み出されたのである。一八七三（明治六）年に、初代店主松井佐助が、元町通六丁目に「亀井堂總本店」を開店。高価で他の地方では入手しにくかった砂糖・卵等をふんだんに使い、洋風の味覚を醸し出した「ぜいたくせんべい」(「ハイカラせんべい」)を製造販売した。これが神戸スイーツの発祥と言われる。一八八二(明治一五)年には、二宮亀太郎が、元町三丁目に神戸初の西洋菓子屋「二宮盛神堂」を開店。主に居留地の外国人向けに高価な洋菓子を販売していた。一八九七(明治三〇)年には、元町三丁目に「神戸凮月堂」が創業され、ゴーフルの製造販売が始まった。一九二三(大正一二)年には関東大震災によって日本一号店(E・ユーハイム)が倒壊し、神戸へ移住したカール・ユーハイムとエリーゼ・ユーハイムが、元生田警察署前に「ユーハイム」を開店。一九二三(大正一二)年にはロマノフ王朝の宮廷菓子職人マカロフ・V・ゴンチャロフが、ロシア革命からの亡命者として神戸へ逃避移住し、北野町で「ゴンチャロフ製菓」を開業。日本で初めてボンボン・ショコラや準ロシア風チョコレートを製造販売した。一九二六(大正一五・昭和元)年には、ロシア革命により日本に亡命したフョードル・ドミトリエヴィチ・モロゾフとその息子ヴァレンティン・フョードロヴィチ・モロゾフが神戸トアロード一〇三番地にチョコレート菓子を中心にした「Confectionery F. MOROZOFF」を開店。一九三一(昭和六)年葛野友槌が神戸モロゾフ製菓株式会社(現モロゾフ㈱)を設立。神戸市林田区(現長田区)に工場を設立。これらから神戸のスイーツは発展していくことになった。

では、何故神戸に洋菓子産業が生まれたのであろうか。そこには、複数要因が存在する。第一に、神戸は港町であり、かつ欧州航路の窓口(横浜港は米国)であった。そのため、スイーツ資材・情報が集まってきたのである。第二に、居留地の存在である。それにより、西洋の生菓子を知る消費者が存在した。第三に、関東大震災により、領事館・職人などが横浜から移転してきたことである。それらは、需要としての存在であり、かつ技術の移築・伝道者であった。第四に、阪神間の企業家・高所得者層が住吉村(現東灘区)に移住したことである。この富裕層は、西洋の生菓子に対する確実なニーズの存在となった。そして第五に、深江文化村(現東灘区)にヨーロッパからの芸術家が集積していたことである。周辺では夜会が頻繁に開かれ、西洋文化としての菓子もまた、その交流の

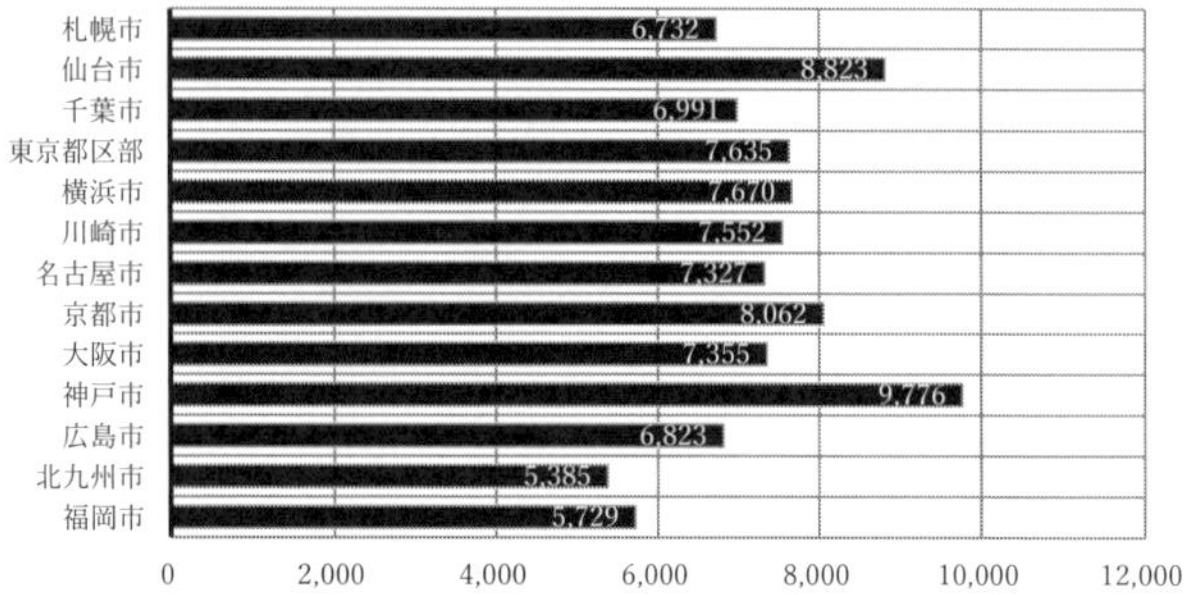

図2：世帯当たりの洋生菓子の14年間平均の年間消費支出額（円）
出所：総務省統計局編『家計調査年報（家計収支編）』2005年―2018年の「その他の洋生菓子」項目から作成。

中におかれたのである。

ところで、このように歴史的な諸制度や環境に規定されて育ってきた神戸スイーツ産業・文化であるが、現代の神戸スイーツを支える地元需要である神戸市の消費者はどれくらいのスイーツを購入しているのであろうか。二〇〇〇（平成一二）年の国勢調査において設定されている大都市圏中心市とされる一三の都市、札幌市、仙台市、千葉市、東京都特別区部、横浜市、川崎市、名古屋市、京都市、大阪市、神戸市、広島市、北九州市、そして福岡市に絞って、そのスイーツの購入行動を見ておこう。

図2は、総務省統計局編『家計調査年報（家計収支編）』に基づき、世帯当たりの年間の洋生菓子支出の二〇〇五（平成一七）年から二〇一八（平成三〇）年にわたる一四時点平均の金額を一三大都市別に示したものである。この一四年間の平均値で、一三大都市の中で神戸市が最も高い数字を示している。神戸市、次に仙台市、そして京都市が高い数字を示しているが、神戸市民は世帯当たりで年間に一万円近く生洋菓子を購入しており、二位の仙台市より一割近く多い金額をスイーツに費やしているのである。さらに、この世帯当たりのスイーツ購入支出を二〇〇五（平成一七）年から二〇一八（平成三〇）年の一四時点で、四七都道府県の県庁所在地がある都市と五つの政令指定都市の中で、神戸市と他の五一都市を比較してみよう。神戸市が置かれている位置は、表1にあるように、この一四年間で毎年必ず上位三位以内に入る支出額を示している。この三位以内を一四年

表1：47都道府県庁所在都市と政令都市における生洋菓子の世帯支出金額の順位

	1位	金額（円）	2位	金額（円）	3位	金額（円）
2005	仙台市	8,424	神戸市	7,250	山形市	7,191
2006	金沢市	8,241	仙台市	7,449	神戸市	7,183
2007	神戸市	8,514	仙台市	8,375	富山市	8,349
2008	神戸市	11,275	仙台市	9,618	大津市	8,159
2009	神戸市	10,777	仙台市	9,645	奈良市	8,732
2010	仙台市	10,658	神戸市	10,342	京都市	8,943
2011	仙台市	9,977	神戸市	9,761	山形市	8,946
2012	神戸市	10,878	山形市	10,226	仙台市	9,648
2013	神戸市	10,505	金沢市	10,260	京都市	10,116
2014	山形市	10,620	金沢市	10,042	神戸市	9,565
2015	神戸市	11,540	山形市	11,240	金沢市	9,935
2016	山形市	12,083	京都市	9,964	神戸市	9,737
2017	山形市	10,830	堺市	10,128	神戸市	9,731
2018	大阪市	9,877	神戸市	9,809	静岡市	9,622

出所：総務省統計局編『家計調査年報（家計収支編）』2005年—2018年の「その他の洋生菓子」項目から作成。

間にわたって占める都市は、神戸市以外にはないのである。このように、スイーツは長い年月にわたり、神戸市民にも支えられ、地元産業・地域文化として根付いていると言えるのである。

神戸はスイーツの街として今も発展している。最後に、一つの例として「ひがしなだスイーツめぐり」を挙げておこう。今から一〇年前、二〇一一（平成二三）年に神戸市東灘区では、一〇月中旬から一一月中下旬の間の土日祝日に地域のスイーツ店を周遊するスイーツバスを走らせ、地域のスイーツ店（約四〇店舗）の協力のもとで特別・限定のスイーツを提供する企画が始まった。それにあわせて、各地での地域イベントを同時開催する協力のもとで、個々のスイーツ店という「点」をバスでつないで「線」とし、さらに地域のアクティビティを開催し「面」の活性化へとつなげた。神戸市東

図3：ひがしなだスイーツめぐりの9年

出所：神戸市東灘区ＨＰより作成

灘区に多数集積するスイーツ店の理解と協力のもとで、これらスイーツ店、パティシェ・パティシエール、そして紅茶やコーヒー等の関連企業等を貴重な地域資源として活用しながら、「地域の、地域による、地域のためのプロジェクト」として神戸市の風物詩となる地域活性化を目指したのである。

〔参考文献〕
西村順二「スイーツによる地域づくり—その視点と課題—」（招待基調論文）『地域づくり』二〇一三・四月号、四～七頁、二〇一三年
西村順二「嗜好性が高い買回品の消費者行動に対するマーケティング訴求に関する一考察：スイーツに対して消費者の認識は何処にあるのか」『甲南経営研究』第五九巻第四号、一～二四頁、二〇一九年

近代スポーツさきがけの地 神戸

——鵤木千加子

はじめに

「何かスポーツをしていますか？　はい、サッカーです。」このように、私たちは日常的にスポーツという言葉を使っている。また、スポーツ新聞、スポーツ漫画、スポーツバーなど、スポーツという言葉をつけた造語も溢れている。そして、テレビや新聞等ではスポーツニュースとして、毎日のように様々な試合内容や結果、そして選手たちの言葉や活動が伝えられている。こうして日々使われているスポーツとは、どのように定義されるのだろうか。

スポーツ（Sport）の語は一九世紀から二〇世紀にかけて国際的に使用されるようになっ

た英語である。その語源はラテン語のデポルターレ（deportare）である。deportareはportare＝carryという語にde＝awayという接頭語がついた語で、離れたところに運ぶという意味を成している。このデポルターレは、いつからか「心の状態を移すこと」という意味を含むようになり、気晴らしをする、休養する、楽しむ、遊ぶなどを意味する語になった。それが一六世紀頃にsporteまたはsportと省略して定着したと言われている。

スポーツの定義は、例えば、「陸上競技・野球・テニス・水泳・ボートレースなどから登山、狩猟にいたるまで、遊戯・競争・肉体的鍛練の要素を含む身体運動の総称」（『広辞苑第七版』一五八一頁）や、「各種運動競技のほかレクリエーションや体力づくりとして行う身体運動の総称」（『大辞林第四版』一四六八頁）のように、様々に試みられている。それらは近代合理主義、科学的合理主義、数量的合理主義などの近代という時代の思考の制約のもとで定義されたものが多い。なぜならば、現代におけるスポーツ観は、近代という時代につくられた近代スポーツというものに大きな影響を受けているからである。

しかし、もう少し幅広く、そして深く捉えると、「スポーツとは、生身のからだをとおして生の源泉にふれる運動技法の総称である」（『現代スポーツ批評』一〇頁）と言う見方ができる。そのように考えると、近代スポーツはスポーツの歴史の一部であり、スポーツには近代という時代の制約に縛られないあり方が過去にも未来にもあると言える。これからのスポーツの在り方は、近代スポーツを生み出した時代を通り抜けてつくられていくものである。これから豊かなスポーツを創出していくために、過去を知ることから始めてみてはどうだろうか。

1　近代スポーツの誕生と伝搬

現代のスポーツ観に大きな影響を与えている近代スポーツの特徴は、ルールの成立と組織の整備がされたことである。多くの近代スポーツは一九世紀後半にイギリスを中心として始まり、世界へと広がり、現代においてはヒト・モノ・カネが地球規模で動くグローバルなものになっている。一言で「世界へと広がり」と括ったが、そこには様々な伝搬の仕方があり、また、近代スポーツが様々な場所で根付くには、各々の土地における様々な受容の仕方があった。

写真1　H119.KOBE BUND 居留地2番銀行（『神戸写真帳（仮題）より、』明治中期、神戸市立博物館所蔵、Photo：Kobe City Museum / DNPartcom）

日本に近代スポーツをもたらしたのは、明治初期に政府に招かれた「お抱え外国人教師」であった。彼らは、イギリスのエリート養成学校であるパブリックスクールの名門に学び、英語や欧米の学問を教えると共に、母国で親しんだスポーツを日本に持ち込んだ。また、彼らは、一八七四年に日本で体育が正式教科となった際に、導入された陸上競技や体操の指導にも関わることになった。一八七八年には、文部省直轄機関として体操伝習所が設立された。しかし、日本にスポーツが定着するにあたっては鍛錬と結びつけられることによって、身体を使う活動として競技的な要素が導入されたのであった。

他方、幕末から明治初期にかけて開港された土地に居住した外国人達によって、母国で行なっていたスポーツ活動が展開されていた。神戸はそうした場所の一つである。一八六八年、神戸開港に伴い、神戸村に外国人居留地が設置された。現在の神戸市中央区にある「旧居留地」と呼ばれる一帯である。この神戸外国人居留地に住んだ人々（以下、居留地民とする）を中心に展開されたスポーツ活動は、近代スポーツが日本へ伝搬し、受容され根付いていった事例の一つである（写真1）。

2　居留地民によるスポーツ活動

明治初期に居留地民を中心に行われたスポーツ活動は、競馬、ボートレース、クリケット、陸上競技、テニス、ゴルフ、フットボール、ラグビー、水泳、ヨット、野球、ボウリング、登山、スケート、スキーなど多様なものであった。もっとも早く行われたスポーツイベントは、一八六八年一二月二五日のクリスマスに開催された競馬会であるとみられる。翌年一八六九年三月にはヒョーゴ・レース・クラブが結成され、競馬の日は事務所や店舗が休業になるほど居留地をあげてのお祭り騒ぎとなり、初期の居留地民の娯楽・社交の場として重要な位置を占めていた。しかし、優秀な競馬馬の不足、借地料など経済上の理由に加え、鉄道の開通や人力車の普及に伴って、馬を足として使用する実用性も無くなったため、一八七四（明治七）年には競馬会は行われなくなった（クラブは明治一〇年頃まで存続した）。

居留地民によるスポーツ活動の拠点となったのは、一八七〇（明治三）年に設立された神戸リガッタ・アンド・アスレチック・倶楽部（Kobe Regatta and Athletic Club、以下KR&ACとする）であった。開港初期から、いくつかのスポーツ活動がみられたが、KR&ACが設立されたことで、スポーツ活動が組織的に行われるようになった。また、横浜外国人居留地に住む人々のスポーツ活動の拠点であった横浜カントリー・アンド・アスレチック・クラブ（Yokohama Country & Athletic Club）との間で、インターポートマッチが開催されるようになった（写真2）。

写真2　旧KR&ACクラブハウス
出典：高木慶光『神戸スポーツはじめ物語』神戸新聞総合出版センター、2006年、p.211

クラブというと、日本では学校教育における部活動等のイメージが強いが、近代スポーツの多くが生まれたイギリスにおいては、「クラブ」とはいわゆる社交クラブであり、KR&ACもそうした文化を受け継ぐものであった。

イギリスにおいてスポーツが「クラブ」という組織の中で行われるようになったのは、一八世紀中頃からで、競馬クラブ、ゴルフクラブ、クリケットクラブ、陸上クラブのように、活動内容の中心をスポーツとする社交クラブが設立された。そし

写真3　KR&ACレガッタチームとA・C・シム（右端）

出典：田井玲子『外国人居留地と神戸　神戸開港150年によせて』神戸新聞総合出版センター、2013年、p.107

写真4　内外人公園でのクリケット

出典：棚田眞輔・北岡守『兵庫県・懐かしのスポーツ絵ハガキ集』交友プランニングセンター、1994年

て、いくつか同様のクラブが集まり協会が設立され、クラブは協会に加盟し、協会ルールに統一されスポーツが行われる方向へと進んだ。これが一九世紀半ばのことである。

　これらを踏まえると、居留地民により神戸でスポーツ活動が始められた明治初期は、近代スポーツが形を成した初期段階にあたる。したがって、現代のスポーツ競技と同様の形で行われていたものもあれば、現代のスポーツの括りに当てはまらないような活動もあった。一八七一（明治四）年に開催されたスポーツ大会は、「神戸最初のオリンピアード」という見出しが英字新聞に記載されるほどの大々的な競技会であったが、実際に行われた一四種目の中にはクリケットボール投げ、軍装備での二マイル徒歩競争、三輪自転車競争など、当時ならではの種目もあった。

神戸メリケン波止場には水泳施設やボートレース場が整備された。また、当時、現在のフラワーロードとなっている場所には生田川が流れ、その河川敷に内外人公園（Public Garden for Japanese and Foreigners）があり、レクリエーショングラウンドとして様々なスポーツ活動が行われた。KR&ACの体育館は、この内外人公園敷地内に建設された（内外人公園は、一九二二（大正一一）年より現在の名称である東遊園地と呼ばれるようになった）（写真3、4）。

しかし、約五〇〇メートル四方の居留地という敷地内に住む人々による活動は、楽しくはあるが限りもあり、彼らは港へ寄る人々とも積極的にスポーツの交流を行った。例えば、一八七六（明治九）年一一月には、イギリス軍艦モデスデ号と居留地民によるフットボールの試合が行われた。当時の英字新聞「The Hiogo News」には〝楕円形のボール〟が使われたという記述があることから、ラグビー（のようなもの）であったと考えられる。

3　レジャーランド六甲山

一九〇一（明治三四）年夏、A・H・グルーム（A. H. Groom）は、私費を費やし三年の歳月をかけて四ホールのゴルフ場を六甲山頂に開設した。このゴルフ場の評判は、横浜や長崎に住む外国人、また上海や香港にまで届き、避暑を兼ねて訪れる人が増加し、せめて九ホールに増やせないかという声が聞かれるようになった。そして、グルームとゴルフ仲

写真5　日本のゴルフ発祥の地、神戸ゴルフ倶楽部でのプレイの様子（写真提供：一般社団法人神戸ゴルフ倶楽部）

写真6　A・H・グルーム
出典：棚田眞輔著、松村好浩監訳『神戸背山登山の思い出』1988年、交友プランニングセンター、p.103

間により、コースを九ホールにするとともに、会員制クラブとする案が出された。こうして、一九〇二年二月、日本最古のゴルフクラブである神戸ゴルフ倶楽部が六甲山に誕生した。一九〇三年五月二四日には九ホールの開場式が行われ、籠でゴルフ場に到着する人々の中には、始打を行った服部一三兵庫県知事をはじめ、坪野神戸市長、桜井税関長、J・ホール英国領事らの顔ぶれも見られた。神戸ゴルフ倶楽部では、日常的なゴルフ活動だけでなく、横浜居留地民との交流であるインターポートマッチ、ロングドライビングコンテスト、婦人の大会、キャディーの大会等、各種の競技会が開催された（写真5、6）。

　六甲山はゴルフだけでなく、登山などの野外活動にも活用された。英国聖公会宣教協会（CMS）の宣教師として一八八八（明治二一）年に来日したW・ウェストン（W. Weston）は、日本への近代登山の普及につとめた人物である。自ら登った日本の山々を著書『日本アルプス』で世界に紹介したウェストンは、一八八九（明治二二）年から一八九四（明治二七）年にかけて神戸に住んでいた。彼の勧めで一九〇五（明治三八）年に日本山岳会の前身である山嶽会が発足し、神戸では一九一〇（明治四三）年に神戸草鞋会が創立、その後神戸徒歩会と改称され、会員の中から一九二四（大正一三）年にロック・クライミング・クラブ（RCC）が創られた。

写真7　H.E.ドーント（神戸市文書館所蔵『INAKA VOLUME1』より）

アメリカ系のバキューム・オイル会社のゼネラルマネージャーであったH・E・ドーント（H. E. Daunt）が、自らの脚で初めて六甲山に登ったのは、一八九四（明治二七）年、神戸に赴任した年の九月のことであった。ドーントが六甲山へ登った回数は、驚くべきことに一シーズン（ゴルフコースが閉鎖される一一月末から翌年四月半ばまで）に多い年で四三回、少ない年でも二六回にものぼり、登山仲間とともに、登山の会「神戸カモシカ倶楽部（Mountain Goat Club of Kobe）」を創設した。ドーントは、登山とゴルフの機関誌である『INAKA』を編集し、六甲山系を中心に日本アルプスなどの登山記録や旅行記、神戸ゴルフ倶楽部の活動記録などを残している（写真7）。

今も六甲山に残るドーントリッジ、トエンティクロス、アイスロード等の地名は、居留地民らに由来し名づけられたものである。居留地民によって伝えられた登山は、早朝登山、ハイキングなどとなって神戸市民に伝わり、さらには、避暑に展望にと盛り上がりをみせた。このような居留地民による活動を背景に、市民の間にクラブや仲間が組織され、六甲山をフィールドに独自の文化が神戸に誕生し現在に至っている。

夏の六甲山は避暑地として活用されたが、冬はその寒さからスキーやスケートが行われた。スキーは一九〇二（明治三五）年頃、ノルウェー総領事P・オッテセン（P. Ottesen）が神戸在住のノルウェー人らとともに六甲山頂で滑り、日本人にも教え、軍関係者にも進言したとされる。また、六甲山頂には多くの採氷用の池があり、冬季にはこの池の天然氷が格好のスケートリンクになった。

4　近代スポーツ伝搬・受容の名残

神戸は、「近代スポーツさきがけの地」として、今もいくつかの名残を留めている。居留地民のスポーツ活動の拠点となったKR&AC、そして神戸ゴルフ倶楽部は現在も活動を続けている。二〇二〇年で設立一五〇年となるKR&ACは、一九六二（昭和三七）年に東遊園地から移転され、現在はJR三ノ宮駅から徒歩八分ほど南東に離れた磯上公園にある（写真8）。

内外人公園と呼ばれた現在の東遊園地には、KR&AC創設メンバーであるA・C・シム（A. C. Sim）の塔がある。スコットランド出身のシムは、一八四〇年生まれ、王立ロンドン病院で薬剤師をつとめ、香港の海軍病院を経て一八七〇年に長崎に来航。まもなく神戸に移り薬局のレウエリン商会に入り、やがてその事業を引き継ぎ商館を開いた。KR&ACの設立メンバーの一人であったシムは、スポーツ万能であり様々な大会で名を馳せた。また清涼飲料水ラムネを製造販売したことでもよく知られた人物である（写真9）。

写真8　現在のKR＆AC　2019年、（筆者撮影）

写真9　東遊園地シムの塔　2019年、（筆者撮影）

5　スポーツ活動における居留地民と日本人の接点

居留地民によるスポーツ活動は、日本の学生達と接点を持ち、居留地を越えて日本国内へ広がっていった。明治末期から大正にかけて、神戸一中、神戸二中、御影師範、関西学院、同志社等の学生達とKR&ACや来日した外国人との間で、サッカー、ラグビー、野球等のスポーツの交流が行われていた。

慶応に続き全国で二番目に創られた京都・第三高等学校（旧制）ラグビー部が、当時まだ入手が難しかったラグビーボールを手に入れることができたのは、居留地にある繊維専門の貿易商社であったL・D・エブラハム商会が京都・三高のために輸入してくれたからであった（一個一六円のボールを一ダース。当時そば一杯が一〇銭）。京都・三高ラグビー部の回顧録には、必ずというほどKR&ACのエピソードが登場する。「試合後のミーティングもまた楽しいものだった。特に年に一回神戸で行われた外国人達との試合は、一軍のほか二軍の試合もあり、チーズくさい体臭の外人連中とスクラムを組み、長い脚でドリブルしてくるのを止めるのは少々辛かったが、ミーティングの時の紅茶とケーキの味は格別で、その後もあんなにうまいケーキや紅茶を味わったことはない。」（『神戸スポーツはじめ物語』八八頁）。探究心旺盛な京都・三高生達は、正規のルールブックを求め、それに応えたエブラハムは、母国イングランドから原文のルールブックを取り寄せたという（写真10）。

写真10　ラグビー試合後のミーティング（ファンクション）
出典：高木慶光『神戸スポーツはじめ物語』神戸新聞総合出版センター、2006年、p.87

また、KR&ACでテニスコートキーパーであった中村岩太郎や、グラウンドキーパーであった山本由太郎は、居留地民によるスポーツ活動の縁の下の力持ち的な役割を果たした。庭師の父親がKR&ACの仕事をしていた関係で父親に連れられてKR&ACでよく遊んでいた山本は、会員達から〝チイサイ〟と呼ばれ可愛がられた。その後グラウンドキーパーとして働くようになり一八〇センチメートルに成長しても〝チイサイ〟という愛称で呼ばれ、四五年間その職をつとめた。日本の学生達は、〝チイサイ〟おじさんがお土産に持たせてくれる使い古した中古ボールを目当てにKR&ACにしげしげと通ったとも言われる。『KR&AC五〇周年誌』には、「チイサイのことを記録に残さなければKR&ACの競技や記録は不完全なものになってしまう」と書かれている(『神戸スポーツはじめ物語』一五一頁)。

一九〇〇(明治三三)年、日本に初めてアメリカプロ野球球団リーチ・オール・アメリカンズが来日した。東京での日程を終えた後、神戸を訪れ、内外人公園で神戸学徒連合と試合を行った。当時の神戸ナインは、神戸出身の泉谷、松田(早稲田大学)、佐々木、神吉、高浜(慶應大学)らであった。

写真11 グルーム関係資料(神戸市立博物館所蔵、Photo：Kobe City Museum / DNPartcom)

神戸ゴルフ倶楽部でキャディーをつとめたのは、地元の子供達であった。グルームは、こうした子供達のためにイギリスから子供用クラブを取り寄せるなど、キャディー達を可愛がり大事にした。往年の名ゴルファーである宮本留吉や中上数一らは、神戸ゴルフ倶楽部のキャディー経験者であった(写真11)。

おわりに

このように、近代スポーツの日本への伝搬の一つとして、居留地民により直接的に日本へ持ち込まれたスポーツ活動があった。彼らは母国において、一九世紀後半に誕生した近代スポーツという文化を経験に持ち来日していた。彼らのスポーツ活動は、居留地民のクラブをベースにした活動であり、日本人はその周辺における交流であったかもしれない。しかし、居留地民との間で行われた様々な交流は、日本の近代スポーツの受容において、一定の役割を果たしたことは間違いない。居留地民との交流は、単に日本人が近代スポーツをしたという経験だけでなく、近代スポーツの持つ文化的要素を身をもって体験させたのである。

〔引用・参考文献〕

落合重信・有井基『神戸市話　近代化うら話』創元社、一九六七年
神戸外国人居留地研究会編『居留地の窓から　世界・アジアの中の近代神戸』（株）ジュンク堂、一九九九年
神戸外国人居留地研究会編『居留地の街から　近代神戸の歴史探求』神戸新聞総合出版センター、二〇一一年
坂上ら編著『スポーツの世界史』一色出版、二〇一八年
田井玲子『外国人居留地と神戸　神戸開港150年によせて』神戸新聞総合出版センター、二〇一三年
高木慶光『神戸スポーツはじめ物語』神戸新聞総合出版センター、二〇〇六年
神戸外国人居留地研究会編『神戸と居留地　多文化共生都市の原像』神戸新聞総合出版センター、二〇〇五年
新村出編『広辞苑第七版』株式会社岩波書店、二〇一八年
棚田眞輔・五島祐治郎『神戸ア式蹴球奮闘史』神戸スポーツ研究会、一九九一年
棚田眞輔編著、松村好浩監訳『神戸背山登山の思い出』交友プランニングセンター、一九八八年
棚田眞輔・北岡守『兵庫県・懐かしのスポーツ絵ハガキ集』交友プランニングセンター、一九九四年
松浪稔・井上邦子編著、稲垣正浩監修『現代スポーツ批評』叢文社、二〇二〇年
松村明編『大辞林第四版』、株式会社三省堂、二〇一九年

福岡宏一『神戸ゆかりの五〇人Part二』神戸新聞総合出版センター、二〇〇四年
『市民のグラフこうべ No.236』神戸市広報課、一九九二年
H・E・ドーント編纂、棚田眞輔監修『六甲山ゴルフ・ジョーク集』スポーツ史研究会、二〇〇一年
H・E・ドーント著、棚田眞輔編訳『六甲山ゴルフよもやま話』神戸スポーツ史研究会、一九九一年

column

嘉納治五郎ゆかりの地・神戸
――その足跡や精神を訪ねて――

山崎俊輔

嘉納治五郎とは、どういう人なのかな?

嘉納治五郎と言えば、ほとんどの人が「柔道の創設者である」と答えるだろう。もう少し詳しく説明すると、「約一四〇年前に日本古来より伝来されて、基本的には人を殺したり、捕縛したりするための武術であった柔術から、危険な要素を取り除き、スポーツ競技として、また人間教育としての『講道館柔道』を創設した」ということである。それ以外の業績については、二〇一九(令和元)年NHK大河ドラマ「いだてん」で広く知られるところとなったのではないだろうか。

実際には、講道館柔道を創設する以外に、筑波大学の前身である東京高等師範学校校長として約四半世紀にわたって教育に尽力し、日本の学校教育の基礎を創っている。また東洋初の国際オリンピック委員となり、「いだてん」の主人公であるマラソン選手の金栗四三を見いだし、ストックホルム五輪へと導いた。さらに幻となった一九四〇年の東京オリンピック招致に尽力するなど、世界的に活躍をした人物なのである。明治から昭和にかけて日本に於けるスポーツの道を開き、「日本体育の父」とも呼ばれている。

嘉納治五郎の生誕地である神戸、特に御影地区には、嘉納治五郎ゆかりの場所が数多くある。また近年、嘉納治五郎が提唱した「精力善用・自他共栄」の精神の大切さを現在に、そして未来へと伝えようとする試みやイベントも行われている。

御影には、「嘉納治五郎翁生誕地」の石碑があるのをご存じですか？

嘉納治五郎は一八六〇年一二月一〇日（万延元年一〇月二八日）、摂津国御影村（現・兵庫県神戸市東灘区御影町）で、父・嘉納治郎作（希芝）と母・定子の三男として生まれた。一一歳で父が東京で官途に就いたため治五郎は上京している。御影は、灘五郷で有名な酒造王国だが、その中心的な酒造家の嘉納家とは縁戚になる。

御影公会堂内にある「嘉納治五郎記念コーナー」

二〇一七（平成二九）年三月、御影公会堂内に御影町の歴史、郷土資料等を展示スペースと共に、柔道創始者

写真1　「菊正宗」旧本社ビル前にある「嘉納治五郎翁生誕地」の石碑

写真2　御影公会堂をフランス柔道家が訪問

写真3　灘中学・高等学校にある嘉納治五郎生誕ゆかりの石碑と立像

で御影出身の嘉納治五郎の偉大な業績を称える「嘉納治五郎記念コーナー」が開設された。二〇二〇（令和二）年の東京オリンピック・パラリンピック開催（世界的な新型コロナウイルス感染により、開催が二〇二一（令和三）年に延期）に向けて、嘉納治五郎がより注目される中、海外からも見学に訪れている。二〇一九年三月には御影公会堂でカナダとの柔道国際交流会が開催された。

嘉納治五郎は、地元にある「灘中学・高等学校」の創設者の一人？

嘉納治五郎は神戸や御影へは度々帰省し、御影幼稚園の母体となる御影教育義会の設立を発案するなど地元の近代教育の礎を築いている。また灘中学校（旧制）創設（一九二七〈昭和二〉年）に参画し、東京高等師範学校校長時代の愛弟子である真田範衞を校長に招聘するとともに、何度も現地に足を運び生徒の前でも講演を行っている。現在の灘中学・高等学校では、建学以来、嘉納が提唱した「精力善用・自他共栄」という言葉を校是としている。

灘中学・高等学校の正門入って直ぐに、嘉納治五郎生誕ゆかりの石碑と立像が建てられている。また講堂と柔道場には「精力善用」「自他共栄」という嘉納治五郎直筆の書が飾られている。

○嘉納治五郎生誕地「ＫＯＢＥ 自他共栄 ＣＵＰ—学生柔道大会」—自他共栄の精神の実践を目指して—

嘉納治五郎精神を継承しようとするイベントとして、ＫＯＢＥ自他共栄ＣＵＰ実施委員会のメッセージを紹介する。

本大会は、嘉納師範の生誕地である神戸にちなんで、一九九五（平成七）年一月一七日の阪神淡路大震災からちょうど一〇年を経た復興記念と国内外から受けた温かい支援に対する感謝の気持ちを表そうと、二〇〇五（平成一七）年三月に第一回大会が開催された。

震災やボランティア活動の経験を通して、『お互いに助け合い、協力し合う』すなわち、『自他共栄』の精神を実践することの大切さを自らの体験の中で気づくことができた。そして、この精神を広く社会に広め、未来にわたり大切に育んでいかなければならない。という熱い思いが、本大会を創設した大きな原動力になっている。

写真4　御影公会堂で開催されたKOBE自他共栄CUP・カナダ・神戸御影柔道国際交流のチラシ

写真5　全国より本大会の趣旨に賛同する多くの学生柔道選手が参加して行われている

最後に

嘉納治五郎のゆかりの場所や足跡を訪ねると、当時のレトロな建物や雰囲気が今も残っている。それらを巡ることで現在を生きる我々に伝えようとしている嘉納治五郎からの大切なメッセージを肌で感じて頂けると思う。

〔参考文献〕

講道館『嘉納師範を偲んで』本の友社、一九九七年
東灘区総務部まちづくり課『東灘区出身の偉人 嘉納治五郎』二〇一七年
道谷卓「御影が生んだ　嘉納治五郎」神戸市立御影小学校創立一〇〇周年記念事業実行委員会　東灘区役所、二〇一九年
和田孫博『まいんど「グローバル人材のロールモデル　嘉納治五郎先生」』公益財団法人全日本柔道連盟発行、Ｖｏｌ．十七～二一、二〇一九～二〇二〇年
永木耕介「現代における「自他共栄」主義の実践的啓発」日本体育協会監修・菊幸一編『現代スポーツは嘉納治五郎から何を学ぶのか――オリンピック・体育・柔道の新たなビジョン』ミネルヴァ書房、二〇一四年
永木耕介『嘉納柔道思想の継承と変容』風間書房、二〇〇八年

モダニズムと阪神間の美術家たち——服部　正

はじめに——阪神間の美術館

阪神間は全国的にも珍しい美術館密集地域だ。東西わずか三〇キロほどの地域に、公立、私立、規模の大小を問わず、多くの美術館がひしめいている。大阪と神戸という大都市に挟まれた立地に、ベッドタウンとして大きな人口を抱える市が連なり、それぞれが公立美術館を設置していることも、その理由の一つだ。西から順に見ていくと、博物館を名乗りながら大規模な近現代美術の展覧会も頻繁に行っている神戸市立博物館、西日本最大級の展示スペースを有する兵庫県立美術館、その分館の横尾忠則現代美術館、神戸市東灘区沿岸の人工島・六甲アイランドには神戸市立小磯記念美術館、神戸ファッション美術館、神戸ゆかりの美術館という神戸市を母体とする三つのユニークな美術館、神戸市の東には個性豊かな活動を続ける芦屋市立美術博物館と西宮市大谷記念美術館、少し北には伊丹市立美術館があり、そして二〇二〇年六月には積年の念願だった宝塚市立文化芸術センターも開館した。[1]それらはいずれも、三〇分もあればお互いを訪れることができる距離にある。

阪神間の文化の発展は私鉄の敷設競争と密接に結びついてきた。一九〇五（明治三八）年には阪神電気鉄道が官営鉄道（現在のJR神戸線）の南側に、続いて一九二〇（大正九）年には阪神急行電気鉄道（現在の阪急電鉄）が北側に阪神間を結ぶ鉄道を開通させた。この時阪急電鉄は、伊丹と阪神間の塚口をつなぐ路線も開通させている。それ以前に箕面有馬電気軌道の社名で宝塚に温泉や歌劇場、遊園地等の開発を進めていた阪急電鉄は、宝塚と阪神間の西宮をつなぐ路線も一九二二（大正一一）年に開通させた。こうして、路線の開通とそれに伴う沿線の宅地開発によって阪神間の文化圏が形成されていったため、阪神間の文化を語る時には伊丹、宝塚を含めることも多い。

宝塚を開発した阪急電鉄の創業者・小林一三は茶人として逸翁と号し、古美術の蒐集も盛んに行っていた。小林の蒐集品は、阪急宝塚線沿線の池田市にあった彼の旧邸・雅俗山荘を改装して一九五七（昭和三二）年に開館した逸翁美術館で公開されている。[2]阪神間には、公立美術館だけでなく、このような蒐集家のコレクションを基盤とする小規模な私設美術館が多数存在することも大きな特徴だ。

関東大震災の後、一九二五（大正一四）年の国勢調査で大阪市の人口は一時的に東京を抜き、日本第一位となった。この世界有数の商都は多くの裕福な実業家を生んだ。彼らの多くは文化に関心を示し、社交の場として茶会が盛んに行われた。併せて、美術品の蒐集

(1) 新型コロナウイルスの影響で四月の開館予定を延期。

(2) 二〇〇九年に逸翁美術館は移転新設され、雅俗山荘は二〇一〇年から小林一三記念館となっている。

に励む実業家も多かった。一方、急激な都市開発によって「大大阪」の生活環境は悪化が進んでいた。空気の悪い大阪を離れ、清浄な田園に住居を構えることが一種のブームとなり、鉄道が敷設されたばかりの阪神間は「健康地」と呼ばれるようになった。ここに富裕層が建てた邸宅が、後に彼らのコレクションを展示する私設美術館として整備されることになる。朝日新聞の創設者・村山龍平の雅号を冠した香雪美術館は御影に、銀行家・山口吉郎兵衛のコレクションを公開する滴翠美術館は芦屋にある。そして、このような阪神間の私立美術館の嚆矢、嘉納治兵衛による白鶴美術館が、甲南大学から住吉川を挟んで西側の旧住吉村の山麓部から、堂々とした構えで阪神間の街並みを見下ろしている。

1　昭和初期のモダンアート

阪神間に住んだ美術愛好家の中には、古美術を蒐集するだけでなく、同時代の新しい芸術文化を支援する者も多かった。進歩的な考えを持つ富裕層が住む新しい土地には、モダンアートを支える文化があったのだ。大阪の人口急増と経済的繁栄が関東大震災によってもたらされたように、阪神間のモダンアートの発展も震災と関係が深い。壊滅的な被害を受けた東京から逃れ、一時的に阪神間に移り住んだ画家も少なくなかった。その中には、首都東京の最先端の芸術動向をこの地域にもたらした画家たちもいた。その代表格が岡本唐貴（図1）と浅野孟府である。[3] 被災した彼らは岡本が少年時代を過ごした神戸に疎開し、現在の横尾忠則現代美術館の近く、かつて関西学院大学があった神戸市灘区の「原田の森」

（3）　詳しくは、平井章一「岡本唐貴、浅野孟府と神戸における大正期新興美術運動」『兵庫県立近代美術館研究紀要』第五、六号、一九九六、一九九七年を参照。

図1　岡本唐貴《或る日のカフェ・ガス》油彩・カンヴァス、1980（昭和55）年、兵庫県立美術館蔵

に移り住んだ。東京で前衛美術運動に参加していた彼らは、短期間ではあるが同地を拠点に先鋭的な美術運動を繰り広げる。そこには、神戸出身のモダニズム詩の代表的作家・竹中郁も参加していた。

もう一人、関東大震災を機に阪神間に移り住んだ重要な画家として、上山二郎を挙げよう。今日ではあまり有名な画家ではないが、関東大震災が起こった時にはパリに留学中で、藤田嗣治と同じアパートに住んでいた。フランスの官展サロン・ドートンヌにも入選しており、現地の美術情報に通じていた。震災の報を受けた上山は急遽帰国し、被災した家族とともに支援者を頼って芦屋に移り住ん

図2　吉原治良（右）と長谷川三郎（第24回二科展会場にて）、1937（昭和12）年9月頃、芦屋市立美術博物館提供

だ。阪神間に住む多くの画家が、この上山二郎から影響を受けた。当時、本場パリの最新の美術動向を身をもって学んできた上山の情報は極めて貴重で、地元の画家たちは大きな刺激を受けた。戦後に具体美術協会を主宰し、日本の前衛美術運動を牽引した吉原治良もその一人だ。一九三四（昭和九）年の二科展に初出品した全五作品が入選し、画壇に華々しくデビューする吉原が上山に出会うのは、その一〇年ほど前、二〇歳前後のことだ。魚などのモチーフを俯瞰的にとらえたその頃の吉原の作品には上山の影響が感じられる。

戦前の抽象美術運動の展開に大きな影響を及ぼし、抽象絵画の先駆者とも呼ばれる長谷川三郎も、吉原と同じ時期に上山のアトリエを訪問していた。吉原と一歳違いの長谷川は、上山を介して昭和初期に吉原と出会っており、(4) その後二人が抽象美術への道を歩む中で親交を深め切磋琢磨している（図2）。吉原が一九三〇年代に抽象絵画へと画風を転換する過程で、長谷川から紹介されたヨーロッパの最新の美術情報からの影響があったとも言われている。(5) 阪神間のみならず、日本の前衛美術を牽引することになる二人の美術家が、若

（4）　河崎晃一「吉原治良と長谷川三郎—芦屋に育った二人の前衛」『吉原治良研究論集』吉原治良研究会編、二〇〇二年を参照。

（5）　加藤瑞穂「吉原治良と長谷川三郎のつながりに見る「具体」概念の源流」『民族藝術』第三五号、二〇一九年を参照。

き日に芦屋でパリからの生の美術情報に触れ、新しい美術のあり方を模索していたのである。

2　小出楢重と長谷川三郎

同じ頃、大阪から芦屋に転居してきた洋画家に、小出楢重がいる。吉原、長谷川より二〇歳近く年長の小出は、大阪市内中心部の裕福な商家に生まれ育った。文部省美術展覧会（文展）では落選を繰り返していたが、一九一九（大正八）年に二科展に初出品すると三点が入選し、《Nの家族》は樗牛賞を受けた。翌年の二科展でも《少女お梅の像》で二科賞を受賞した小出は、急速に二科会で頭角を現していった。一九二四（大正一三）年には同じく二科会の会員だった鍋井克之らと大阪市内に信濃橋洋画研究所を設立し、関西の洋画壇を牽引する画家となった。小出は一九二六（大正一五）年に芦屋に転居し、晩年の五年間をこの地で過ごした。二科会での地位を確立した一九二一年から翌年にかけて五ヶ月間のフランス滞在を経験した小出は、西洋由来の油絵を徹底的に追及するには生活様式も洋風でなければならないと考え、洋服を着て洋食を食べ、椅子とベッドを使用する生活を送っていた。そのためには、大阪市内の長屋の畳敷きのアトリエでは具合が悪かった。こうして、三八歳の時に芦屋の洋館に転居し、呉服商・白井幸治郎の支援によって敷地内にアトリエも新築した（図3）。富裕層との頻繁な交流に居心地の悪さを感じながらも、この充実した制作環境のなかで、独自の境地に到達した裸婦連作や闊達な挿絵、軽妙な随筆などの豊かな成果が生み出されたのである。

この小出を師と仰いだのが同じく芦屋に住んだ若き日の長谷川三郎だった。設立されたばかりの信濃橋洋画研究所に学んだ一八歳の長谷川は、研究所の仲間とグループを作り、毎月作品を持ち寄って研究会を行うとともに、小出の許を訪ねて批評を乞うた。「君みたいな、ひとの言うことききかんヤツは破門や。もうエーモッテクナ。遊びに来るのやったらかめへん。友達にしたる」と言われつつも、再三絵を持ち込んでは「完膚なく叩きのめされた」と長谷川は高校時代を回想している。そして、「私は小出先生の弟子であった事を、終生の最大の幸福と感謝している。同時に終生の最大の誇りとしている」と述べる。[6] 長谷川が小出に学んだのは一〇代の終わりから二〇代の初めにかけてのわずか数年に過ぎないが、初期の風景画や一九三〇年代前半に制作された一連の静物画には、小出の作品からの影響が色濃く表れている。しかし、それ以上に小出の影響が大きかったのは、西洋の美術の本質をつかまなければ油絵は描けないという思想だったのではないだろうか。こうして長谷川は、西洋抽象絵画の

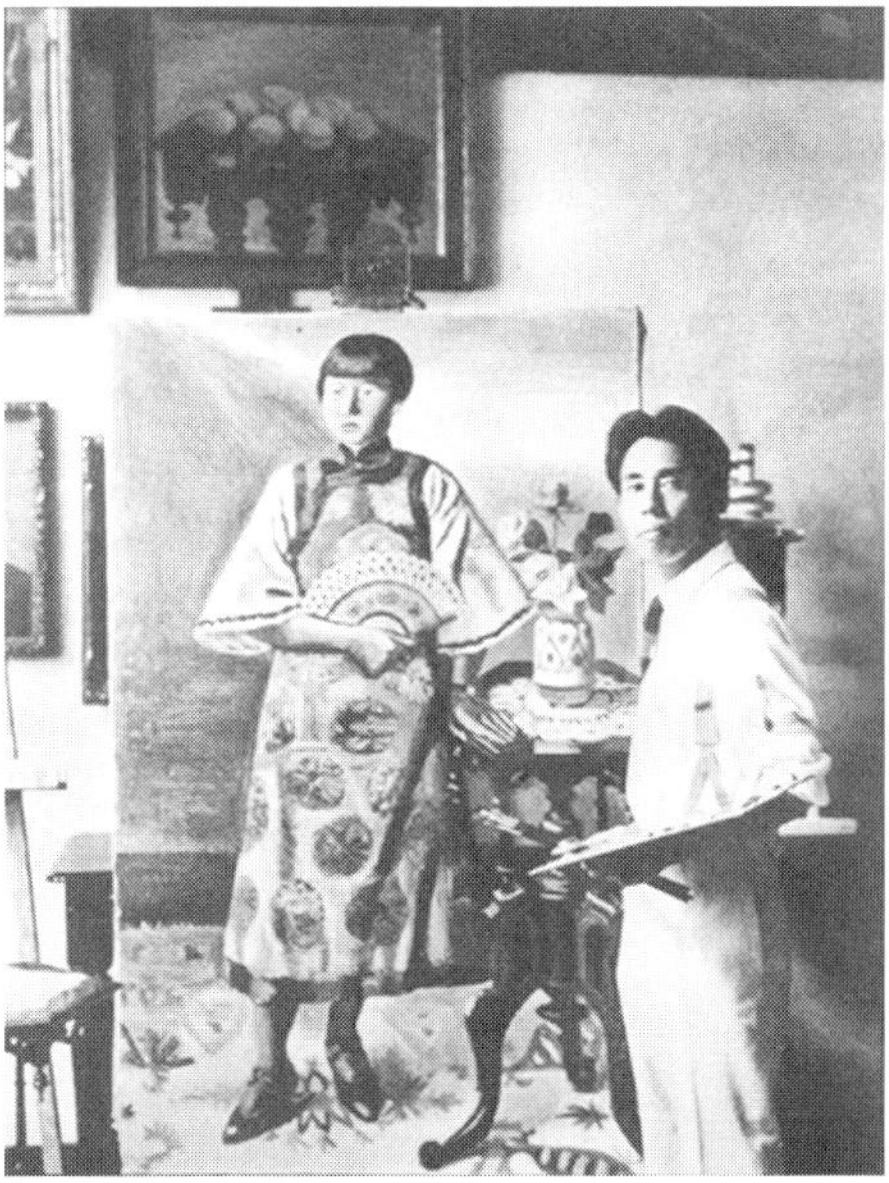

図3　アトリエで周秋蘭立像を制作中の小出楢重、1928（昭和3）年2月頃、芦屋市立美術博物館提供

（6）　長谷川三郎「師小出楢重」『みづゑ』第五一一号、一九四八年五月。

図4　甲南学園長谷川三郎記念ギャラリー、撮影筆者

美術理論を十分に研究し、制作と理論の両面において日本の抽象美術のパイオニアへと成長していった。一九五七（昭和三二）年に五〇歳にしてアメリカで客死した長谷川のあまり多くはない現存作品のうち、約八〇点を甲南大学の母体である学校法人甲南学園が所蔵している。長谷川は小学六年から高校卒業までを甲南小・中・高校で学んでおり、その縁により没後に遺族から寄贈を受けたのだ。甲南高等学校には、長谷川の作品を常設展示する甲南学園長谷川三郎記念ギャラリー（図4）があり、一般にも公開されている。

3　公立美術館による美術家の顕彰

画家個人を顕彰する美術館としては、グラフィックデザイナーとしての活動を神戸で始め、東京に移住して日本を代表する美術家になった横尾忠則の作品と資料を所蔵・保管する横尾忠則現代美術館が灘区に、昭和の時代に活躍した神戸を代表する洋画家・小磯良平の作品を多数所蔵する神戸市立小磯記念美術館が六甲アイランドにある。小磯記念美術館には、小磯が一九四九（昭和二四）年に東灘区住吉山手に建てたアトリエが移築・復元さ

図5　金山平三《メリケン波止場（神戸）》油彩・カンヴァス、1956～60（昭和31～35）年、兵庫県立美術館蔵

れている。同じように、小出楢重の芦屋のアトリエも、芦屋市立美術博物館の庭に復元されている。このような画家の生活と美術館の親密な距離感もまた、阪神間のひとつの特徴であろう。

小出とほぼ同世代で、大正から昭和の戦前期に文展や帝展で活躍した神戸出身の洋画家・金山平三の作品は、その多くが兵庫県立美術館に収蔵されている。アトリエはないが、常設展示室の一室として設置されている金山平三記念室では、画家が生前に使用したパレットやイーゼルが展示されていることもある。日本の風景を深く愛し、神戸だけでなく東北や中部地方、九州など各地の風景を卓越した技術で描いた金山の作品（図5）は、この画家が一九三五（昭和一〇）年の帝展改組を機に中央画壇と距離を置いたために知名度はあまり高くない。しかし、そのぶん多くの作品が画家の手許に遺されており、没後にそれらが遺族から兵庫県に寄贈された。現在の兵庫県立美術館の前身である兵庫県立近代美術館が一九七〇（昭和四五）年に設立されたのは、この金山平三の百点を超える主要な作品の寄贈が大きなきっかけだった。

4　山村コレクションと戦後の前衛美術

兵庫県立近代美術館は、開館から一五年ほど経った一九八六（昭和六一）年に戦後日本の前衛美術の大規模な作品群である山村コレクション（図6）を一括収蔵した。西宮の実業家・山村徳太郎は、一九六〇年代の半ばから、それまでに蒐集していた国内外のモダンアートを徐々に手放し、日本の前衛美術を集中的に蒐集するようになった。「アブストラクトと人間くさい前衛のはざ間」という方針で購入された作品の中には、吉原治良や元永定正など具体美術協会のメンバーや、篠原有司男ら一九六〇年代のネオ・ダダ運動を主導した芸術家たち、杉山知子や松井紫朗など「ニューウェーブ」と呼ばれた一九八〇年代の若手芸術家たちの作品が含まれていた。蒐集を始めた当初から、最終的には公共の場所で展示することが想定されていたため、個人コレクションでありながら、戦後昭和期の前衛美術の主要な動向を追える歴史性を備えていること、広大な空間での展示に向いた大作が多いことが特徴だった。六八作家一六七点の作品を一括収蔵した兵庫県立近代美術館は、それまでの収集方針に加えて戦後の前衛美術の収集を積極的に進め、関西を中心とする戦後美術の流れをたどることができるコレクションを充実させた。特に具体美術協会の作品は、山村が海外に流失していた代表的作品の買い戻しを積極的に行っていたこともあり、山村コレクションを核とする質の高いコレクションが形成されている。

今や世界的な知名度を誇る具体美術協会は、戦前から二科展で活躍していた吉原治良が一九五四（昭和二九）年に阪神間の若手芸術家たちと結成した前衛芸術グループである。吉原の「人のまねをするな」という指導の下で、床に置いたカンヴァスの上を足で滑走し

図6　「集めた!日本の前衛―山村徳太郎の眼　山村コレクション展」会場風景、2019（令和元）年8月3日〜9月29日、兵庫県立美術館提供©The Estate of Jiro Takamatsu, Courtesy of Yumiko Chiba Associates（中央の高松次郎作品）

図7　真夏の太陽にいどむモダンアート野外実験展（白髪一雄《どうぞお入りください（赤い丸太）》）、芦屋公園、1955（昭和30）年7月25日〜8月6日、芦屋市立美術博物館提供

ながら描いた白髪一雄や、瓶に詰めた絵具をカンヴァスにぶつけて描いた嶋本昭三など、斬新なアイディアと作者の身体性や絵具などの素材の物質感が強調される作品や、前衛的なパフォーマンスや鑑賞者参加型のインスタレーションなどの一時的、仮設的な作品が数多く生み出された。具体美術協会の展覧会は東京の小原会館で開催されることが多く、一九五〇年代末からは海外でも頻繁に作品が展示されたが、その活動の初期においては、芦屋美術協会の主催により芦屋川畔の芦屋公園で一九五五（昭和三〇）年に開催された「真夏の太陽にいどむモダンアート野外実験展」（図7）に具体がグループとして参加したり、翌年には同じ場所で「野外具体美術展」を開催するなど、吉原と芦屋の地理的、人的なつながりを色濃く反映していた。屋外という展示環境は、彼らが斬新な仮設的作品や参加型の作品を生み出すための揺籠の地だった。

　山村徳太郎が具体美術協会とともに力を入れて収集した美術家に、西宮を拠点に活躍した津高和一がいる。戦前は詩人として活動していた津高は、戦後になって美術に転じた。柔らかな線と穏やかな色調の抑制された表現による詩的な抽象絵画で独自のスタイルを確立し、国内外で活躍した。山村が戦後日本美術の収集に取り掛かった時、最初に購入した

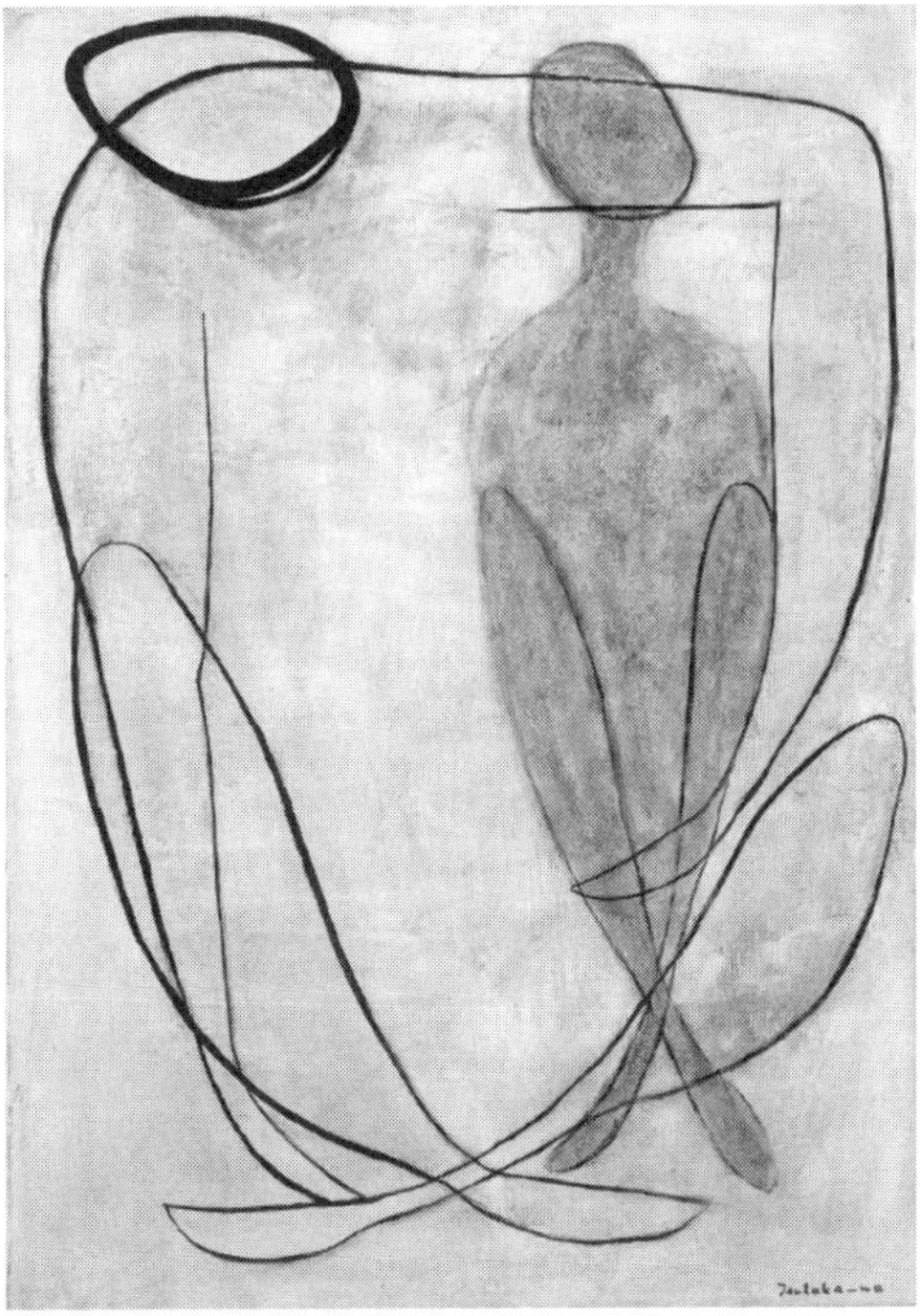

図8　津高和一《母子像》油彩・カンヴァス、1951（昭和26）年、山村コレクション、兵庫県立美術館蔵

記念碑的作品が津高の一九五一年の作品《母子像》（図8）だった。津高が初期の具象絵画から独自の抽象表現へと展開する過渡期の作品で、津高の画業の中でも転換点となる重要な作品だ。山村は自らの居住地と同じ西宮市内にある津高のアトリエを訪れ、直接この作品を入手したという。津高は自宅の庭で個展を開催したり、夙川の河川敷に巨大なテントを設営して「架空通信テント美術館展」を開催して現代美術家の発表の場とするなど、芸術と地域のつながりを大切にし、芸術の社会的役割を強く意識していた美術家だった。

5 阪神淡路大震災と美術家たち

津高和一は、一九九五（平成七）年に起こった阪神淡路大震災で自宅が倒壊して亡くなった。現代の阪神間の美術文化を語る時、この震災の影響を考えないわけにはいかない。震災では多くの死傷者が出たが、犠牲になった芸術家や芸術関係者も少なくなかった。美術品をはじめとする文化財の破損、消失の被害もまた甚大だった。一方、この年が「ボランティア元年」と呼ばれるように、震災とその後の復興のための活動は、多くの人が社会との関係を見つめ直す機会ともなった。美術家もまた例外ではなかった。芸術のための芸術と言われるような、美術の意味を美術の枠内だけで考える浮世離れした高踏的な芸術家像は幻想であり、非常事態の中で、芸術家もまた芸術を通じて社会とつながっていることが強く意識された。生存の危機にさらされる状況の中でも自分がなお芸術と関り続ける意味は何かと、美術関係者は自問せざるを得なかったのである。震災の一ヶ月後、早くも神戸元町の海文堂書店社長で海文堂ギャラリーを運営していた島田誠[7]が、芸術家を支援する基金「アート・エイド・神戸」を立ち上げた。この活動は震災で被災した芸術関係者を支援するためのものだったが、支援を受けた芸術家が避難所や仮設住宅などの被災地で音楽会や展覧会を開くなど、芸術を通じて被災者を勇気づける活動へとつながっていった。その他にも、様々な立場の芸術家たちが、それぞれのやり方で被災地や被災者と向き合い、芸術家として今ここで何ができるのかを考え、取り組んでいった。芸術家たちや美術館関係

（7） 現在はギャラリー島田代表、公益財団法人神戸文化支援基金代表理事、「アート・エイド・神戸」の活動は、島田誠『蝙蝠、赤信号をわたる―アート・エイド・神戸の現場から』神戸新聞出版センター、一九九七年、島田誠「芸術文化による復興とその支援策」『災害対策全書 三（復旧・復興）』ひょうご震災記念二一世紀研究機構災害対策全書編集企画委員会、二〇一一年などを参照。

者の連携による取り組みも様々に行われた。[8]

震災後の芸術家の連携が現在まで目に見えるかたちで続いているものとして、「芸術と計画会議（C.A.P.）」の活動を紹介しておこう。[9] C.A.P.はもともと、震災前年の一九九四年に杉山知子や藤本由紀夫など神戸に活動拠点を置く芸術家たち一一名によって設立されたグループである。この頃、神戸市が計画していた美術館設立プランが明らかになり、その旧態依然とした美術館像に異議を申し立て、時代に即した市民のための美術館の在り方を提案しようとする芸術家たちのワークショップのようなものが出発点だった。翌年に震災が起こると、神戸の姉妹都市であるフランスのマルセイユ市で、現代音楽家バール・フィリップスが中心となって義援のためのプロジェクト「アクト・コウベ」が開催された。彼らはそこで集まった義援金を神戸の芸術家グループに届けたいと考え、その受け口になったのがC.A.P.だった。[10] 彼らはこの義援金を使って一〇月にアートイベント「CAPARTY vol.1」を開催（図9）し、その後も市民の寄付によって活動を継続していった。市内でのアートイベントやワークショップ、海外の芸術関係者を招い

図9　CAPARTY vol.1パフォーマンス風景、1995年10月28日、ジーベック、C.A.P.提供

（8）ここでそれらを網羅的に紹介することはできないが、たとえば、震災直後の一九九五年二月に全国美術館会議、文化庁、国立美術館が中心となって発足した美術作品救援隊が芦屋市の中山岩太写真スタジオで行ったレスキュー作業などを挙げることができる。詳しくは、兵庫県立美術館発行『震災から五年　震災と美術―1・17から生まれたもの―』展図録、二〇〇〇年を参照。

（9）詳しくは、C.A.P.のウェブサイトを参照のこと。https://www.cap-kobe.com/index.html（二〇二〇年一二月三〇日）

（10）神戸市沖の人工島ポートアイランドで現代音楽や世界音楽の先進的なイベントを行い、世界的な注目を集めていたジーベックホールのディレクターだった下田展久（現在はC.A.P.代表）がフィリップスとC.A.P.の仲介役となった。

た講演会などを繰り返し、一九九九年からは神戸市中央区山本通の旧神戸移住センターの建物を拠点として活動を続けている。[11] C.A.P.の活動は、その出発点において海外の芸術家グループとの交流が大きな意味を持っていたように、その後も海外で同じような活動を行う芸術家グループと盛んに交流を続け、C.A.P.に関わる芸術家の海外派遣や海外からの芸術家の招聘を積極的に行っている。このグローバルで親密な草の根のアート・コミュニティは、滞在した海外の芸術家からも極めて高い評価を受けている。[12]

C.A.P.は神戸の現代芸術のネットワークにおいて中心的な役割を果たしている。この組織が芸術家たちを引き寄せるのは、人と人の距離の近さだろう。この窓口を通して芸術の世界に踏み込むと、地域で行われている様々な芸術活動が日々の生活と地続きであることが実感される。そしてこれは、振り返ってみれば阪神間に芸術家たちが住み、人々が親しく彼らと交わって活動を支えた最初期の頃から続く、この地域の気風なのではないだろうか。

もちろん、若くして阪神間を離れて東京や海外に拠点を移して活躍した美術家も多い。パリで活躍した菅井汲、今もパリと阪神間を往来する松谷武判、デュッセルドルフを活動拠点とする植松奎二らはその代表格である。日本画については、村上華岳や東山魁夷など神戸で幼少・青年期を過ごした画家も多いが、健康上の理由で後半生を芦屋、神戸で過ごした華岳を除けば、その多くは京都、東京で活動している。紙幅の関係でそのような美術家たちに触れることはできなかったが、阪神間を離れた美術家たちの多くも、時に地元で展覧会を開催したり、地元の美術館に多くの作品が展示されたりしており、この地域とのつながりが今も継続していることが感じられる。このような美術の身近さこそが、この地

(11) 二〇〇二年には特定非営利活動法人となり、二〇〇九年からは建物を神戸市が神戸市立海外移住と文化の交流センターとしてリニューアルオープンしたのを機に、同施設の指定管理者の一員となっている。

(12) 近年の注目すべき取り組みとして、アラブ首長国連邦、ドイツ、フィンランドのアート・コミュニティと共同で行った「See Saw Seeds」がある。詳しくは、下田展久、エルフィ・マデレイン・カール、ポール・ベネエ編『See Saw Seeds Book』C.A.P.（特定非営利活動法人芸術と計画会議）、二〇二〇年を参照。

域の特徴であり魅力でもある。

〔参考文献〕

芦屋市立美術博物館編『知られざる画家 上山二郎とその周辺』展図録、芦屋市立美術博物館、一九九四年
芦屋市立美術博物館、芦屋市谷崎潤一郎記念館編『開館十周年記念 小出楢重の素描　小出楢重と谷崎潤一郎―「蓼喰ふ蟲」の世界―』展図録、芦屋市立美術博物館、芦屋市谷崎潤一郎記念館、二〇〇〇年
京都国立近代美術館、京都新聞社編『没後七〇年記念　小出楢重展』図録、京都新聞社、二〇〇〇年
島田誠『蝙蝠、赤信号をわたる―アート・エイド・神戸の現場から』神戸新聞出版センター、一九九七年
下田展久、エルフィ・マデレイン・カール、ポール・ベネエ編『See Saw Seeds Book』C.A.P.（特定非営利活動法人　芸術と計画会議）、二〇二〇年
西宮市大谷記念美術館、池上司編『生誕百年　津高和一：架空通信展』図録、西宮市大谷記念美術館、二〇一一年
長谷川三郎『画・論＝長谷川三郎』乾由明編、三彩社、一九七七年
「阪神間モダニズム」展実行委員会編著『阪神間モダニズム』淡交社、一九九七年
兵庫県立近代美術館編『大阪・神戸のモダニズム一九二四～一九四〇展』図録、兵庫県立近代美術館、一九八五年
兵庫県立近代美術館編『関西の美術1950's～1970's』展図録、兵庫県立近代美術館、一九九四年
兵庫県立美術館、江上ゆか、鈴木慈子編『集めた！　日本の前衛―山村徳太郎の眼　山村コレクション展』図録、兵庫県立美術館、二〇一九年
兵庫県立美術館、西田桐子編『日本の印象派・金山平三』展図録、兵庫県立美術館、二〇二一年
平井章一、江上ゆか他編『震災から五年　震災と美術―1・17から生まれたもの―』展図録、兵庫県立近代美術館、二〇〇〇年
吉原治良研究会編『吉原治良研究論集』吉原治良研究会、二〇〇二年

column

神戸とファッション

栗田宣義

神戸はおしゃれな街だ。関西圏の三都、京都・大阪・神戸を服飾化粧美容の観点から眺めると、雅なジャパネスクが魅力の京都は別格だが、古くは有数の繊維問屋街を擁した船場や近年では古着屋等で若年層を上手に取り込んだアメリカ村を有する大阪が優位に立つようにも見える。だが、神戸もまんざら捨てたものではない。三宮元町界隈、とりわけ、JR神戸線の南口、旧居留地から海岸通りに抜ける一角は、ルイ・ヴィトン、プラダ、ドルチェ&ガッバーナ、グッチなどラグジュアリーブランド平面店が立ち並ぶ関西随一のおしゃれストリートである。大丸神戸店一階、オープンテラスカフェには、著名な芸能人やセレブたちが東京から足を運び、訪れるほどだ。大阪がファッションを「商う」街であるのに対して、神戸はファッションを「見せる」「魅せる」街なのだ。

いにしえの大輪田泊、兵庫津は開国以降、昭和末までには東洋最大の港に発展し、生田神社際の集落神戸《かんべ》は国際貿易都市神戸《こうべ》へ変貌した。神戸駅は鉄道史に冠たる東海道本線の終点であり、首都の玄関口、東京駅と同格とも云える。近年には、人口島ポートアイランド沖合に神戸空港も設けられた。貿易物流の結節点、交通の要衝、珈琲・紅茶・洋菓子等西洋発消費文化の輸入窓口でもあり、世界に開かれた神戸は、ファッションを「見せる」「魅せる」のに頗る相応しい。

半世紀ほど時を遡るのならば、若年層女性における服飾化粧美容を語る上で、特筆すべき「事件」がある。一九七〇年の『an・an』(平凡出版→マガジンハウス、その後、情報誌に転換)、その翌年の『non-no』(集英社)。七〇年代の若者世代の消費文化、ライフスタイル、ファッション革命をリードしたアンノン族御用達の両誌創刊である。七五年には『JJ』(光文社)の前身となる『別冊女性自身』も創刊される。従前の服飾誌が裁縫型紙を付録したド

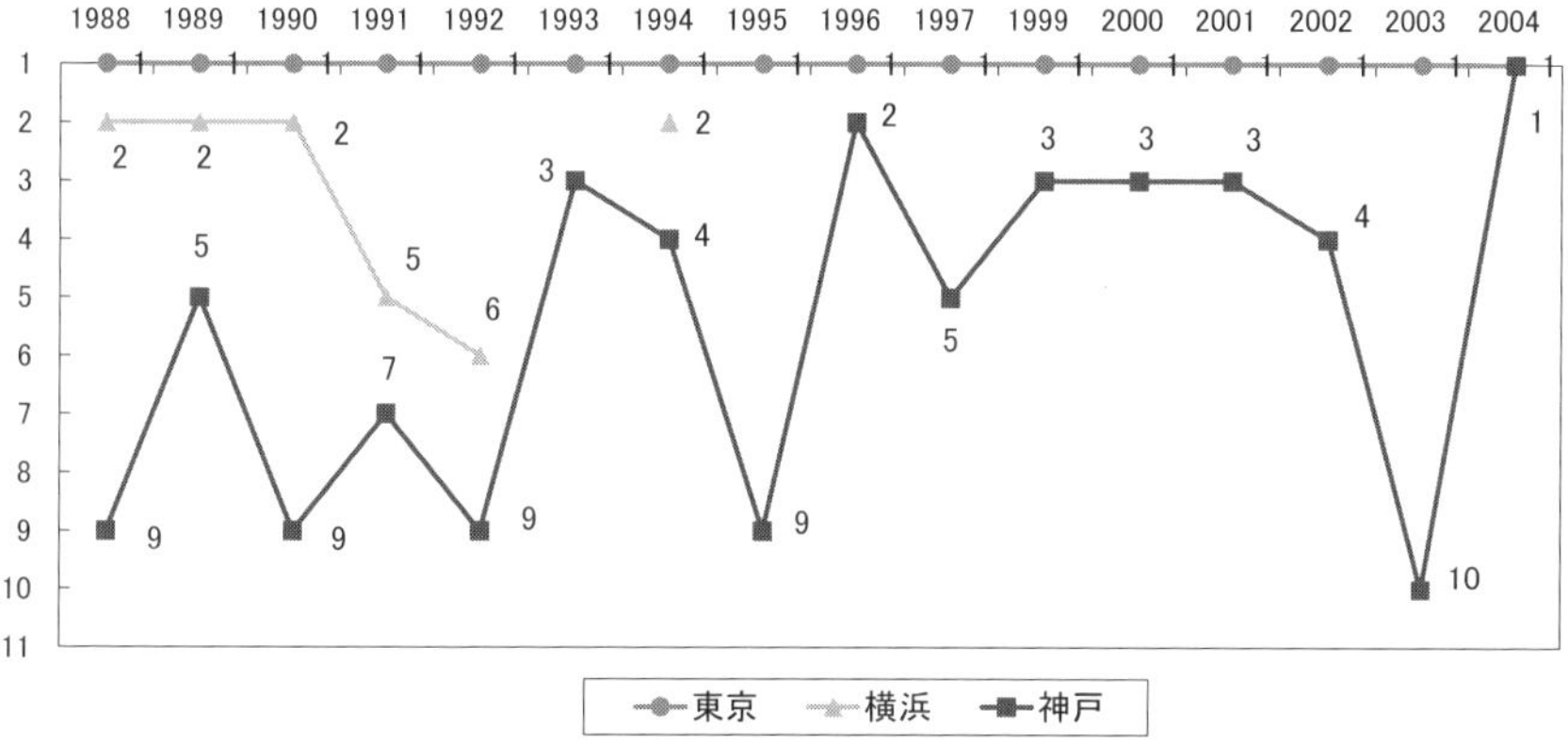

図1　拙稿「モードからストリートへ」『ソシオロジスト』、第9号、2007年、横軸は西暦年、縦軸は順位。大阪は原図から割愛し東京・横浜・神戸を示した。

写真2　『JJ』1979年7月号の目次（部分）

写真1　『別冊女性自身』1975年6月創刊号、表紙に「特集ニュートラ 横浜・神戸・東京・大阪」の文字が躍る。

レスメイキングつまり「作る」ための媒体であったのに対して、『non-no』『JJ』、これらに続く『CanCam』(小学館)『Ray』(主婦の友社)などは製作供給ではなく「見せる」「魅せる」消費に特化したファッション誌なのである。現代日本の服飾化粧美容の原点は、これらファッション誌の創刊にあると云われている。その嚆矢『non-no』では、バブル期から今世紀初頭にかけては、誌面における他の全国有力都市と較べた場合、神戸の有する記号価値(服飾化粧美容の「見せる」「魅せる」価値)は低くはなく、東京・大阪に次ぎ三位以内に収まることもあった(図1)。不動の首位東京には及ばないものの、ニュートラのもう一つの旗頭、九〇年代までの横浜と肩を並べる有力な地位を占めていたことが誇らしい。

『別冊女性自身』(『JJ』)は創刊当初から神戸ファッションを意識していた(写真1)。当時の流行、ニュートラの一種を指す「神戸トラディショナル」がそれだ。三宮元町あたりの街角を闊歩する、品良くロングヘアを整え、きちんとアイメイクを施し、瀟洒なコスチュームを纏った所謂、神戸風ニュートラOLを中心とした女性たちを、誌面で頻繁にとりあげている。これに加えて、甲南女子大学や甲南大学へ通学する学生たちが利用する阪急岡本駅、JR摂津本山駅、甲南山手駅近辺には、おしゃれ感度の高い若者たちが多く、キャンパスファッションも人気記事の一つだった(写真2)。誌面では、渋谷、心斎橋、四条河原町などと並ぶかたちで、三宮・岡本・芦屋とあり、特集の一角を占めていたのだ。現代日本の服飾化粧美容における転換点となった「見せる」「魅せる」ムーブメントに、神戸トラディショナルや神戸の女子大学生たちが大きく係わっていたことは誠に感慨深い。

〔参考文献〕
栗田宣義『メイクとファッション』晃洋書房、近刊
難波功士『創刊の社会史』筑摩書房(ちくま新書)、二〇〇九年

第3部

近代とアジア

梁啓超と神戸

稲田清一

はじめに

神戸と言えば、辛亥革命の指導者・孫文（一八六六〜一九二五年）との深いつながりはよく知られている。孫文は、一八九五年に立ち寄ったのを皮切りに、生涯に二〇回近く神戸を訪問した。一九一三年三月の来神時に歓迎会が開かれた中華会館（現在は神戸中華同文学校となっている）、最後の訪問となった一九二四年一一月、著名な「大アジア主義」の講演が行われた神戸高等女学校講堂跡（現在の兵庫県庁第一号館の地）には、その足跡を記念するプレートがはめ込まれている。また、孫文が訪問した神戸華僑・呉錦堂の別荘にあった「移情閣」は、現在、舞子公園内の孫文記念館として利用されている。大倉山公園には、孫文生誕一〇〇年を記念して在神華僑により整備され神戸市に寄贈された孫文の胸像が建つ。

一方、孫文と同時代を生き、中国の近代史に孫文に劣らない大きな足跡を残した梁啓超（一八七三～一九二九年）が、約六年間、神戸の須磨に住んでいたことは、専門家を除けば、あまり知られていないし、神戸に滞在したことを記念するモニュメントなども見かけない。梁啓超は、高校の世界史教科書などでは変法運動の指導者の一人として登場するが、そもそも孫文ほど日本における知名度は高くない。本章では彼の神戸における足跡をたどるが、その前に略歴を紹介しておこう。

図1　梁啓超（丁文江・趙豊田編『梁啓超年譜長編』第2巻 島田虔次編訳　岩波書店2004年）

一八七三年、広東省新会県のそれほど豊かとはいえない「半耕半読」（半ば農民、半ば読書人）の家に生まれた梁啓超は、神童の誉れ高く一七歳で郷試（省レベルの科挙試験）に合格して挙人となり、やがて孔子の教えに即して中国の改革を説く康有為に師事した。その後は康とともに変法運動にたずさわり、一八九八年の変法維新に参画するが、西太后派のクーデタ（戊戌の政変）により政治犯として追われる身となり日本に亡命した。亡命後は東京・横浜を拠点に日本文を通して新知識の獲得につとめ[1]、清朝を立憲的な国民国家に改造しようと、横浜で『新民叢報』という政論誌を刊行し、精力的に論文を寄稿するかたわら、東南アジアやオーストラリア、北アメリカを訪問して現地華僑からの支援を募った。『新民叢報』は清国内にも逆輸入されて、雑誌をかざった「文明」「自由」「新民」「国民」「中国」など、梁啓超によって新たな意味を吹き込まれた用語は、梁の「流麗の文章」とあいまって、当時の思想界にパラダイムの転換をもたらしたとされる。その論説文は、のちの中国を作ることになる青年たち、若き日の胡適や毛沢東などに大きな衝撃をあたえた。一九一二年の帰国後は、中華民国の司法総長・財務総長（それぞれ法務相・財務相に相当）を歴任するなど現実政治に深く関与したが、一九二〇年には政界から遠ざかり、以後は執筆や教育活動に取り組んだ。一九二九年、五七歳で北京に没した。

（1）梁啓超は、漢字をてがかりに日本文を解釈する、日本の「漢文訓読」を逆にした「和文漢読」法を自らも実践し推奨した。梁には日本語速習法を解説した『和文漢読法』なる編著もある。

1　神戸への転居と麦少彭

亡命中の前半には東京・横浜を拠点に活動していた梁啓超が、神戸に居を移したのは一九〇六年一一月のことであった。その前後の梁をとりまく情勢を振り返ってみよう。

転居の前年、一九〇五年八月、満洲王朝を打倒して共和国を建設しようと主張する孫文ら革命派が大同団結して東京で中国同盟会を結成した。一一月にその機関誌『民報』が創刊されると、立憲君主を主張する梁啓超らの『新民叢報』との間で激烈な論戦がくり広げ

図2　麦少彭（横田健一『日本のマッチ工業と瀧川儀作翁』同書刊行会、1963年、91頁）

られた。革命派と清朝政府、腹背に敵を負った梁啓超は、革命派との論戦から少しく距離を置きたいと考えたようだ。『民報』との仲介を望む書簡が残されている。

　一方の清朝政府は、遅まきながら立憲制の採用に向け準備をはじめた。一九〇五年七月、五人の大臣に憲政視察を命じたのである。視察団は年末に上海を発ち、欧米・日本などを訪れ、翌年七月には帰国しているのだが、その視察報告書を執筆したのは、なんと政治犯として日本に亡命中の梁啓超であった。憲政に最も詳しい中国人として白羽の矢が立てられたのであろう、視察団随行員の一人、のちに中華民国の総理をつとめる熊希齢が、密かに来日し旧知の梁啓超に代筆を依頼したのである。清朝はこの報告をふまえて、一九〇六年九月一日に「予備立憲」（立憲準備）の上諭を発布した。

　こうして政府上層部とのコネクションを得た梁啓超は、宣伝・啓蒙の言論活動から憲政実現に向けた実際的な働きかけへと活動の重心を移したいと考えたのではないだろうか。喧しい革命派との論戦から一定の距離を置き、かつ中国の沿海都市とも直接往来できる地、そして横浜と同様多くの華僑が暮らし、活動や生活上で便宜が得られる場所、それが神戸であった。実際、梁啓超に住まいを提供したのは、神戸華僑の中心人物の一人、怡和号という商社を経営する麦少彭（一八六一〜一九一〇年）なる人物であった。

麦少彭は広東省南海県（一説に三水県）生まれ。父麦梅生は神戸開港の年に長崎から来神、書籍や海産物などを商ったという。少彭は二〇歳のころに来日し、マッチ王と呼ばれることになる滝川弁三からマッチの代理販売を委託され、中国向けの輸出で発展した。一九〇二年の統計によると、麦少彭の怡和号のマッチ輸出額は一一〇万円余り、神戸華商のマッチ輸出総額の四一パーセント強を占め断然トップであった。関帝廟（中山手通七丁目）の創建や中華会館（当時、中山手通六丁目）の法人化に参画するなど、神戸華僑の中心として活躍した。一九〇一年には日本国籍を取得している。『官報』によれば、住所は「神戸市栄町二町目十二番」とある（今の南京町の南西方）。怡和号の所在地である。[2]栄町通りは神戸きってのビジネス街であった。このほかに麦少彭は別邸として、生田神社の西隣に「留春別墅」、須磨に「怡和別荘」を所有していた。留春別墅の庭園はとりわけ名高く、訪れた清朝の皇族も絶賛したという。

麦少彭と梁啓超の出会いは一八九九年に遡る。この年五月、来神した梁啓超は中華会館で講演し、華僑の子弟のための学校設立を働きかけた。これに応えて設立に奔走したのが麦であった。翌年三月、中山手通三丁目に今の神戸中華同文学校の前身となる華僑同文学校が開校した。麦少彭は「総理」（理事長）として学校の運営に尽力した。

一九〇七年一月、立憲政治の開始に備え政党設立を相談する書簡のなかで、同志に宛てて梁啓超は次のように書き送っている。

（2）一九一〇年刊行の『神戸清商外商営業須知』（日華新報社）には怡和号について、「栄町通二丁目／営業主　麦少彭／営業　輸出―燐寸、雑貨其他種々　輸入―米穀、綿花及各種天産物／取引先　香港、新嘉坡〔シンガポール――引用者〕」とある。

「私は近ごろ邦人の一廃園に仮住まいしており、神戸からおよそ八十里離れています。千本の松林、海に臨む小楼、じつにひっそりとした静かなたたずまいです。・・・（現在の住まいは兵庫県須磨村の怡和別荘です。こちら宛てにお便り下さい）[3]」

ここで「邦人」とは麦少彭のことであり、梁啓超は前年一一月より須磨にある彼の別荘、怡和別荘に滞在していたのである。後述するように、それは現在の須磨水族園、海浜公園のあたりにあった。山を背に海に臨み、海濤（波の音）と松濤（松風の音）をともに聞くことのできるこの別荘を、梁啓超は双濤園と名づけたという。書簡では触れられていないが、このとき梁啓超は妻子を伴っていた。梁啓超は一八九九年、マカオから東京に妻と長女を迎えたのだが、須磨に転居するまでに長男と次男が生まれている。転居の後、帰国するまで梁啓超一家は神戸に暮らし、さらに三子が加わるのである。

ところで、梁一家が暮らしていたころの須磨はどんな様子だったのであろうか。

(3) 光緒三二年一二月二〇日「蔣観雲先生あての書簡」（丁文江・趙豊田『梁啓超年譜長編』第二巻二八三頁）。

2　二〇世紀初めの須磨

先の梁啓超の書簡にもあったように当時の須磨はまだ村（武庫郡須磨村）であった。住民の多くは農民、海岸では漁業を営むものもあった。神戸市に編入されるのは一九二〇年のことである。しかし、一八八八年、山陽鉄道（当時は私鉄、一九〇六年国有化）兵庫・明石間が開通し、須磨停車場（現在のJR須磨駅）が開業すると、都市近郊の保養地、行楽地、住宅地として発展しはじめる。

ここに一九〇四年に出版された『須磨案内』（以下『案内』と記す）なる観光ガイドの小冊子がある。須磨の行楽地化が進んでいた証であろう。これによって、梁啓超一家が暮らしていた二〇世紀初頭の須磨村を瞥見してみよう。

『案内』は須磨停車場を起点として、まず西に向かう。現在の須磨浦公園方面を指して、

「〔一の谷〕川を渡れば右は古松の森林にして左は清き海辺なり、白砂青松、風光明媚、須磨の勝景は実にこの地を最とす」（〔 〕は引用者による補足。また漢字・仮名遣いは当用のものに改め、適宜、句読点を追加した。以下同じ）

という。さらに西に進み安徳天皇内裏跡を過ぎると、

「二の谷と三の谷との間の松樹の中に隠見するものは保養院なり、海水温浴場をも設備したる高等の旅館なり。保養院の上にある宏壮の建築物は須磨療病院なり、医学士鶴崎平三郎氏の創建する所にして専ら呼吸器病者を収療し、其の名声は既に世の定評あり」

と、日本最初の結核療養サナトリウムとして一八八九

図3　須磨公園（絵葉書　甲南大学図書館蔵）

年に開院した須磨浦療病院（現在の須磨浦病院の前身）を紹介する。日清戦争から帰国した正岡子規もここで治療を受け、「暁や　白帆過ぎ行く　蚊帳の外」などの句を残している。『案内』はこのあと摂津と播磨の国境である境川まで行き、停車場に引き返す。

続いて停車場より東側については、まず北に向かい、その後は時計回りに順路をとる。いくつかの旧跡や寺社を経て須磨寺に達し、「平敦盛の首塚」以下、寺に伝わる名所・遺物を列挙したあとに、

「近来、境内外に桜・梅などを植えて遊園地とし、又広き運動場をも設けて散策の好適地たり」

と記している。須磨停車場開業後、須磨寺の整備が進められた。『源氏物語』に登場する銘木「若木の桜」にちなみ、寄付を募って境内に一〇〇〇本を超す桜を植樹したという。また、『案内』にはないが、阪神間から須磨にかけての自然環境は園芸栽培に適し果樹園芸場が多かった。須磨村にも桃樹で名高い「百々園《どど》」という果樹園があり、開花期には園内に茶店を設け、来園者を誘ったという。こちらは『案内』の出版された後のことだったのかも知れない。

さて『案内』は、須磨寺の山門から東北の月見山を眺めたあとは南に下り、松風村雨堂などを経て綱敷天神にいたり、

「其の南は則ち海岸にして松樹多し、海風に応じて其の枝多く東方に向えり、之を磯《そ》

馴松《なれまつ》という。この間、富人の別荘多し、而して大阪住友家の別荘は其の建築最も完備したりとの称あり」

と述べ、最後は須磨の土産物の紹介でこの項を締めくくっている。

風光明媚で温暖な気候の須磨は、鉄道の開通とともに関西の「富人」たちの注目するところとなり、別荘地として発展しつつあった。兵庫県農工銀行頭取の九鬼隆輝や大阪財界重鎮の藤田伝三郎をはじめ、紡績業の阿部房次郎・外海銕太郎、造船業の山下亀三郎・川崎芳太郎、マッチ業の滝川弁三、酒造業の辰馬悦三らが私邸を構えた。また、イギリス人技師ジョン・ホールら外国人が多く住んだ一の谷の高台は、通称異人山と呼ばれたという。『案内』に出てきた住友邸は、中之島に今も残る大阪府立図書館を設計した野口孫市の手にかかるビクトリアン・コロニアル様式の西洋館であった。一九〇三年竣工の後、第二次大戦で焼失するまで、内外の要人が立ち寄る関西の迎賓館としての役割をはたしたという。現在は須磨海浜公園内に北側の石造門柱と南側にあった石造腰壁の一部が残っている。

図4　住友家須磨別邸　日高胖編『野口博士建築図集』（1920年）

麦少彭が梁啓超一家に提供した怡和別荘は、この住友邸の東側、滝川邸と並んで建てられていた（地図参照。図中の右下、「麦邸」とあるのがそれである）。

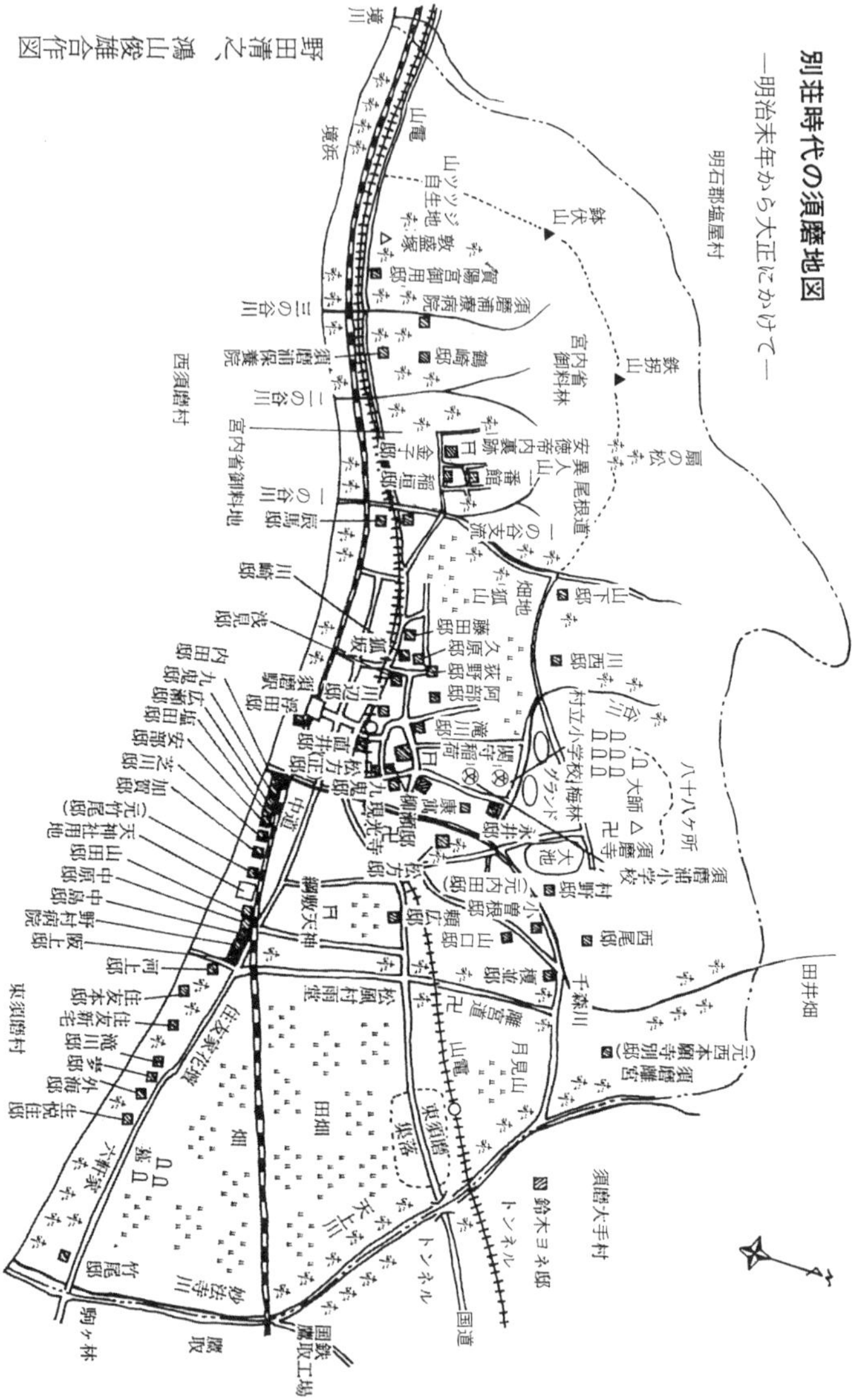

図5　別荘時代の須磨地図（『日華月報』第229号）

今の須磨海浜水族園のあたりであろうか。

なお『案内』が刊行されたころには、浄土真宗第二二代門主大谷光瑞がインド・中央アジア探検で収集した資料の整理と研究を行うために、月見山に約三万三〇〇〇坪という広大な敷地を確保して別邸の建設を進めていたはずである。しかしこの月見山別邸を含む一帯はほどなく宮内省によって買い上げられ、離宮が造営されることになる。一九一二年に着工され、二年後に竣工した武庫離宮である。大正天皇、昭和天皇はじめ「満洲国皇帝」溥儀などが訪れた。離宮は空襲で焼失し戦後はアメリカ軍の射撃場とされたが、独立の回復後は神戸市に払い下げられた。現在は須磨離宮公園として整備され市民に親しまれている。大谷光瑞は月見山別邸売却の下附金で六甲山麓の岡本村（現神戸市東灘区）に新たな土地を購入し「二楽荘」を建設した。

第一次世界大戦中の好景気により、須磨の別荘はさらに増加するが、当時の建物はほとんど残っていない。一九一九年に貿易商西尾類蔵によって建てられ、現在は結婚式場・レストランとして利用されている旧西尾邸が、往時の別荘文化の雰囲気を今に伝える唯一の建物であろう。

さて、『案内』の著者は当時の須磨村を「須磨の地は便利の地なること」として以下のようにまとめている。少し長いが引用しよう。

「近来須磨の良地なること追々世間に知られ、転住の客日に多く、戸口増殖し、諸般の便宜益々開けたり。其の交通機関は須磨郵便電信局あり、山陽鉄道の須磨停車場あり、神戸は勿論、大阪・京都の如きも朝夕往復、其の用を達すべし。又電話あり、電灯をも取付くることを得べし。海岸は波静にして船舶の便あり。日用需要品の如きも大抵備わらざることなく、殊に明石の鯛の如き神戸の牛肉の如き、之を併得するの便あり。其の他、土地の漁業も盛なれば鮮魚に饒《ゆた》かなり。牧畜亦《また》開けて牛乳・羊乳も新鮮なる供給を受くべし。要するに山海清秀の勝地に在りて、市街熱閙地〔繁華街〕の便宜を兼ねたるものというべし」

都会の喧噪からは逃れられ、都市生活の利便性は備わっている。亡命者家族が生活するにも適地であった。「転住の客」すなわち別荘居住者が増加したのにともない、その子女の教育機関として、一九〇二年には既設の村立小学校とは別に私立の須磨浦尋常小学校〔現須磨浦小学校〕が開設された。梁啓超も次男をここに通わせている。地元民からは「別荘学校」「ぼんぼん学校」などと呼ばれたというが、別荘住民にむけられた複雑な思いがうかがわれる。このころの須磨は、旧来の農漁村の生活とモダンな別荘文化が交錯する場であった。

3　双濤園の梁啓超

一九〇六年一一月に須磨に移った梁啓超は、立憲政治の実現に備え新たな政治結社の結成準備に邁進する。翌年六月には二週間ほど密かに上海へも赴いたらしい。「啓超《わたし》は数カ月来、上海、神戸、東京の間を奔走し、ほとんど暇がなく」と師の康有為へ書き送っている。(4) それは国会の実現を綱領に掲げる政聞社として結実した。政聞社は一九〇七年一〇月、東京で成立大会を開き、機関誌『政論』を創刊、同年末には国内での運動推進のため本部を上海に移している。この時期の梁啓超は活動資金の調達に腐心しているが、神戸華商・呉錦堂から寄付金二万元があったことを報告する書簡も残されている。

しかし一九〇八年は一転して梁啓超にはつらい年となった。五月、清朝政府の禁令によって政聞社は活動停止、解散に追い込まれたのである。加えて六月には、支援者の麦少彭が、鐘紡株の取り引きの失敗、および麦が保証人となっていた横浜正金銀行買弁が横領事件を引き起こしたことから、経済的な破綻に瀕していることが表面化した。当面の破産は免れたものの、麦少彭は再起を期して七月には香港・東南アジアに向けて旅立った。これ以後一九一〇年まで梁家の家計は相当苦しかったようだ。友人や親族に送った書簡に「金儲けのための本を書いている」、「飢えに迫られて、売文稼業で生活を立てざるを得ず」、「一年来節約してきたが、〔長女〕思順の学校まで辞めさせた」などと自嘲気味にしたためている。だが一方では「著述に力を入れておりますが、それは雌伏の時にあっては当然のこと」、「中国はいま国を挙げて私を見捨てているが、いつかきっと骨の折れる任務を私に委ねる日が訪れるだろう」とも記し、政治活動への抱負と自負をなくしてはいない。(5) なおこの年一一月には、かつて梁啓超が希望を託した光緒帝が崩御し、続いて西太后も亡くなった。

梁啓超は、一九一〇年に「双濤閣時事日記」と題して、この年の旧暦正月と二月の日記を雑誌に発表している。(6) ここから「雌伏の時」における須磨村での生活の一端をうかがうことができるが、この時期は金銭的には不如意でも時間的には比較的余裕のある、家族ともゆっくり過ごせた期間でもあったようだ。

(4) 光緒三三年六月八日「南海夫子大人あての書簡」(丁文江・趙豊田『梁啓超年譜長編』第二巻三三一頁)。

(5) それぞれ宣統元年九月二三日「仲弟あての書簡」(丁文江・趙豊田『梁啓超年譜長編』第三巻八五頁)、宣統元年八月一一日「徐仏蘇我兄あての書簡」(同前八六頁)、宣統二年二月二六日「仏蘇先生あての書簡」(同前一〇九頁)、光緒三四年「仏公あての書簡」(同前五六頁)、宣統元年七月一八日「仲弟あての書簡」(同前八四頁)。

(6) 梁啓超の著作を集成した『飲氷室合集』(中華書局影印版 二〇一一年)第七冊の「飲氷室専集之二十九」に「双濤閣日記」として所収。

“双涛园群童”1908年摄于日本。思顺（后排最高者），思永（思顺前），思庄（中间椅子中最年幼者），思成（右一），思忠（右二坐椅中）。

図6　双濤園群童（『梁啓超和他的児女們（第二版）』38頁）

日記によれば、所用で神戸に赴くことはあったがそれほど頻繁ではなく、来客はまれであった。朝は遅く、しばしば昼過ぎに起床すると、まず臨書をし、その後に新聞を読む。毎日数条の記事を取り上げ、それについて論評するのがこの日記の主眼であった。日記ではこの部分に多くの字数が費やされている。対象は中国国内の動向ばかりではなく、欧米や日本の出来事にも及ぶ。次には各地の同志らとの連絡のしごとにとりかかる。おもに書簡のやりとりだが、その中には中国の知識人らしく詩の応酬なども含まれる。まとまった著述はこれらすべてを終えてからはじめられるのである。執筆は明け方まで及ぶこともあり、十二時前に就寝することはほぼなかった。

こうした普段の日課のあいまには、このころ近くに居たらしい旧知の友人と頻繁に往来して話し込んだり、しばしば知人や家族と「葉子戯」（麻雀のことかと思われる）に興じたこと、家族で須磨寺に梅見に出かけたことが記されている。自身の誕生日（旧暦の正月二六日）前後に妻方の甥が一週間ほど双濤園に滞在していた折には、みなをうち連れて大阪まで観劇に赴いてもいる。

前にも少し触れたが、梁啓超は亡命後、一八九九年にマカオから東京に家族を呼び寄せていた。正妻の李蕙仙・長女の思順らである。その後須磨への転居以前に長男と次男、さらに転居後、日記の時期までに三男と次女をもうけている。双濤園ではこのほかに親戚の子も数人いっしょに養育しており、多くの子どもたちに囲まれた暮らしであった。梁啓超はこれらの子らを「双濤園群童」と呼んでいたという。日本語と中国語をあやつり、和服を着て下駄履きで走りまわる「群童」により、当時の双濤園はたいへん賑やかだったらしい。やや年長の子らは汽車に乗って神戸にある華僑同文学校に通った。一九〇一年生まれの長男思成もその一人であった。次男思永（一九〇四年生まれ）が村内の「別荘学校」須磨浦尋常小学校に学んでいたことは前述した。

長女の思順は、一八九三年生まれだというから当時は今の高校生くらいの年頃であった。東京時代に下田歌子の学校に学び、立派な日本語を話したという。このころは啓超の身辺にあって私設秘書兼通訳の役割を果たしつつ、習字や作詩、作文の指導を父から親しく受けたという。文章の練習のために思順がつけていた日記を添削したことが、「双濤閣日記」

中にも毎日のように見えている。梁啓超は教育熱心な父親でもあった。

この間にも清朝の政局はめまぐるしく転変した。一九一一年七月のある夜、政治犯特赦の電報に接したという知らせを持って、朝日新聞の記者が双濤園を訪れた。折節、前月に来日してしばらくの間双濤園に寄寓していた康有為ら数人の同志と十六夜の月を眺めながら庭で語りあっていた梁啓超は、記者の「此報導真ならば」との日本語での問いかけに、

「令嬢を顧みて曰く、予は十幾年故国を亡命して以来、此須磨に滞在し、殊に此月には無限の慰籍を与えられたり。此度特赦に依り帰国するを得るに至ることは吾々の素意なれども、生来多情なる予は此の月を棄てて故国の国事に従うは又忍びざるところなり」

と述べたという。[7] この「令嬢」とはおそらく思順であり、彼女が通訳もしたのであろう。月にこと寄せて語られた須磨での生活にたいする梁啓超の感懐は、日本の記者へのリップサービスばかりではなかったであろう。ただしこの特赦の報は誤りであった。梁啓超らが清朝政府から赦免されるのは、これより三か月後、一〇月一〇日の武昌蜂起後、同月三〇日のことであった。

一一月には双濤園を引き払い帰国を試みるが途中から引き返し、神戸市内の留春別墅にとどまっていた梁啓超は、新たな情勢に対応する政見を発表しつつ帰国の機会をうかがっていた。梁啓超が最終的に神戸を後にして帰国の途についたのは、武昌蜂起からほぼ一年

(7)『朝日新聞』一九一一年七月一四日。

を経た一九一二年九月三〇日であった。家族は思順の勉学のためになお神戸にとどまり、翌年五月に帰国した。

〔参考文献〕

鴻山俊雄「思い出の記・須磨回想（一）（二）　康有為、梁啓超両氏滞在の頃」『日華月報』第二二九号、第二三〇号、一九八五年
呉荔明『梁啓超和他的児女們（第二版）』北京大学出版社、二〇〇九年
丁文江・趙豊田編、島田虔次編訳『梁啓超年譜長編』全五巻 岩波書店、二〇〇四年
中華会館編『落地生根　神戸華僑と神阪中華会館の百年』研文出版、二〇〇〇年
陳徳仁・安井三吉『孫文と神戸・補訂版』神戸新聞総合出版センター、二〇〇二年
中村哲夫『移情閣遺聞　孫文と呉錦堂』阿吽社、一九九〇年
狭間直樹『梁啓超　東アジア文明史の転換』岩波現代全書、二〇一六年
柳瀬筆三編『須磨案内　英文插入 附舞子明石』蝸牛窟、一九〇四年
和田秀寿編『モダニズム再考　二楽荘と大谷探検隊Ⅱ』芦屋市立美術館、二〇〇三年

column

北野町の神戸倶楽部

伊庭　緑

神戸大丸の東側のトアロードをひたすら六甲山に向かって歩いてみよう。トアロードは明治時代にあった居留地とそこで働く外国人の住居があった北野を結ぶ道で、「ハイカラ」なイメージが今も残っている。ＪＲや阪急の高架を過ぎると高級帽子店のマキシンがあり、スモークサーモンがおいしいトアロードデリカテッセンがあり、それも過ぎて生田新道を渡ると左側には、かつて杏花村という中華料理の名店があった。もっと遡ればここは谷崎潤一郎ゆかりのハイウェイだったところだ。さらに北上して山手幹線を渡ると右にＮＨＫ、左には聖ミカエル国際学校があり、ここまで来て振り返るとかなり上っていることに気がつく。さらに上ると左には子供の頃よく家族で行った東天閣という洋館の中華料理店がある。さらに行くと山本通をクロスするところで、一応トアロードは終わる。そこからは道が急に狭くなり、立派に育った木々の中に石造りの門が現れ、「神戸倶楽部」とある。会員制のクラブなので一般の人は入れないが、取材の約束をとって二〇一九年の冬のある日、伺ってお話を聞くことができた。ここにクラブのたどった道と現在のクラブを紹介しよう。

写真1　神戸倶楽部門

神戸倶楽部は一八六九年、明治二年に西日本で最初の外国人社交クラブとして設立された。英語名はKobe Clubで、一二七人の外国人がメンバーであった。一八九〇年には加納町に英国人建築家A.N.ハンセルの設計した壮麗なレンガ作りの建物が完成した。写真を拝見すると私たちがイメージする「古き良き時代」のタキシード姿の男性たちが美しいディナールームで談笑しながら食事をしている。その建物も一九四五年の神戸大空襲でファサードだけ残して焼失してしまった。神戸は八か月間に大小一二八回の空襲を受け市全土が壊滅したのである。その後、倶楽部は加納町の土地を米国総領事館に売却し、一九五三年その資金をもとにトア・ホテルの敷地を購入した。トア・ホテルも素晴らしい建物で戦火も免れたが、一九五〇年に失火で焼失したそうである。当初、土地はインフレ防衛策のために購入したが、自分たちのクラブを立てることに決定し、一九五六年には現在の建物と施設が完成した。緑豊かな庭園と屋外プール、落ち着いたバーやレストラン、バンケットルームなどを備えている。

写真2　神戸倶楽部1918年

設立当初は欧米のビジネスマンなど男性のみのクラブだったが、今や会員になる際、既婚者は必ず夫婦で会員にならないといけないそうである。現在倶楽部メンバーの国籍は三〇を超え、職種も大使館・領事館関係者、政府・自治体関係者、民間企業、医療研究機関、大学関係者など様々な分野にわたる。日本人会員も多い。二〇一四年に一般社団法人に移行した際に、それまでの和名、神戸外国倶楽部から「外国」の二字を抜き、英語名と同一の神戸倶楽部に改名した。

私が訪れた際も、上品な年配の男女の方々がメンバーズルームで語らっておられたが、マネージャーと話しているうちに、今後こういった社交クラブはどのようになっていくのでしょうという話題になった。

写真3　神戸倶楽部1922年

第二次世界大戦前は船の時代であり、神戸は交通の要所であり、外国人も大勢集まっていた。今や航空機の時代にクラブはどうあるべきか。また一九九五年の阪神大震災後、神戸に拠点をおく外国人の数は減少した。それにネット社会の現代、情報交換の場としてのクラブの意義は変わりつつあるようだ。

二〇一九年は倶楽部誕生一五〇年の記念の年であった。一五〇年の歴史を存続させるために様々な人々の努力があったと察するが、倶楽部の持つ上品な雰囲気を維持しつつ、変容していく必要があるのかもしれない。おそらく時代が求めているのは持続的な、地域・社会貢献にあるのだろうかと、クラブの外に広がる美しい庭園を眺めながら考えた。

〔参考文献〕

呉宏明ほか「神戸外国倶楽部一九七五年」神戸外国人居留地研究会年報［居留地の窓から］第六号、二〇〇六年
呉宏明ほか「神戸外国倶楽部一九七五年（第二部・完）」神戸外国人居留地研究会年報［居留地の窓から］第七号、二〇〇七年

アジアの「近代」と神戸のマッチ

――平井健介

はじめに

二〇二〇年現在、神戸はどのような街として認識されているだろうか。一つの例として、「一般的神戸ガイド」の紹介文を見てみると、JTBの『ココミル神戸』では「早くから欧米の文化を受け入れたこの街は、どこか異国のエッセンスに満ちあふれています」（岡二〇一七）、昭文社の『たびまる神戸』では「明治時代の神戸開港以来の文化が残り、外国の香りがするおしゃれな町。洗練された都会の雰囲気とエキゾチックでレトロなムードが共存している。」と紹介されている（昭文社編集部二〇一五）。ここから読み取られることは、神戸の特徴は「国際性」にあり、それは現在そうであるからではなく、一〇〇年以上も前

表1　神戸と横浜の対外関係1928、1930年

		外国		植民地	
		アジア	その他	台湾	朝鮮
1928年の貿易額（百万円）	神戸港	590	920	68	63
	横浜港	239	1,117	20	23
1930年の人口密度（人／km²）	神戸市	97	36	6	157
	横浜市	34	16	0.3	45

注1）貿易額は、大蔵省『昭和三年大日本外国貿易年表上篇』1930年、12～15頁；台湾総督府『昭和三年台湾貿易年表』1930年、395頁；朝鮮総督府『朝鮮貿易年表昭和四年』1930年、30頁。

注2）人口密度は、内閣府統計局編『昭和五年国勢調査：第四巻府県編神奈川県』（1933年）、内閣府統計局編『昭和五年国勢調査：第四巻府県編兵庫県』、兵庫県内務部統計課『昭和六年兵庫県統計書上巻』（1932年）、神奈川県内務部統計調査課『昭和六年神奈川県統計書』（1933年）より作成。

にそうであったからだということである。実際、観光スポットとして紹介される北野異人館街、旧居留地、南京町は近代期に形成されたものである。

しかし、「一般的神戸ガイド」の説明だけでは、近代神戸の「国際性」を充分に理解することはできない。というのも、そこでは「外国からの影響」のみが語られ、「外国への影響」は語られていないからである。また、外国におけるアジアの重要性も過小評価されている。表1に示されるように、昭和初期に神戸港の貿易の約四五％はアジア（植民地含む）を対象とし、神戸市に居住する外国人の約九〇％はアジア人（植民地含む）であった。神戸と並ぶ貿易都市の横浜と比較すると、神戸とアジアの関係の強さは際立っている。

本章では、「一般的神戸ガイド」では取り上げられてこなかった「外国への影響」について、近代のアジアに神戸がどのような影響を与えたのかという問いに答えることで、「大学的神戸ガイド」としての責務を果たしたい。具体的な題材は、近代日本の代表的なアジア向け輸出品であった「雑

貨」、そのなかでも神戸が主産地であった「マッチ」である。

1　近代アジアにおける雑貨

本章が扱う「近代」とは、欧米列強が主導する世界が成立した一九世紀後半から二〇世紀前半に区分される。「アジアにとって近代はどのような時代だったか」と問われると、歴史に詳しい人は「欧米列強による植民地支配に抵抗する時代」と答えるだろう。たしかに、『世界史』の教科書ではそのように説明されている。アジアの大半は欧米列強（と日本）の植民地・半植民地の状態におかれたが、第一次世界大戦後に「民族自決」の思想に触発されて独立運動が展開され、第二次世界大戦後に独立が達成された、と。

しかし、この理解は政治面に偏っていて、経済面の変化を閑却している。筆者が専攻する経済史という学問分野では、近代アジアは欧米経済に従属しつつも、「相対的に自立した」経済が展開していたことが明らかにされている。欧米への農産物（食料品や工業原料）の輸出を通じて得られたアジアの人々の購買力は、一部は欧米の商品の購入に充てられたが、同時にアジア各地で生産された商品の購入にも充てられており、アジア域内では活発な貿易が展開されていた（杉原一九九六）。

アジアの人々が購入した代表的な商品が「雑貨」であった。雑貨といっても、陶磁器や木工芸品などの「伝統的雑貨」よりも、石鹸、歯ブラシ、化粧品、ガラス製品、玩具、洋傘、薬、マッチなど、一九世紀後半に西洋からアジアに流入した「近代的雑貨」であった。

アジアの人々にとって近代的雑貨は、西洋で発達した科学を応用した実用性に加えて、新しい生活・思考様式を得るものとして急速に普及していった。たとえば、石鹸は、容易に汚れを洗い落とすことができる実用性だけでなく、「身体は衛生的でなければならない」という思考を具現化する商品であった。要するに、アジアにとって近代とは、ただ欧米列強の支配への抵抗に明け暮れた時代ではなく、その支配下でもたらされた新たな思考・生活様式を、近代的雑貨の消費を通して獲得していく時代でもあったのである。

2 日本のマッチ工業

代表的な近代的雑貨の一つがマッチである。マッチはヨーロッパで一九世紀に入って本格的に研究されるようになり、一九世紀半ばには黄燐マッチや安全マッチが商品化された。マッチが登場する以前、人々は火打石と火打金を打ちつけて発生させた火花を、火口《ほくち》で受け止めて火種としたが、それには多くの時間と労力を要した。それに対してリンの性質を実用化したマッチは、マッチ棒をマッチ箱に擦ることさえできれば誰もがすぐに火を起こすことができる優れ物として、急速に普及した（小口一九九一）。

日本では、マッチは江戸時代に長崎から少量が輸入されていたが、幕末の開港後に普及した。マッチは便利であっただけでなく生産が容易であったことから、一八七六年に東京で設立された新燧《すい》社を皮切りに、全国でマッチ会社の設立が相次いだ。その結果、国産マッチは早くも一八八〇年には輸入マッチをほぼ駆逐してアジア各地に輸出されるようにな

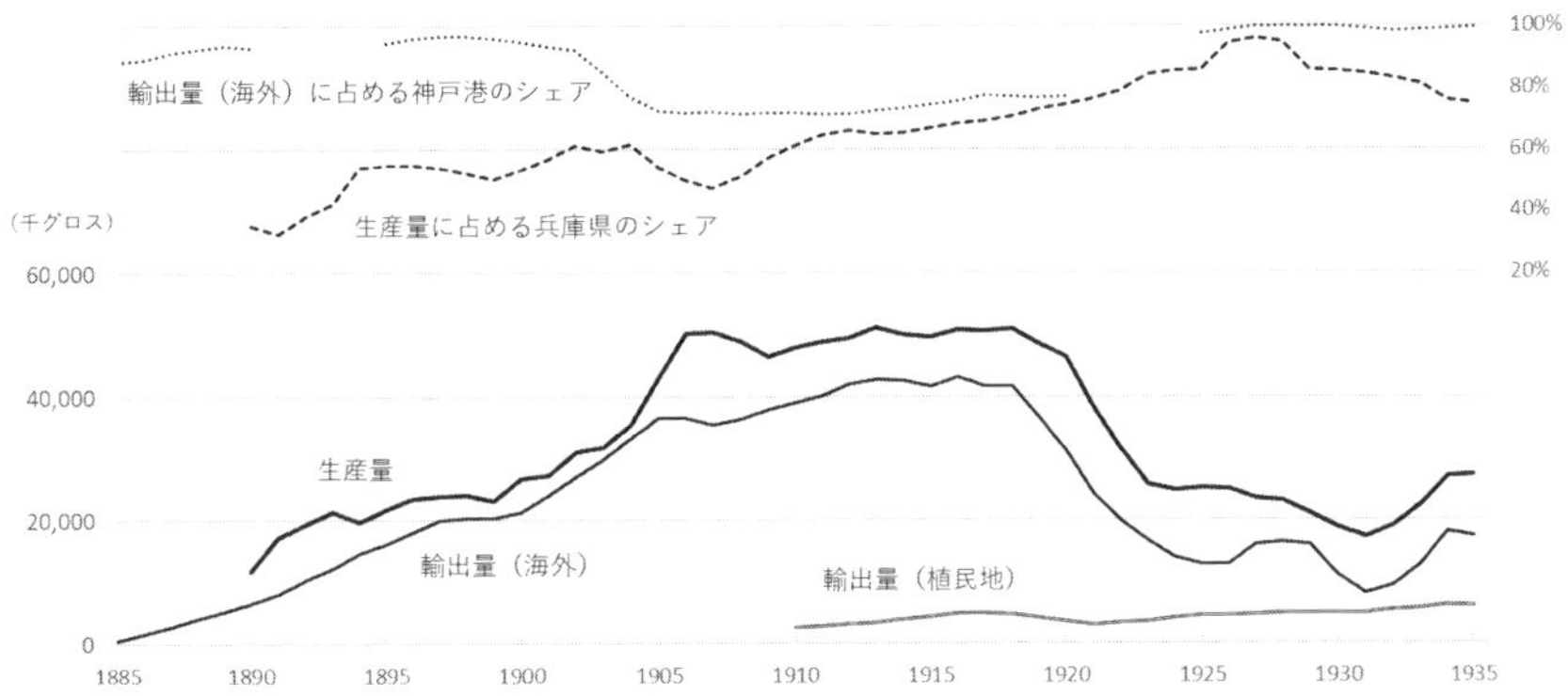

図1　日本のマッチ生産量と輸出量1885～1935年

注1）当該年を中心とする三ヶ年移動平均値。

注2）「生産量」「輸出量（海外）」「輸出量に占める神戸港のシェア」「生産量に占める兵庫県のシェア」は、日本燐寸工業会『マッチ工業統計総覧（明治15年～昭和36年）』1965年、10～35、123～126、198～203頁より作成。1924～38年については、生産量と生産額と両方掲載されている部分（A）と、生産額のみが掲載されている部分（B）がある。Bの生産量は、Aで算出した一円当たりの生産量にBの生産額を乗じて算出した。1928年の兵庫県の生産量は、原表では空欄となっているが、神奈川県の欄に誤記入されていると考えられるため（神奈川県は1928年のみ兵庫県の例年並みの生産量が計上されている）、神奈川県の数値を用いた。

注3）「輸出量（植民地）」は、台湾総督府『台湾貿易年表』（各年）、朝鮮総督府『朝鮮総督府統計年報』（各年）より作成。

り、一九一〇年代に最盛期を迎えた（図1）。神戸では一八八〇年前後に、本多義知の明治社、瀧川辨三の清燧社、播磨幸七の鳴行社、直木政之介の直木燐寸製造所など、その後のマッチ工業を牽引する有力会社が設立され、一九一〇年代の全国の生産量に占める兵庫県のシェアは約七〇%、全国の輸出量に占める神戸港の取扱比率は約八〇%であった（図1）。

　日本のマッチは輸出先の市場でどのような地位にあったのだろうか。一九〇四年頃に日本領事館から外務省に送られてきた報告によると、東アジア最大の貿易港である上海では「当地輸入燐寸《まっち》は本邦独

表2　神戸市における性別・年齢別の工場従業者数　1912年

単位：人（%）

		16歳以上		15歳未満		合計	
マッチ工場	男	2,050	(23)	574	(6)	2,624	(29)
	女	4,466	(50)	1,861	(21)	6,327	(71)
	合計	6,516	(73)	2,435	(27)	8,951	(100)
その他工場	男	16,818	(70)	1,394	(6)	18,212	(76)
	女	4,405	(18)	1,484	(6)	5,889	(24)
	合計	21,223	(88)	2,878	(12)	24,101	(100)

注）「マッチ工場」とは、マッチ工場、軸木工場、小箱工場を指す。
出典）安保則夫「明治・大正期の神戸マッチ工業」橋本徹編『挑戦するみなと神戸』清文社、1988年、120頁。

占の姿」、中国や東南アジアへの中継港の香港では「殆んと本邦製品の独占」、東南アジア一帯の中継港であるシンガポールでは「要するに当地は実に本邦品の独占市場なりと云ふも過言にあらさるの状況」であったという（農商務省商工局一九〇八）。要するに、日本マッチはアジアを席巻していたということである。そして、その要因は「価格割安」にあった。二〇世紀前半のアジアの一人当たりGDP（≒所得）は、ヨーロッパの約四分の一、アメリカの約八分の一しかなかった。アジアの人々は新たな生活様式を獲得するために近代的雑貨を購入したくても、そのための購買力に乏しかったのであり、このジレンマを解決したのが日本で生産される安価なマッチであったということである。

日本マッチの価格競争力を支えていたのは、女性と子供であった。神戸市を例に挙げると、従業者に占める一六歳以上の男性の比率は、マッチ以外の工場では七〇%であったのに対し、マッチ工場は二三%に過ぎなかった（表2）。日本では一八八〇年代前半の不況下で土地を失った農民が、その後の「産

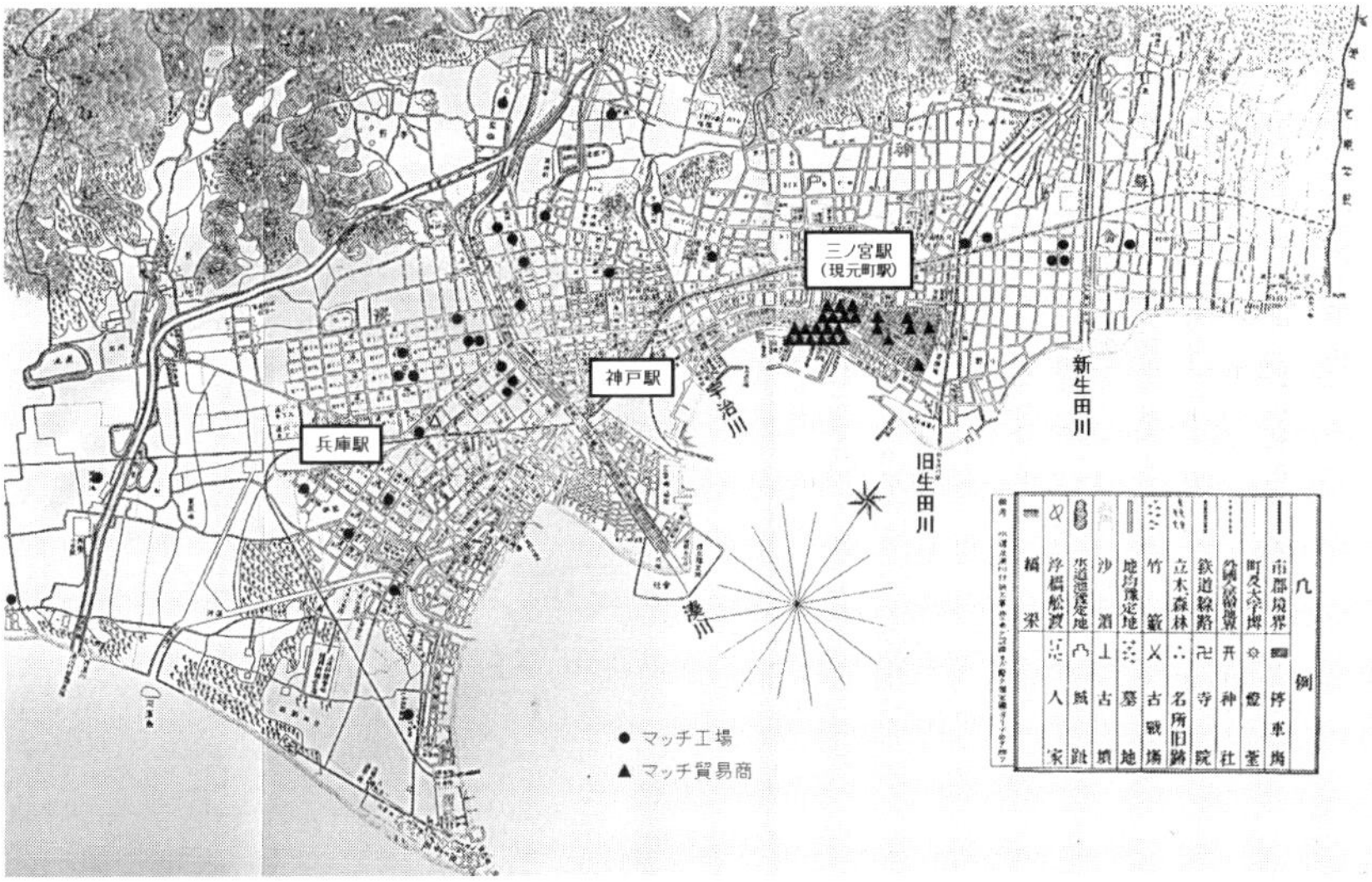

地図1　20世紀初頭の神戸市におけるマッチ製造業者と貿易業者の分布
出典）打田橋三郎編『日本燐寸界名鑑』出版社不明、1904年、1～18頁より作成。

業革命」のなかで都市部に設立された近代工場で非熟練労働者として働いていた。マッチ会社が雇用したのは彼らの妻子であり、それは世帯の補助的な稼ぎ手である女性や子供は、男性よりも安価に雇用することができたからであった。神戸のマッチ工場は労働力を吸収する大規模な近代工場が集積した神戸駅から兵庫駅にかけての地域に多かった（地図1）。他方、女性や子供にとっても、マッチ工場は「身元を保証する証明の類がなくても、また本人自身に読み書きの能力がなくても、ほとんどいつでも気軽に雇ってくれる」（安保一九八八）便利な働き口であった。主婦は夫の出勤中に、子供は放課後にマッチ工場で日銭や小遣いを稼いだのである。

マッチ工場では、多くの女性と子供が化学薬品や発火物といった危険物と隣り合わせのなか、ひしめき合って働いた。その劣悪な労働環境は、農商務省の『職工事情』や横山源之助の『日本之下層社会』などで再三指摘されたが、ほとんど改善されなかった。たとえば、有毒な黄燐マッチの製造は世界的には禁止される流れにあり、日本でも一度は禁止されたものの、中国での売れ行きが良かったために一八九〇年に解禁された。また、労働者保護を目的に一九一一年に工場法が公布されたが、マッチ工業は例外扱いされた。これらの措置の背景には、マッチが産業革命に必要な工業原料や機械の輸入を可能とする重要な外貨獲得手段とされたことがあった。人口が相対的に希薄で賃金が高いヨーロッパでは機械化を通じた競争力の向上が図られたが、人口が相対的に過剰で賃金が低い日本では労働力を酷使する状況が続いた。動力を全く使用しないマッチ工場は、一九〇二年には一七五工場中一七二工場、一九一四年でも一七九工場中一三六工場もあった。

3　神戸の優位性と中国商人

日本のなかでも神戸がマッチの主産地となった要因は、神戸には中国人貿易商がいたからであった。中国人の来神は、一八六八年に神戸が開港したことにさかのぼる。当時の中国は日本と国交がないため、中国人は欧米人の使用人という身分でのみ来日することが許可されたが、来日後に独立して貿易に従事する者も多く、一八七〇年の時点で神戸貿易の四分の一を扱っていたとされる（中華会館二〇〇〇）。一八七一年に日清修好条規が締結されて日中間の国交が樹立されると来日者は増大し、一八七〇年代の神戸には、貿易商を筆頭に、欧米商人と日本商人の取引の仲介人、港湾関連職、雑貨・料理屋、労働者など、多様な職業を有する中国人とその家族がいた（呉・高橋二〇一五）。彼らは居留地（領事裁判権を有する外国人専用の居住区域）ではなく、その周辺に設定された雑居地[1]（外国人の居住が許可された日本人居住区域）に居住した。特に中国人が集住したのは港に近い海岸通・乙仲通・栄町通であり、その北側には中国人に生活品を供給する市場が形成された。この市場は後に「南京町」と呼ばれることになる[2]。

　中国人貿易商はマッチの生産と輸出の双方で重要な役割を果たした。マッチ会社の多くは資力に乏しく、外部から資金を調達する必要があったが、銀行は危険物を扱うマッチ会社への融資を躊躇した。一方、神戸には資産規模が大きい中国人貿易商が多く、彼らはマッチ会社に無利息・無期限で資金を融資し、その代わりにマッチの一手販売権を得た。マッチ会社は十中八九、中国人貿易商の融資を受けてマッチを製造していたとされる。

　こうして生産されたマッチのほとんどは、中国人貿易商を通じて輸出された。二〇〇年以上も「鎖国」下にあった日本には海外貿易の経験を持つ商人は皆無であり、アジア一帯にネットワークを持つ中国人貿易商に頼らざるを得なかったからである（籠谷二〇〇〇）。輸出ではマッチの品質を示す「唯一無二の指標」かつ「過去に売込んだ信用の総和」と評されたラベルが重要であり（『燐寸年史』）、マッチ会社は中国人貿易商と協同して輸出先で人気の出そうなラベルを研究・作成し、販路拡張に務めた[3]。なかでも、良燧社（瀧川儀作経営）と、そのパートナーであった怡和洋行（麦少彭経営）のラベルは、マッチを握った猿が逆立ちしているというデザインで「怡和猿」や「尾長猿」と呼ばれたが（図版1）、この

（1）雑居地の範囲は、旧生田川以西、宇治川以東、山麓以南、海岸以北である。

（2）南京町は日本人経営の商店の方が多く、中国人経営の商店もある市場であった。我々は中国人社会を南京町という特定の空間に押し込めてイメージしてしまうが、神戸の中国人社会は日本人社会と（時には差別を受けながらも）混住・共存していたのであり、これは華僑社会史上珍しいケースであるとされる（呉・高橋二〇一五）。

（3）マッチラベルの意匠の歴史については、下島（一九八九）に詳しい。

図版1　良燧社・怡和洋行の人気ラベル「尾長猿」
出典）筆者所蔵

マッチは中国で抜群の人気を得た（横田一九六二）。アジアの消費文化に精通した中国人貿易商の存在は、神戸のマッチ工業の最大の強みであった。

二〇世紀に入る頃には、日本人による輸出も見られるようになる。その中心的存在は総合商社として成長した三井物産である。三井物産はアジア各地に支店を開設して販路網を整備すると、豊富な資力を活かして、中国商人と同様に、マッチ会社に融資して一手販売権を獲得した。その結果、一九一〇年頃には、マッチ輸出額の約二〇%が三井物産によって取り扱われるようになった（山下一九七二）。また、中小規模の貿易商や製造会社もマッチ輸出に参入した。彼らは三井物産ほどの情報ネットワークを形成できたわけではないが、アジア各地に開設された日本領事館が実施した海外市場調査の報告書も利用しながら、輸出先の市場を研究した（杉本一九八六）。神戸のマッチは、様々な国籍・経営規模のプレーヤーによって、官民一体となって輸出されたのであり、マッチを通して「神戸（KOBE）」や「兵庫（HIOGO）」がアジアの人々に認識されていった（図版1）。

4　技術・資本輸出と植民地市場

　しかしながら、マッチ輸出は一九一〇年代には頭打ちとなった（図1）。その直接的な契機として、アジア各地でマッチ工業が勃興したことを指摘できる。中国では第一次世界大戦中の好況期にマッチ工業が急成長した。とりわけ、対華二十一カ条要求による日中関係の悪化によって日本製品に対する不買運動が起こったことは、中国のマッチ工業に追い風となった。マッチのような雑貨品が日本を代表するものとして中国社会で広く認知されていたのである。中国市場に代わって急速に輸出量を伸ばしたのがインドであったが、インドにおいても一九二〇年代に入ってマッチ工業が発展した。日本マッチは、これらの「アジアマッチ」との競争に敗れたのである。

　日本マッチがアジアマッチと競合できなかったのは、それらとの差別化を図れなかったからである。日本では機械化が進んでいなかったために、そもそも品質にばらつきがあるという問題を抱えていたが、それに加えて、マッチ会社が競争を勝ち抜くために粗悪品を生産してコスト引き下げを図る、あるいは人気の商標を偽造するといった問題を起こし、日本マッチの評価を低下させていた。マッチ業者は同業組合を結成して、粗悪品生産や商標偽造を取り締まろうとしたが、十分に機能しなかった[4]。そうしたところに、一層安価なアジアマッチが登場した結果、日本マッチは高品質・高価格の欧州マッチと、低品質・低価格のアジアマッチに挟まれて退場することを余儀なくされたのである（新修神戸市史編集

（4）　粗製濫造や商標偽造はマッチに限って発生したわけではなく、戦前から戦後にかけて、日本製品の代名詞と言ってよいほど様々な輸出品で見られた。

委員会二〇〇二）。神戸では、多くのマッチ会社が廃業するか、第一次世界大戦期に成長したゴムに転業することを余儀なくされた。また、マッチ輸出を担った中国商人も新たに日本の主要輸出品となった綿製品を取り扱うようになった。

　しかし、日本のマッチ工業がアジアへの影響力を失ったわけではない。一部のマッチ会社は、アジアのマッチ工業に資本・技術の両面で関わった。中国への進出は、一九世紀末の下関条約によって外国人が中国に工場を設立できるようになったこと、第一次世界大戦期の好況によって海外に工場を設立できるだけの資金が蓄積されたことが契機となった。

図版２　The Esavi India Match Factory のラベル
出典）筆者所蔵

一九二一年に中国では八三工場が稼働していたが、そのうち日本人経営は一七工場、日中合弁経営は二工場あり、特に進出に積極的であった神戸の瀧川家は中国商人との取引関係を生かして四工場を経営した（武智一九七七、水野二〇一九）。インドにおいても、神戸で鳴行社を経営していた播磨喜三郎が、マッチのインド輸出に従事していたEssabhoy商会と提携して、一九二二年一〇月にEsavi Match（図版２）を設立し、工場資本金の三〇％のほか、製造機械・技術、原料調達で協力した（大石二〇〇二）。

　また、戦前日本はアジア・太平洋地域に植民地や勢力圏を持っていたが、植民地は一九二〇年代末に重要な市場となった（図１）。一人当たりＧＤＰは台湾では持続的に、朝鮮でも一九二〇年代の停滞・減少から一九三〇年代には増大に転じており、マッチを頻繁に使用する層は確実に増大していたと考えられる。そうしたなかで、日本マッチの輸出が拡大した要因は、第一に、植民地が日本と同じ関税制度下にあったことであり、海外マッチに高率の輸入関税が課せられたことは、日本や植民地のマッチ工業に有利に働いた。しかし、第二に、植民地ではマッチ工業が成長しなかったことである。その要因は不明であるが、台湾や朝鮮が植民地に編入されたときには日本のマッチ工業はアジア市場を席巻していたことが関係しているかもしれない。台湾の場合、台湾総督府は日本マッチと競合してまでマッチ工業を保護育成することに消極的であった。これらの要因によって、植民地は一九一〇年代までのアジアのように、日本マッチに独占されたのである。

おわりに

本章では、近代神戸の「国際性」について、「一般的神戸ガイド」では取り上げられてこなかった「外国への影響」という視点に立ち、アジアの「近代」を西洋起源の新たな生活・思考様式を獲得していく時代と捉え、その手段である近代的雑貨＝マッチの消費を神戸のマッチ工業が支えたことを紹介した。神戸で生産されたマッチは確かに粗悪であったが、それは必ずしもネガティブなことではない。もし粗悪品が厳格に取り締まられ、欧米産の良質であるが高価なマッチのみが供給されていたならば、購買力の小さいアジアでのマッチ市場の拡大と工業化は遅々として進まなかったであろう。粗悪であるが安価な神戸マッチは、それを使用する層＝市場の拡大に寄与し、現地のマッチ工業を勃興させる原動力にもなった。

二〇二〇年現在の神戸は「国際性」を備えているのだろうか。「一般的神戸ガイド」で居留地や異人館が取り上げられるということは、もはや備わっていないことを意味しているのかもしれない。それとも、発見されていないだけなのかもしれない。歴史学を専門とする筆者は答えを持っていないが、本章を通して言えることは、現在の神戸の「国際性」も「外国からの影響」と「外国への影響」の双方から説明されるべきであろうということだけである。それは神戸を通して世界を知ろうとする試み、つまり現在の世界はどのような時代にあり、それに対して神戸はどのように貢献できるか、という方向に思考を広げていく試みにつながるだろう。

〔参考文献〕
安保則夫「明治・大正期の神戸マッチ工業」橋本徹編『挑戦するみなと神戸』清文社、一九八八年
大石高志「日印合弁・提携マッチ工場の成立と展開」『東洋文化』八二号、二〇〇二年三月
岡陽子編『ココミル神戸』JTBパブリッシング、二〇一七年
小口正七『火をつくる』裳華房、一九九一年
籠谷直人『アジア国際通商秩序と近代日本』名古屋大学出版会、二〇〇〇年
呉宏明・髙橋晋一編『南京町と神戸華僑』松籟社、二〇一五年
下島正夫『マッチラベル明治・大正・昭和・燐票博物館』駸々堂出版、一九八九年
昭文社編集部『たびまる神戸』昭文社、二〇一五年
新修神戸市史編集委員会編『新修神戸市史』（産業経済編二）神戸市、二〇〇〇年
杉原薫『アジア間貿易の形成と構造』ミネルヴァ書房、一九九六年

杉本俊宏「明治前期の日本マッチ輸出と『領事報告』」角山栄編『日本領事報告の研究』同文舘、一九八六年
武智京三『近代中小企業構造の基礎的研究』雄山閣出版、一九七七年
中華会館編『落地生根』研文出版、二〇〇〇年
農商務省商工局『職工事情』農商務省、一九〇三年
農商務省商工局『重要輸出工産品要覧（後編）』農商務省、一九〇八年
水野敦洋「戦前期日本雑貨工業の海外進出をめぐる路線分岐：マッチ工業を事例に」『経営史学』第五四巻第一号、二〇一九年六月
山下直登「形成期日本資本主義における燐寸工業と三井物産」『三井文庫論叢』第六号、一九七二年一一月
横田健一『日本のマッチ工業と瀧川儀作翁』日本のマッチ工業と瀧川儀作翁刊行会、一九六三年
横山源之助『日本之下層社会』教文館、一八九九年

column

新しい景観の定着――南京町

佐藤泰弘

街は様々に変化していく。漸次的な変化は気付きにくいこともあり、ある時に振り返って驚くことがある。大きな変化であったとしても、日常に溶け込むと古くからあったように思う。それは神戸の南京町にも当てはまる。

ＪＲ元町駅から南に行くと南京町がある。この神戸の中華街は旧正月を祝う春節祭が有名であり、観光客にも市民にも親しまれている。横浜の中華街に比べると決して大きいとは言えないが、街路の入口には楼門が立ち、料理店や食材店などが軒を並べている。

図1　南京町の楼門（長安門）

幕末に神戸が開港して華僑が生活するようになり中華街ができたという認識は、大筋では間違っていない。しかし実態はもう少し複雑である。南京町は、今も昔も、華僑だけの街ではない。この場所は華僑と日本人が混じり合って暮らし、船員向けの飲食店や種々の商店が軒を並べていた。かつては道路も狭隘であり、南京町市場と呼ばれる場所であった。一九七七年に南京町商店街振興組合が発足し、神戸市も協力して、一九八一年から景観整備事業が始まった。一九八五年に長安門が完成し、道幅が広くなり広場もできた。そして南京町を中心とした地域活性化のイベントとして、一九八七年に春節祭が始まった。

現在の南京町は、このようにして生まれた。髙橋晋一氏は「その場所が神戸華僑の伝統的な居住地・商業地であったという歴史性はふまえながらも、一九八一年に策定された再開発計画に基づく景観整備事業のなかで新たに創造、演出された中国世界である」と説明している（『南京町と神戸華僑』一三四頁）。その中国世界は神戸の景観として定着した。それは、開港以来の歴史を刻んだ街に暮らす、華僑と日本人の共同作業であったのだ。

地層が積み重なるように、私たちの目に触れる街並みには、歴史の層位が積み重なっている。時が経てば現在の街並みも埋もれた層位の一つとなり、地域の記憶と歴史を作っていく。街を見る時は、地層を見つめるような眼差しが大切なのではなかろうか。

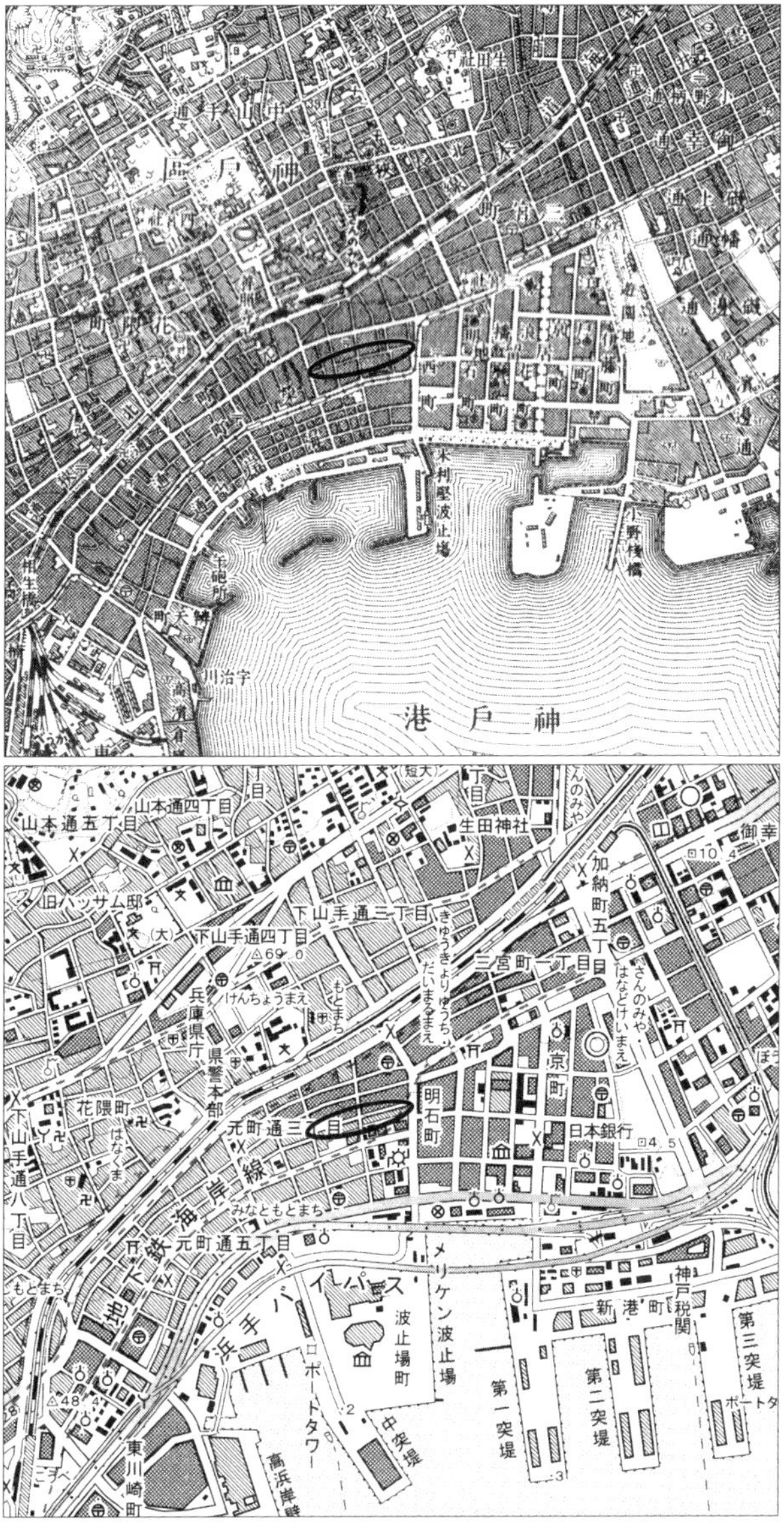

図2　楕円で囲んだ部分が南京町（明治43年と平成15年。地図資料編纂会編『正式二万分一地形図集成』関西（柏書房、2001）「神戸」、国土地理院 2 万 5 千分 1 地形図「神戸首部」より）

南京町を西側の西安門から出て南に歩いて行くと、海岸通と出会う。その南西角に神戸中華総商会ビル（ＫＣＣビル）があり、ビルの二階に神戸華僑歴史博物館が設けられている。ＫＣＣビルの緑色の壁面に博物館の名前が掲げられているので、すぐにわかると思う。一九七九年に開館した博物館では、コンパクトな展示室で、神戸に暮らす華僑を中心とした華僑の歴史が紹介されている。南京町に行った時には、ぜひ訪ねて欲しい施設である。

〔参考文献〕

神戸華僑華人研究会編『神戸と華僑』神戸新聞総合出版センター、二〇〇四年
呉宏明・髙橋晋一編『南京町と神戸華僑』松籟社、二〇一五年

神戸と金融

永廣　顕

はじめに

神戸の中心街である三宮・元町界隈には、かつては近代西洋建築による建造物が数多くあった。残念ながらそれらの多くは、太平洋戦争時の戦災や一九九五年一月の阪神・淡路大震災によって焼失、倒壊し、近年では耐震性の問題や老朽化によって解体されている。しかし、用途転用や外壁保存、復元という形ではあっても、現在も保存され活用されているものもあり、その中には元々は金融機関として使用されていたものがある（一覧表を参照）。ここでは、これらの建造物との関連で、明治前期から昭和前期までの神戸の金融の発展と展開について、神戸の経済発展と深くかかわってきた銀行を中心に概観しよう。

	①	②	③	④	⑤	⑥
現在	神戸市立博物館	神戸朝日ビル（外観復元）	チャータードビル	旧居留地38番館	ニッセイ同和損害保険神戸ビル	神戸市営地下鉄みなと元町駅（1番出入口外壁）
旧称※	横浜正金銀行神戸支店	神戸取引所	チャータード銀行神戸支店	紐育ナショナル・シティ銀行神戸支店	神戸海上火災保険本店	第一銀行神戸支店
竣工年	1935年	1934年	1938年	1929年	1935年	1908年
設計	桜井（桜井小太郎）建築事務所設計	渡辺節建築事務所設計	モルガン，ジェイ・H設計	ヴォーリズ（ヴォーリズ，ウィリアム・メイル）建築事務所設計	長谷部（長谷部鋭吉）・竹腰（竹腰健造）建築事務所設計	辰野（辰野金吾）・葛西（葛西萬司）建築事務所設計

※旧称は竣工時の名称である。

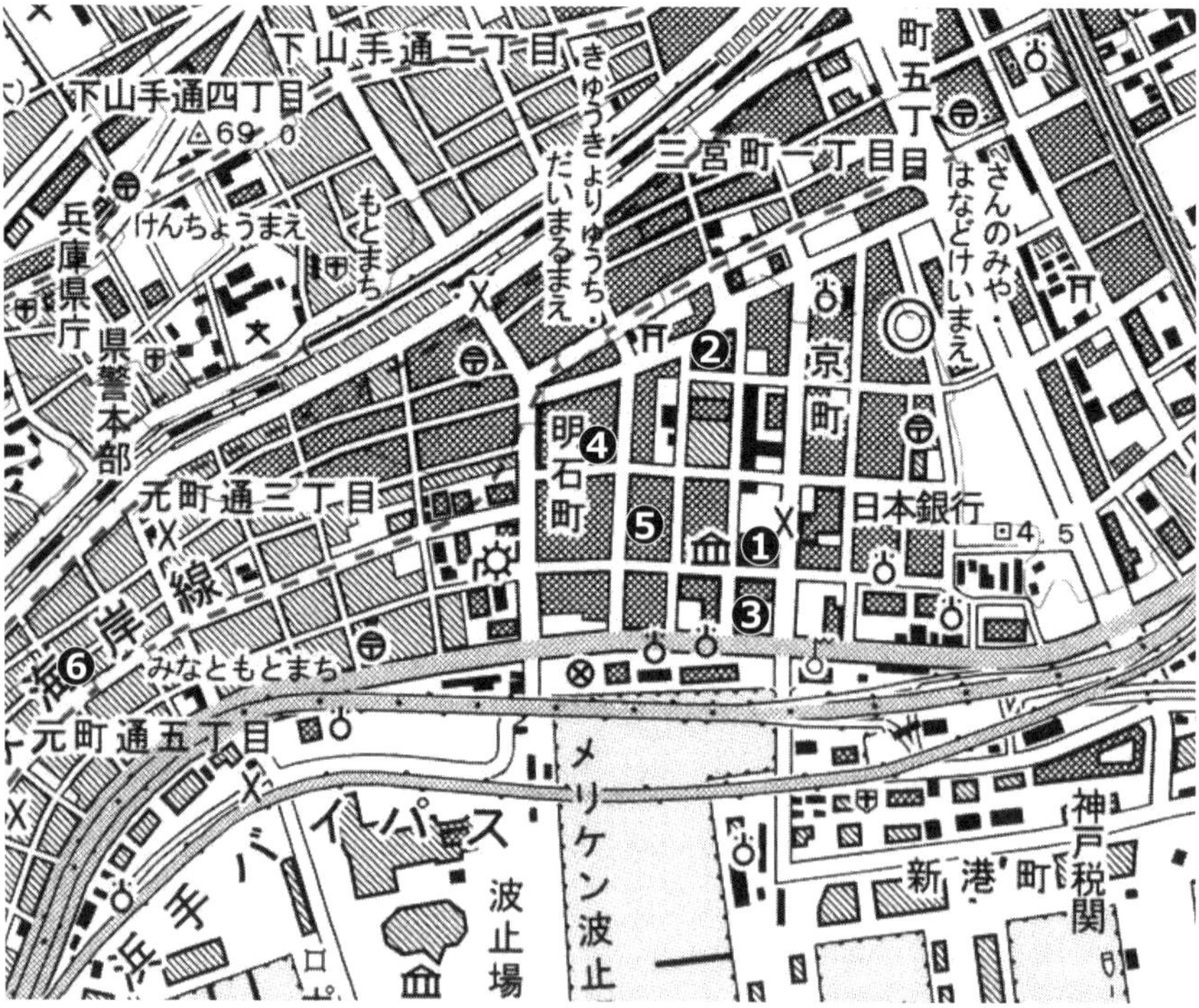

表の建築物①～⑥の所在地を示した。ベースマップは国土地理院２万５千分１地形図「神戸首部」（平成15年）

1　開港と金融機関の設立――明治前期

一八六八年の兵庫開港に先立ち、幕府は前年に兵庫商社を設立した。外国貿易を統制し開港に要する資金を調達する目的で大坂の問屋商人の中から兵庫開港場交易商人頭取を任命し、兵庫商社には開港御用途金を上納した代償として同額の兵庫商社金札の発行が認められた。しかし、大坂の問屋商人の貿易に対する関心は低く、金札も信用を欠いてほとんど流通しなかったため、兵庫商社の事業は軌道に乗らなかった。

明治維新後、近代的な金融制度の確立が焦眉の急となり、一八六八年に政府は、太政官札を発行して各藩に勧業資金を貸し付けるとともに、国庫の窮乏を補充することを目的に商法司を設立し、その下部機関として太政官札の貸付を担当する商法会所を設けた。しかし、太政官札は流通せず価格も大きく下落した。商法司が設置された兵庫県では太政官札兌換の兵庫県銭札が発行されたが、太政官札の価格下落の影響で銭札価格が暴落したため、一八七〇年限りで銭札は廃止された。

一八六九年に政府は商法司に代わる通商司を設置した。通商司には商法司よりはるかに大きな権限が与えられ、外国貿易はすべて通商司の許可を必要とした。また、商法会所に代わり通商会社・為替会社が通商司の指揮・監督の下に設立された。通商会社は商品流通を管理・規制し、諸藩物産の流通と外国貿易の把握を任務とした。為替会社は通商会社と結びついた金融機関であり、預金・貸出・為替・両替を主たる業務とした。神戸では東本町に神戸通商・為替会社が設立された。神戸通商会社は兵庫商人を中心に構成されたが、外国貿易の管理・規制が重要な任務であったにもかかわらず貿易商人を中心メンバーに加えていなかった。逆に貿易に関心を持つ京都の問屋商人が神戸通商会社に参加した。神戸為替会社は開港場神戸における貿易金融を担ったが、兵庫商人は出資者にも役員にもなれなかった。それは、大阪・京都商人に比べて兵庫商人の力量が不足し、金融機関の担い手となるような両替商がいなかったからである。

一八七一年に通商司が廃止されると通商・為替会社は衰退した。金本位制にもとづく近代的金融制度の確立と不換政府紙幣の回収整理を目的として一八七二年に「国立銀行条例」が公布されると、翌年には神戸通商・為替会社は解散した。

「国立銀行条例」により政府は、国立銀行に国立銀行券を発行させ、資本金の一部を正貨（金貨）で積み立てさせて発行紙幣の兌換準備とさせた。しかし、国立銀行券は発行されるとたちまち兌換を求められてまったく流通せず、高率の正貨準備保有が義務づけられたこともあって、当初、国立銀行の開設は四行にとどまった。神戸でも一八七三年に第一国立銀行の神戸支店が開業したが、国立銀行を設立しようとする動きは鈍かった。地元資本による国立銀行が誕生したのは、金兌換を断念し金禄公債を銀行設立のための資本金とすることを認めた一八七六年の「国立銀行条例」の改正により一八七八年に設立された第七十三国立銀行であった。

明治初期には洋銀相場の高騰、すなわち、外国通貨高・自国通貨安が輸入インフレを引き起こし、それが貿易収支赤字の拡大と金・銀正貨の流出をもたらし、さらに外国通貨が高くなるという悪循環をもたらしていた。そこで政府は、洋銀相場高騰の抑制を目的に銀貨供給機関として一八八〇年に横浜正金銀行を設立し、同年に神戸支店を開設した。設立当初の同行は、資本金の三分の一が政府により出資され、政府の手厚い保護の下で外国為替業務を主業務とした。

私立銀行については、神戸では一八七六年に三井組を改組して開業した三井銀行、一八七九年開業の三菱為替店（後の三菱銀行）の支店が開業と時を同じくして開設された。これは開港場としての神戸が重要視されていたからである。しかし、神戸に本店を置く私立銀行は一八八三年の神田銀行の設立まで待たなければならなかった。

外国銀行の神戸への進出については、最初に支店を開設したのは一八七〇年の香港上海銀行（一八六五年設立、本店香港）で、続いて同年にオリエンタル銀行（一八四二年設立、本店ロンドン）が支店を開設した。両行支店の開設当時、神戸にはまだ日本の銀行は出現しておらず、両行は神戸における近代的金融機関の先駆的な役割を果たしていた。しかし、横浜正金銀行神戸支店の開設以降は、それまで両銀行が独占していた外国為替および対外決済業務に横浜正金銀行が参入していくことになった。

写真1　旧横浜正金銀行神戸支店

株式取引所については、神戸株式取引所の開業は一八八三年であったが、それ以前の一八八一年に栄町に両替仲間集会所が開設されていた。この

写真2　旧神戸取引所

集会所は外国貿易従事者に両替融通の利便を図ることを目的としていたが、実際には洋銀相場の投機機関となっていた。取引所での取引は不振であり、一八八五年に取引所は解散したが、交通が発達し産業が発展するにつれて、物資の需要と供給を調節して相場の安定を図るためには取引所の存在が不可欠となり、一八八七年に神戸株式取引所は東川崎町にあった兵庫米会所を拠点に復活、開業するに至った。同取引所は一八九三年に神戸米穀外五品取引所、一八九六年に神戸米穀株式外四品取引所、一九〇六年に神戸米穀株式取引所、一九一九年に神戸取引所と改称された。

2　神戸港の発展と金融機関の発達——明治後期から大正期

私立銀行は当初から普通銀行として設立され、国立銀行は一八八三年の「国立銀行条例」の改正により普通銀行に転換した。日清戦争前後から各地で普通銀行の新設が進み、普通銀行数は急増した。ただし、急増した普通銀行の大部分は銀行経営者の事業または投機のための銀行であり、特定企業の資金調達のための「機関銀行」としての性格を持つものが多かった。

神戸に本店を置く銀行の新設も多くみられ、例えば、一八八七年に神戸銀行（後述の神戸銀行とは別の銀行）、一八八九年に兵庫共融銀行（一八九五年に兵庫銀行に改称、一九八九年に兵庫相互銀行を改称した兵庫銀行とは別の銀行）、一八九四年に岸本銀行、一八九五年に日本商業銀行、日本貿易銀行、湊東協和銀行、一八九六年に湊西銀行、一九〇五年に神戸川崎銀行が開業した。このうち、神戸港における外国貿易取引のための機関として創立した日本貿易銀行は当時の神戸における有力銀行であり、神戸川崎銀行は日清・日露戦争を経て大型船建造能力を持つ大造船所に成長した川崎造船所の創業者の一族が設立した銀行であった。その他、当時は神戸市域ではなかったが、現在の神戸市東灘区に位置する菟原郡御影町に、一八九〇年に摂州灘酒家銀行、一八九五年に灘商業銀行が設立された。御影は灘五郷の一つであり､両行の主な融資先は酒造業者であった。外国銀行の神戸進出も続き、一八九五年にチャータード銀行（一八五三年設立、本店ロンドン）、一八九九年に露清銀行（一八九六年設立、本店サンクトペテルブルク）の神戸支店が開設された。こうした銀行数の増加にともなう金融繁忙の結果、一八九七年に神戸手形交換所が設立された。

兵庫県下の普通銀行数は日清戦争後の一八九七年に一三〇行を数え、その後の日露戦争期にかけてさらに増加して一九〇四年には一八七行でピークを迎えた。ただし、資本金が一〇万円から五〇万円の小規模銀行が多く、資本金一〇〇万円以上の銀行は存在しなかった。

第一次世界大戦期には日本は未曾有の戦時景気を享受した。交戦中のヨーロッパからの需要やヨーロッパ諸国が撤退したアジア市場への進出、アメリカの好況などを背景にわが

写真3　旧チャータード銀行神戸支店

国の輸出は急伸し、貿易収支の黒字は大幅に拡大した。また、貿易外収支も海上運賃収入や保険料収入の増加により大幅な黒字となった。こうした海上運賃収入の増加による海運業の好調を背景に、後述の岡崎汽船・神戸海上運送火災保険両株式会社社長の岡崎藤吉が一九一七年に浪花町に神戸岡崎銀行を創設した。

日清戦争後に日本が領有することになった台湾においては、植民地金融機関として台湾銀行が一八九九年に開業し、台北に本店、神戸では栄町通に支店を置いた。第一次世界大戦以前は台湾銀行の業務の主体は台湾島内にあったが、大戦期には内地での貸出を増加させ、一九一六年には内地貸出額が台湾島内貸出額を凌駕するに至った。内地での貸出先の中心は大戦期の貿易拡大による好況を契機に急成長した神戸の鈴木商店およびその関連事業会社であった。

第一次世界大戦後の一九二〇年の株価暴落をきっかけに戦後恐慌が発生し、一九二二年にかけて銀行に対する取り付けが全国に波及した。その原因は銀行経営者の投機や関連事業への回収困難な貸出である固定貸の増加にみられる銀行の放漫経営にあった。神戸では岸本銀行が取り付けの対象となり、一九二三年に破綻に追い込まれた。

一九二三年の関東大震災は神戸経済にも大きな影響を及ぼした。東京・横浜などの被災地に対して債権を持っていた企業は回収不能による損害を被った。他方、震災によって横浜港の機能が事実上停止してしまったため、多くの商取引が東京・横浜から大阪・神戸を中心に行われるようになり、横浜港の貿易額が激減したのに対して神戸港のそれは急増し、対全国シェアも上昇した。また、関東大震災は貿易のみならず金融においても神戸の地位を高める結果となり、特に外国銀行は活動の拠点を阪神地区、とりわけ神戸所在の支店に移した。神戸の外国為替市場は活況を呈し、外国における取引の決済も神戸で行われた。当時、神戸に支店を置いていた外国銀行には、香港上海銀行、チャータード銀行、インターナショナル銀行（一九〇一年設立、本店ニューヨーク、一九二七年に親銀行の紐育ナショナル・シティ銀行に名称変更）、蘭印商業銀行（一八六三年設立、本店アムステルダム）、独亜銀行（一八八九年設立、本店上海）、極東銀行（一九二一年設立、本店ウラジオストク）があった。

写真4　旧紐育ナショナル・シティ銀行神戸支店

　海上運送にともなう危険に備える必要性から設けられた海上保険については、第一国立銀行が積荷についての海上保険（海上歩合）業務を開始し、それを引き継ぐ形で一八七九年に東京海上保険株式会社が設立され、一八九六年には海運業者等を発起人として日本海上保険株式会社が設立された。神戸で海運業を営んでいた岡崎汽船株式会社社長の岡崎藤吉は日本海上の経営に参画していたが、日露戦争後の一九〇七年に栄町通に神戸海上運送火災保険株式会社を創立した。同社は一九一一年に本店を明石町に移転し、一九三四年には社名を神戸海上火災保険に変更した。

写真5　旧神戸海上火災保険

3　金融恐慌と戦時統制の影響——昭和前期

戦後恐慌や関東大震災により経済的打撃を受けた鈴木商店が経営危機に陥り、鈴木商店のメインバンクであった台湾銀行に巨額の不良債権が発生したことから、台湾銀行は鈴木商店への新規貸出を打ち切り、一九二七年四月五日に鈴木商店は経営破綻に追い込まれた。また、神戸の第六十五銀行は一八九八年に第六十五国立銀行から普通銀行に転換した地元の銀行で、当時、神戸市金庫でもあったが、鈴木商店が同銀行の大株主であったことから取り付けに遭い、四月八日に休業を発表した。

政府は鈴木商店の経営破綻で痛手を受けた台湾銀行の救済を図り、台湾銀行救済に関する緊急勅令案を閣議決定した。しかし、この勅令案は枢密院で否決されたため、四月一八日に台湾銀行は台湾島内の本支店を除く内地および海外の全支店を休業するに至った。台湾銀行は外国為替業務を取り扱い、特に神戸支店は中国・東南アジア向けの貿易業者との取引が密接であったため、台湾銀行の休業によってこれらの貿易業者は輸出入を休止せざるをえなくなった。

四月一八日には関西の一流銀行といわれた大阪の近江銀行も休業を発表した。同行の神戸支店は神戸市内の貿易業者や綿関係業者と取引関係にあり、特に播州織業者に大打撃を与えた。さらに、四月二一日には当時の有力銀行で宮内庁本金庫でもあった東京の十五銀行が台湾・近江両銀行の休業の波紋を受けて猛烈な取り付けに遭い休業した。同行は神戸に四つの支店を置き、大株主であった川崎造船所などの重工業関連、日本郵船などの海運関連の企業、貿易商社などが主な取引先であったことから、休業はこれらの企業にマイナスの影響を与えた。

写真6　旧第一銀行神戸支店

十五銀行が休業すると、全国各地のほとんどの銀行で取り付けが発生し、未曾有の金融恐慌がわが国を襲った。神戸でも三井・三菱・住友・第一・安田といった大銀行の支店や神戸岡崎銀行の本店をはじめとして取り付けが止まず、神戸の金融街といわれた栄町通は銀行に殺到する群衆で埋まった。そこで政府は四月二二日に支払猶予令（モラトリアム）を公布し、事態の収拾を図った。

鈴木商店と台湾銀行は海外で活発な取引活動を行い、債権債務関係を持つ事業者も多かったことから、鈴木商店・台湾銀行問題は国内に限らず海外でも注目された。このように神戸の一企業の経営破綻が日本経済全体に大きな影響を及ぼしたのは史上初めてのことであった（鈴木商店についてはコラムを参照）。

金融恐慌時に休業した銀行の大部分は中・小規模銀行であり、各地に群立する弱小銀行の淘汰・整理は避けられない情勢となった。政府は一九二八年から「銀行法」を施行し、銀行の規模に応じた最低資本金の額を定めて銀行の整理・合同を推し進めた。兵庫県では、普通銀行を神戸市内に三行、各市および各郡にそれぞれ一行を置くことが目標とされた。これにより、一九二六年に一三〇行あった兵庫県下の普通銀行数は一九三〇年には七〇行にまでに減少した。

日本銀行が神戸支店を京町に開店したのは、金融恐慌が沈静化した直後であった。第一次世界大戦を通じて神戸がわが国最大の貿易港としての地位を築き上げたことから、日銀は神戸支店を海運、造船などの近代産業を主たる対象とした金融拠点にしようとした。また、前述のような外国銀行の活動もあって、同支店の取引先外国銀行数は日銀支店中第一位であった。

一九三六年の二・二六事件を契機にわが国は戦時体制に入り、金融業においても戦時統制が強化された。銀行合同の目的が銀行経営の健全化から戦費調達のために大量発行された国債の消化へと変質し、大蔵省・日本銀行による地方銀行の一県一行化が進められた。銀行の乱立傾向が著しかった兵庫県は一県一行化の先駆的舞台となり、一九三六年に兵庫県下に本店を置く神戸岡崎、三十八、西宮、灘商業、姫路、高砂、五十六の七行が合併して神戸銀行が誕生した。

神戸は東京、大阪に次いで金融上枢要の地位にあったが、神戸銀行設立以前に神戸に本店を置いていた銀行は神戸岡崎、兵庫県農工、神戸湊西の三行に過ぎず、財閥系大銀行の支店や外国銀行が確固たる基盤を確立していた。神戸銀行の預金・貸出高の大部分は神戸市と神戸市以外の兵庫県が占めて地方的色彩が強かったことから、神戸市を基盤としつつも全国銀行へ脱皮することが神戸銀行の課題であった。

その後も一県一行化が進められ、一九四五年三月に神戸銀行が播州、兵和、全但、福本の四銀行を合併するという形での大合同が実現し、続いて同年四月に神戸湊西・恵美酒の両銀行、五月に神戸貯蓄銀行、七月に神戸信託株式会社をそれぞれ合併した。その結果、兵庫県下に本店を置く普通銀行は、神戸銀行と合併に強く反対した香住銀行の二行だけとなり、兵庫県の銀行合同はほぼ完了した。

戦時統制体制の下で、政府は損害保険会社についても急速に統合を推し進めた。一九四三年に業界最大手の東京海上と明治火災、三菱海上の三社合併による東京海上火災株式会社の設立が発表され、一九四四年には神戸海上、朝日海上が横浜火災海上、共同火災海上と合併し、新会社である同和海上保険株式会社が設立された。新会社の資本金は業界第二位となったが、本店は大阪に置かれた。これ以降、神戸を本店とする損害保険会社は設立されていない。

おわりに

兵庫開港以降の貿易の発展とともに神戸の経済は発展し、新たな諸産業の神戸進出を促した。その一つが金融であり、金融の発展においては銀行、特に外国銀行の活動が重要な役割を果たしていたことが神戸の特色であった。現存する建造物群はその象徴であるといえよう。

〔参考文献〕
円満字洋介著『京都・大阪・神戸　名建築さんぽマップ　最新版』エクスナレッジ、二〇一六年
新修神戸市史編集委員会編『新修神戸市史　産業経済編Ⅲ　第三次産業』神戸市、二〇〇三年
新修神戸市史編集委員会編『新修神戸市史　産業経済編Ⅳ　総論』神戸市、二〇一四年
日経金融新聞編・地方金融史研究会著『日本地方金融史』日本経済新聞社、二〇〇三年
兵庫県史編集委員会編『兵庫県百年史』兵庫県、一九六七年

旧大阪商船神戸支店

column

鈴木商店の栄枯盛衰

永廣　顕

前章で述べたように、一九二七年の鈴木商店の経営破綻は史上初めて神戸の一企業の経営破綻が日本経済全体に大きな影響を及ぼした事例であった。ここでは、鈴木商店の栄枯盛衰の歴史とその研究史について簡単にみておくことにしたい。

鈴木商店は、一八七四年に鈴木岩治郎が神戸の居留地貿易における洋糖引取商として創業した個人商店であった。一八九四年に岩治郎が急死した後は、未亡人のよねと大番頭の金子直吉が事業を発展させた。

日清戦争後に日本が台湾を領有すると、金子は台湾総督府から樟脳油の販売権を獲得し、個人商店から合名会社へと組織改編を行い、取扱商品を増やすとともに生産部門にも進出して事業の多角化を図った。また、台湾専売局との取引を深めて製糖、製塩、煙草などの事業を拡大し、植民地金融機関であった台湾銀行がメインバンクとして鈴木商店の事業拡大・多角化を支えていった。

第一次世界大戦が勃発すると、金子は戦争による物資不足と物価高騰を予測し、鉄や船舶を中心に一斉に買い出動の大投機を仕掛けた。金子の予想どおり物価は急騰し、鈴木商店は巨額の利益を手にした。このように急成長し総合商社化した鈴木商店は、一時は三井物産や三菱商事に肩を並べる勢いとなり、その中で台湾銀行の鈴木商店への貸出も急増した。

しかし、こうした鈴木商店の絶頂期に、突然、悪夢のような出来事が鈴木商店を襲った。一九一八年七月に富山で米騒動が起こり全国各地に拡大したが、神戸では鈴木商店が米を買い占めているとの風評が広まり、八月に暴徒と化した群衆により東川崎町にあった鈴木商店の本店が焼き打ちに遭ったのである。

さらに、第一次世界大戦終結後の戦後恐慌や関東大震災後の不況の慢性化、深刻化により鈴木商店は経営危機に陥った。一方で鈴木商店への貸出が膨張して台湾銀行に巨額の不良債権が発生したことから、台湾銀行は鈴木商店への新規貸出を打ち切った。その結果、一九二七年四月に鈴木商店は経営破綻に追い込まれたのである。

鈴木商店が経営破綻した後、関連会社の多くは他の会社に営業譲渡されたり、解散・整理されたりしたが、その一方で、一九二八年に設立された日商株式会社（現双日株式会社）のように自主再建を果たし現在にまでつながっている会社もある。なお、鈴木商店の清算手続きは終了していないため、登記上、現在も鈴木商店は存在していることになっている。

鈴木商店モニュメント

鈴木商店の経営実態については、米騒動で本店が焼き打ちに遭い、その後短期間で経営破綻に追い込まれたために多くの内部資料が散逸・消失してしまったという事情により、資料的な制約が大きく、従来はメインバンクであった台湾銀行の歴史を記述した台湾銀行史編纂室（一九六四）や総合商社の源流としての鈴木商店を論じた桂（一九七七）などでその一部が明らかにされるにとどまっていた。しかし、近年、台湾における鈴木商店の経営展開を分析した齋藤（二〇一七）、資金借入先の一つであった横浜正金銀行との関係から鈴木商店の経営破綻を解明した武田（二〇一七）、神戸新聞の取材班による連載記事を纏めた神戸新聞社（二〇一七）などにより、鈴木商店の経営実態がより精緻に解明されつつある。

また、鈴木商店在籍社員とその関係者で創立された「辰巳会」

が、鈴木商店の歴史を解説したウェブサイトである「鈴木商店記念館」を公開し、二〇一七年には写真の「鈴木商店モニュメント」を栄町通の本店跡地に建立している。

鈴木商店の歴史に興味のある読者には、これらの文献やウェブサイトを参考にするとともに「鈴木商店モニュメント」を訪れることをお勧めしたい。

〔参考文献〕

桂芳男『総合商社の源流　鈴木商店』日経新書282、日本経済新聞社、一九七七年
神戸新聞社編『遥かな海路　巨大商社・鈴木商店が残したもの』神戸新聞総合出版センター、二〇一七年
齋藤尚文『鈴木商店と台湾—樟脳・砂糖をめぐる人と事業—』晃洋書房、二〇一七年
新修神戸市史編集委員会編『新修神戸市史　産業経済編Ⅲ　第三次産業』神戸市、二〇〇三年
鈴木商店記念館ウェブサイト www.suzukishoten-museum.com/（最終アクセス二〇二〇年一二月三一日）
台湾銀行史編纂室編『台湾銀行史』台湾銀行史編纂室、一九六四年
武田晴人『鈴木商店の経営破綻—横浜正金銀行から見た一側面』日本経済評論社、二〇一七年
藤井聡「ブラック・ボックスとしての鈴木商店」RIEBニュースレター№179、神戸大学経済経営研究所、二〇一七年

近代神戸の政治と社会・点描

尾原宏之

1 「寒村」としての神戸

神戸市役所が一九二五年に発行した『神戸市民読本』は、みずからの都市の特徴を次のように語っている。

「我が神戸市は実に僅か五十年の間に発達した極めて新しい都市である。京都やロンドンのやうに古い都市ではなく、横浜やシカゴのやうな若い都会である[1]」。

一九二五年の五〇年前は、一八七五（明治八）年である。長い歴史と伝統を誇る京都などの都市とは違い、明治以降になんらかの理由で急激に発展した新興都市だということ。これが、役所も認める神戸の第一の特徴である。

（1） 神戸市役所編『神戸市民読本』、神戸市役所、一九二五年。

明治以前の神戸はどんなところだったか。現在の中心地である三宮・元町付近には、西国街道沿いに東から神戸村、二つ茶屋村、走水《はしうど》村という小さな村が並んでおり、三村あわせても一〇〇〇戸に満たない規模だったという。「走水」の名は現中央区元町通五丁目にある走水神社などに残る。

神戸が急速に発達した背景には、政治的事情がある。それは、一八五八年に締結された日米修好通商条約をはじめとする安政五箇国条約によって、箱館・神奈川・長崎・新潟・兵庫の五港の開港が約されたことに始まる。条約では西暦一八六三年一月一日に兵庫を開港することが定められたが、攘夷運動の高まりや経済的な混乱を理由に延期され、実際は一八六八年一月一日の開港となった。その間、一八六五年にはイギリス公使パークスら英・仏・蘭・米の外交使節を乗せた艦隊が兵庫沖に押しかけ、兵庫即時開港や条約勅許を強要する事件が発生している。列国が強く求める兵庫開港は、攘夷派がとりわけ激しく忌避したことだった。兵庫は、天皇が住む京都に近い。孝明天皇も頑として開港を認めなかったので、兵庫問題は倒幕勢力が幕府を揺さぶる強力な武器になった。

ほんらいの「兵庫」は、現在の神戸市街や神戸港中心部から離れた兵庫津のことを指す。日本史の教科書に出てくる大輪田泊に起源を持ち、江戸時代には大坂と各地を結ぶ要衝として栄えた港町である。西国街道の宿場町でもあり、人口は二万を数えていたという。ところが、近代以降に発展したのは歴史ある兵庫ではなく、少し離れた寒村・神戸だった。むしろ寒村だったから発展したというべきだろう。開港すれば、そこには外国人居留地が置かれる。激しい攘夷運動の中ですでに外国人殺傷事件が多数起こっており、幕府を苦しめていた。にぎわう兵庫に居留地を置けば、必ず日本人と外国人との摩擦が発生する。

図1　アーネスト・サトウ（横浜開港資料館所蔵）

そこで、さびれた神戸が選ばれたというわけである。

この点、外国側も同じ見解を持っていたようだ。著名なイギリスの外交官アーネスト・サトウは、一八六五年にイギリス公使パークス、オランダ外交代表ポルスブルックらとともに兵庫や神戸を視察した日のことを日記にこう書いている。

「十一月八日（陰暦九月二十日）パークス、それにポルスブルックとともに上陸し、神戸までいった。ふたりは外国人居留地として使える土地をさがしているのである。海岸に面した土地を見つけるとすれば―日本人を立ち退かせて、その跡地を利用する場合は別であるが、そういうことをするのは、非常に良くないことだと思う―、湊川の河口と神戸とのあいだによこたわる、だれも人の住んでいない低地しかない。ここならば、約一・六キロにわたって海に面している。現在ここには稲と綿の木が植えられている」(2)。

実際に居留地が建設された場所よりもやや西側を指しているが、いずれにせよ人のいない場所を選ぼうとしている様子がうかがえる。すでに一八五九年に開港していた横浜のことが念頭にあったのかもしれない。条約では神奈川を開港することになっていたが、東海道の宿場町としてにぎわっていたので、対岸に位置する一〇〇戸程度の小さな村の横浜が

(2)　萩原延壽『英国策論　遠い崖　アーネスト・サトウ日記抄3』、朝日文庫、二〇〇七年。

開港場に選ばれた。

兵庫ではなく神戸が居留地とされた背景には、神戸側の海岸のほうが水深も深く大型船の入港に適しているという外国側の判断や、荒地の神戸に居留地を造設すれば安上がりで済む、という幕府の思惑もあったようだ(3)。

こうして、東は改修前の生田川（現フラワーロード）から西は鯉川（現鯉川筋）まで、北は西国街道から南は海岸までの区域が外国人居留地となり、その外縁に雑居地が置かれた。「南京町」と呼ばれる中華街が居留地の境界である鯉川筋に面しているのは、清と日本が条約を締結していなかったので清国人が居留地内に住めなかったことによる。

居留地は必然的に海外のさまざまな物資や情報が集積する場所になるので、ビジネスチャンスや仕事を求める人々がその周辺に集まることになる。ごく単純にいえば、このようにして現在につながる神戸の基礎ができていった。

2　神戸で出世した男

西暦一八六八年一月一日（旧暦慶応三年一二月七日）、ついに神戸は開港した。すでに約二ヶ月前に大政奉還が行われていたが、徳川氏に代わって外交を処理できる勢力が存在するわけでもないので、開港準備は幕府の役人が担った。

開港当日、それにあわせて建設された兵庫運上所（のち神戸税関）で式典が開かれた。兵庫奉行柴田剛中が宣言文を読み上げ、イギリス公使パークス、フランス公使ロッシュら

（3）土居晴夫「幕末の兵庫」（神木哲男・崎山昌廣編著『歴史海道のターミナル』、神戸新聞総合出版センター、一九九六年）。

図2　三宮神社の「神戸事件発生地」碑（筆者撮影）

各国代表が列席して祝杯をあげた。海上では外国軍艦が礼砲を鳴らした[4]。

だがこの二日後、京都で王政復古の大号令が発せられ、新政府の樹立が宣言されると事情は急変した。鳥羽・伏見の戦いを皮切りに戊辰戦争が始まり、大坂を脱出して江戸に逃げた徳川慶喜に続いて兵庫奉行の柴田も神戸から撤退してしまったのである。

そんな情勢の中、新政府にとって第一号となる外交事件が神戸で発生する。一八六八年二月四日（旧暦一月一一日）、新政府の命を受けて西宮の警備に向かっていた岡山藩の部隊が神戸の三宮神社付近で前を横切った外国兵に発砲、英・仏・米の兵士が応戦して銃撃戦となった。岡山藩の部隊は駆けつけたパークスとその随員にも発砲したという。各国守備隊はすぐさま神戸港に停泊中の諸藩の船舶を抑留し、居留地を占領した。いわゆる神戸事件である。新政府が激しく動揺したことはいうまでもない。

ところが、この事件を出世の糸口にしてしまった人物がいる。当時まだ二〇代なかばの伊藤博文である[5]。

伊藤は大政奉還から鳥羽・伏見の戦いにかけて、長崎でグラバー商会と汽船借り入れの契約を結んだり、米国人医師を兵庫から長州に案内したりと、政治の激動から離れていた。下関で悶々とする日々を送っていたがようやく上京の機会を得て、イギリス艦船に便乗し

（4）　楠本利夫『増補 国際都市神戸の系譜』、公人の友社、二〇〇七年。

（5）　伊藤の神戸時代の足跡については春畝公追頌会編『伊藤博文伝』（明治百年史叢書、原書房、一九七〇年）を参照。

図3　伊藤博文（近代日本人の肖像）

発砲事件の翌日、神戸に到着した。

長州藩の外交活動でパークスと面識があった伊藤は事件を憂慮し、さっそく面会することにした。激怒するパークスは、日本側の攘夷的な態度や、諸外国に対して新政府樹立の挨拶もないことをなじったという。

それを聞いた伊藤はすぐ大坂に向かい、外国事務取調掛に任ぜられた東久世通禧《みちとみ》を訪ねた。そしてパークスとの会見内容を伝えるとともに、諸外国に対して新政府樹立を正式に宣言し、その後に神戸事件の処理を行うべきと進言した。東久世はその意見を受け入れて政府に具申、同時に伊藤は外国事務掛に任命された。これが伊藤にとって新政府での最初のキャリアである。

その後伊藤は神戸事件の処理にあたったが、結局は関係各国の要求どおり新政府の陳謝と責任者の死罪で落着した。発砲を命じた責任を引き受けたのは瀧善三郎という人物で、事件発生の翌月、兵庫の永福寺で切腹する。のちの回想によれば、伊藤はパークスに瀧の助命の斡旋を依頼するも不調に終わり、検視として切腹に立ち会ったとのことである。

切腹は、検分に訪れた各国軍人や外交官の目前で行われた。瀧が腹を一文字に切って短刀を三方に戻し、首を差し出して斬られると外国人は肝を冷やし、顔色を変えたという。

外国人に切腹が公開された最初といわれている。[6] 兵庫区にある天台宗の能福寺に現在も瀧の供養碑が残る。

伊藤は、神戸を中心とした外交の舞台で頭角をあらわした。神戸事件の発生から一ヶ月たたないうちに新政府の参与となり、外国事務掛兼務で引き続き駐在を命ぜられた。その後徴士参与職外国事務局判事となり、土佐藩兵によるフランス水兵殺傷事件である堺事件の処理や、天皇による最初の外国公使謁見（仏・蘭・英）の通訳にあたった。そして神戸事件の三ヶ月後には「神戸開港場管轄外国事務」のすべてを委任され、一八六八年七月一二日（旧暦五月二三日）、兵庫県の設置とともに初代県知事に就任した。

当初の兵庫県（第一次兵庫県）は、旧幕府領である神戸の開港場を中心とする狭いエリアといくつかの飛び地から成り立っていた。まだ廃藩置県前なので、旧大名領は引き続き藩が統治している。今日とは違い、兵庫県知事の主要任務は神戸における対外関係の一切を処理することにあった。まだ戊辰戦争中ではあったが、京都や大阪に最も近い港である神戸は外交の最前線であり、伊藤はそこで二六歳にして重要な地位に就いたのである。[7]

伊藤は開港間もない神戸で外交案件を処理すると同時に、版籍奉還・廃藩置県や政府直属軍の創設、人民の自由の拡大などを訴える建白を行った。結果として、これらの活動が原因で兵庫県知事の職を辞することになる。諸藩の守旧派などが急進的改革を唱える伊藤を敵視しだしたからとされる。任命から一年たらず、伊藤は東京に去り、以後中央政界に活躍の場を移すことになった。

あわせても一年半弱の短い滞在ではあったが、イギリス留学経験を持ち、英語力があり、長州藩で外国との交渉を経験していた伊藤にとって、神戸は得がたい活躍の場所だった。

（6）『国史大辞典』「神戸事件」（石井孝）参照。

（7）伊藤に関する近年の評伝として、伊藤之雄『伊藤博文』（講談社学術文庫、二〇一五年）、瀧井一博『伊藤博文』（中公新書、二〇一〇年）。

伊藤からすれば、とても幸運な出会いだったのである。

3　神戸名物？　都市暴動

JR神戸駅、神戸高速線高速神戸駅に近い湊川神社に、伊藤が奉納した石灯籠が残されている。湊川神社は後醍醐天皇に忠節を尽くした楠木正成を祀る神社で、一八七二年、明治天皇の命により正成終焉の場所といわれる土地に建てられた。伊藤は神社の創建に尽力したといわれている。

ところで、湊川神社の境内には一九〇四年に伊藤の銅像が建てられたが、ある事件がきっかけで一年たたないうちに撤去された。

そのきっかけとは、一九〇五年に発生した日露戦争講和条約反対運動である。九月五日に東京で発生した日比谷焼打事件では、数万の民衆が暴徒化し、市内の警察署や派出所、内務大臣官邸や新聞社、電車までもが襲撃された。

東京に戒厳が敷かれた翌日の九月七日、炎は神戸にも燃え移った。湊川神社近くの大黒座で講和反対演説会が開かれた夜、二〇人から三〇人の若者が境内に集まった。そして、そこにあった伊藤の銅像に石瓦を投げつけ、竹や棍棒で打ち始めた。

そうこうするうちにだんだん人が増え、「引きずり下ろせ」「池に沈めろ」といった叫び声が出るようになった。すると赤裸の大男が人混みから飛び出し、伊藤像の頭部を鉄槌でメッタ打ちにした。群衆は興奮してフンドシを外し、それを綱状に結んで伊藤像を引っぱった。最後は近所から略奪した亜鉛線と鎖をつないで、引き倒してしまったという。

そうして、一〇〇〇人ほどの群衆が縄やフンドシを巻いて伊藤像を境内から引きずり出した。街に繰り出した群衆は数隊にわかれて派出所や警察署を襲撃、巡査に暴行を加えた。投石はもちろん放火を試みる者まであった。ボロボロになった銅像はそのまま福原遊郭あたりに放棄されたらしい。(8) 連日派出所を襲うなどの暴動が続き、湊川遊園地の市民大会に数万の群衆が押し寄せた九日の夜、ピークに達した。多数の逮捕者が出た。

日露戦争は薄氷の勝利で、ロシアに強気の要求をする余裕などなかったのだが、それを知らない民衆は賠償金を獲得できなかった政府首脳に怒りを爆発させた。日露講和反対運動は民衆が政治的な主張と行動を始めた画期といわれ、「大正デモクラシー」の始点と考えられている。(9)

伊藤像をめぐる騒動の後も、大きな騒乱や社会運動がたびたび神戸で発生した。一九一二～一三年の第一次憲政擁護運動（大正政変）でも暴動が起き、藩閥政治を代表する桂太郎の新党に加わった神戸市在住衆議院議員の邸宅が連日襲撃された。「変節代議士」と呼ばれた小寺謙吉邸の襲撃・破壊には、数千の群衆が集まったといわれる。(10) この時は鎮圧のために軍隊が動員された。

日本史上最大規模の民衆暴動と呼ばれる一九一八年の米騒動でも、神戸で大暴動が発生する。この年の夏、都市人口の急増や第一次世界大戦にともなうインフレ、シベリア出兵に乗じた買い占めなどにより、米価が暴騰した。神戸市では八月に入ってから五割以上も米価が高くなり、庶民の不満と不安が募っていった。やがて人々は新開地の湊川公園に集まり、安売りを求めて米屋に押しかけるようになった。八月一二日には三菱造船所で労働

（8）『大阪朝日新聞』一九〇五年九月九日など。その後伊藤像は、実業家の大倉喜八郎が寄付した大倉山公園（現中央区楠町）に再建されたが、太平洋戦争中の金属供出で撤去され、現在は台座だけが残っている。

（9） 三谷太一郎『大正デモクラシー論 第三版』、東京大学出版会、二〇一三年。

（10）『大阪朝日新聞』一九一三年二月一五日。

図4　鈴木商店本店（写真提供：鈴木商店記念館）

図5　鈴木商店焼き打ち後（写真提供：鈴木商店記念館）

者の暴動が発生し、群衆が各所の米屋を襲撃しだした。

米騒動を代表する事件、鈴木商店の焼き打ちが発生したのはこの日の夜のことである。鈴木商店は神戸に本店を置く新興財閥で、第一次大戦を機に劇的に成長した（270頁参照）。一九一七年には、当時のＧＮＰ（国民総生産）の一割に匹敵する売り上げがあったという[11]。

米を買い占めて価格をつり上げた黒幕はその鈴木商店だという噂がひろがり、一二日の夜、興奮した群衆が東川崎町一丁目の本店に押し寄せた。その数二万に達したらしい。

大混乱の中、投石が始まり、破壊、放火へとエスカレートした。元は高級ホテル「みかどホテル」だった壮麗な社屋はやがて焼け落ちた。鈴木商店傘下の神戸製鋼や、庶民をいじめて暴利をむさぼっているとの悪評があった貸家管理業者の兵神館、神戸新聞社も破壊と放火の対象になった[12]。米騒動では全国的にこれまでにない規模で軍隊が出動したが、神戸も例外ではなかった。

(11)　「鈴木商店記念館」ウェブサイト(http://www.suzukishoten-museum.com/)参照。

(12)　神戸の米騒動については阿部真琴『兵庫米騒動記』（新日本新書、一九六九年）など。本当に鈴木商店が米価暴騰に関与したかを追跡したノンフィクション小説に、城山三郎『鼠』がある（新装版が文春文庫より刊行）。城山の最高傑作と評する人もいる。

4　資本主義の光と影

神戸でたびたび起きた都市暴動の中心には、「下層社会」に属する民衆がいた。彼らの存在は、神戸という都市のなりたちと無関係ではない。もともと小さな村だった神戸は、幕末の動乱期に開港場となった。居留地の建設工事や港湾の荷役労務には多数の労働力が要る。人々は仕事を求めて神戸に集まり、不衛生な木賃宿や長屋に住み、生活苦や不安を抱えながら重労働の日々を送ることになる。

一八九九年、条約改正によって居留地が廃止された。それを機に神戸でも市域の近代化が進むが、その過程で人夫とその家族の居住地は特定地域に集中し、スラム（貧民街）が形成される。日本有数の大貧民窟、と呼ばれる地域もあった。貧困や劣悪な衛生状態にあえぐ「下層社会」が、社会問題と都市暴動の震源地になっていく[13]。

社会運動家の賀川豊彦がその活動を開始したのは、育てられない乳児をよそから引き取って餓死させる「貰い子殺し」という商売さえ横行する貧民街だった。賀川はそこでキリスト教の伝道のほか、食事や宿泊施設の提供、子供・病人の世話など、献身的な社会事業を続けた[14]。賀川が神戸で創設した「イエス団」は、今日も幼児園・保育園や高齢者福祉施設の運営にあたっている。二〇〇九年には中央区吾妻通のコミュニティセンター「賀川記念館」が建て替えられ、その中に賀川の生涯を紹介するミュージアムも設けられた。賀川の記念館や資料館はこのほかに東京都世田谷区・墨田区、兵庫県三木市、徳島県鳴門市

（13）　新修神戸市史編集委員会編『新修 神戸市史』（歴史編Ⅳ近代・現代、神戸市、一九九四年）などを参照。

（14）　賀川の自伝的小説である『死線を越えて』（一九二〇年）は、神戸のスラムでの生活や救済活動にも紙幅を割いている。同書は刊行直後からベストセラーとなり、現在も比較的入手しやすい。

図6　賀川豊彦と子供（写真提供：賀川記念館）

図7　賀川記念館（筆者撮影）

に存在する。

神戸という都市が抱え込む貧民街には、港湾で荷役作業にあたる仲仕や、土木・建設作業員のほかに工場で働く職工も多数居住していた。神戸は川崎造船所や三菱造船所に象徴される重工業都市でもあったからである。[15] 伊藤像の引き倒し、大正政変時の代議士邸襲撃などでも、市内各所に住む職工が多数逮捕されている。一九一八年に起きた米騒動の神戸関係被告二一五人の内訳は、工場労働者四七、工場外労働者六〇、労務・製造業七二、物品販売業など三一、無職五だという。[16]

(15)　隅谷三喜男『賀川豊彦』、岩波現代文庫、二〇一一年。

(16)　阿部前掲書。

職工自身をも含む民衆の騒乱は、労働運動を刺激する。一九一九年九月、第一次大戦後の物価高騰に苦しむ川崎造船所約一万六〇〇〇人の職工が賃上げを求めてサボタージュ（怠業）に突入、松方幸次郎社長は八時間労働制の実施と賃上げを発表した。八時間制実施は、大企業として非常に早かった。

一九二一年には、戦後不況の中で川崎・三菱の両造船所を中心に巨大争議が発生する。労働組合加入の自由、団体交渉権の確立、工場委員制度の導入、解雇・退職手当の支給、賃上げなどを求めた争議で、戦前最大の労働

図8　「八時間労働発祥の地」碑と川崎重工（筆者撮影）

図9　内田信也（近代日本人の肖像）

争議と呼ばれる。川崎、三菱の工場はストップし、神戸市街には三万五〇〇〇人のデモ隊が繰り出した。川崎造船所では職工側が現場を管理して生産を続ける「工場管理宣言」が出された。争議の指導者のひとりに前出の賀川豊彦がいる。最終的には軍隊の出動や警察による激しい弾圧、会社側による切り崩しによって敗北したが、今日も語り継がれる労働争議である。

　暴動や争議に参加する貧しい民衆や労働者がひしめく一方で、神戸が提供する巨大なビジネスチャンスは経済的勝者（一時的な場合も多かったが）を生み出した。神戸は第一次大戦時の船舶需要に乗じて巨万の富を得た「船成金」の本場中の本場で、内田汽船の内田信也、勝田汽船の勝田銀次郎といった人物の本拠や邸宅があり、山下亀三郎の山下汽船の本店もあった。[17]「成金都市」とさえ呼ばれた神戸に住む富豪の儲けぶりや暮らしぶりは、庶民の興

（17）　この三人は「三大船成金」と呼ばれた。上岡一史『第一次大戦期における船成金の出現』（法政大学イノベーション・マネジメント研究センター、二〇一二年）参照。

味を駆り立てた。五〇〇〇坪といわれた内田信也の「須磨御殿」には京都の鞍馬山から一個一万円で運ばせた庭石が八つある、鈴木商店の息子は一日に一〇〇〇円の小遣いをもらってもなお足りない、などの噂話が好んで語られた(18)。トップエリート帝国大学卒業生の初任給が日本郵船で月八〇円という時代である。

一方に国内有数の豊かな暮らしがあれば、一方に国内有数の貧民街がある。六甲山地と大阪湾に挟まれた狭隘な地域で、資本主義の光と影が交錯する。そのことが、神戸で起きた都市暴動や労働運動を激しいものにしたといったら、少々うがちすぎだろうか。

(18) 酒井潔『日本歓楽郷案内』、竹酔書房、一九三一年。

〔参考文献〕
大前朔郎・池田信『日本労働運動史論』、日本評論社、一九六六年
阿部真琴『兵庫米騒動記』、新日本新書、一九六九年
新修神戸市史編集委員会編『新修 神戸市史』歴史編Ⅳ 近代・現代、神戸市、一九九四年
楠本利夫『増補 国際都市神戸の系譜』、公人の友社、二〇〇七年
山崎整『幕末維新の兵庫・神戸』、神戸新聞総合出版センター、二〇一八年

大倉山にあった伊藤博文像（兵庫県公館県政資料館所蔵・服部一三知事関係資料）

column

神戸の発展を「予言」した人々

尾原宏之

荒地や田畑にポツポツ家屋があるような一画が開港場となり、明治末期からの港湾拡張によって神戸はめざましく発展した。

そうなると「いや、俺は神戸の発展を前から予想していたぞ」という人が必ずあらわれるものである。ここではそんな人物を二人ほど取り上げてみたい。

まずは明治・大正期に二度首相を務めた維新の元勲、大隈重信である。幕末に佐賀藩士だった大隈は神戸の発展を確信し、安いうちに土地を買い占める計画を立てたという。

「維新前に於ても何等識見なき徒輩には分らなかつたらうが、多少政治にでも関係して居る程のものは、皆此神戸が将来日本第一の貿易港となる位の事は判つて居た。併し当時の神戸の山の手辺はアチラに二軒コチラに三軒、堀立《ママ》小屋らしいものがあつた位であつた。そこで元治年間に自分は旧藩主鍋島侯の為に一策を建て、今の中に全部を買占めたら宜からうと思ひ立つた」（市島謙吉『大隈侯一言一行』）。

写真1　大隈重信（近代日本人の肖像）

大隈の計画は次のとおりである。当時、四国艦隊下関砲撃事件の余波を受けて関西の米価が暴騰していた。そこで、外国船を手配し東北地方で安い米を購入、関西に

写真2　勝海舟(近代日本人の肖像)

写真3　神戸海軍操練所跡(筆者撮影)

運んで売る。そうすれば、当時の神戸を買い占めるぐらいの利益が得られる。

大隈は大風呂敷をひろげた発言で知られる人物なので眉唾ものだが、それだけ維新後の神戸の発展が驚くべきものだったということだろう。結局佐賀藩内部からの妨害で頓挫した、とは本人の弁である。

その点、「当時未だ神戸の必要に人が目を着けなかつた際に当つて、私は大いに神戸の開発を率先して苦心を極めた」(『氷川清話』)と語る勝海舟の場合はだいぶ説得力がある。勝は神戸に幕府の海軍操練所を創設した人物だからである。

一八六三年、一四代将軍家茂は蒸気船で大阪湾の視察に出向き、神戸の小野浜に上陸し、随行した勝に「摂州神戸村海軍所、造艦所」の設置を許可した。構想された神戸海軍操練所は、学校だけでなく造船局を含み、長崎製鉄所も付属する壮大な組織であった。一八六四年、現在の神戸市中央区新港町一帯に開設された同所の敷地は、一万坪を超える広大なものだったという。いまは三宮から京町筋を海側に下りて京橋に出たあたりに、錨の形をした神戸海軍操練所跡碑を見ることができる。

また勝は大阪湾防衛のため砲台建設にも取り組んだ。勝の指揮で建てられた和田岬砲台はのちに兵庫県内の国指定史跡第一号となり、三菱重工業神戸造船所の敷地内に現存する。

回顧談『氷川清話』によれば、勝は「生田の森」（三宮にある生田神社の森）の付近に居を構え、神戸で開いた私塾の塾生を住まわせていた。門下のひとりに坂本龍馬がいたことはよく知られた話である。

勝は神戸について「今はつまらない百姓家ばかりだけれど、早晩必ず繁華の場所になる」と確信し、さかんに地所を買ったらしい。「今兵庫県庁が建つて居る辺も、当時俺の所有地だつたヨ」と自慢している。

ところが、もうけ話は頓挫する。操練所や勝の私塾には諸藩の藩士や浪人も集まっていた。京都で禁門の変があり、世情は騒然としている。有象無象を集める神戸の勝は幕府から警戒され、結局江戸に呼び戻されて閉門となった。操練所は開設から一年たたずに閉鎖である。その時に勝の神戸の地所はすべて取り上げられたという。

神戸にいた頃、勝は操練所設立の経緯を記した石碑を作った。その石碑（「海軍営之碑」）は、神戸村の庄屋生島四郎太夫に委ねられ、現在は市街を一望できる諏訪山公園に移設されている。生島は、勝が地所購入を勧めてくれたおかげで大もうけしたそうだ。もっとも、勝自身がそういっていることではあるが。

〔参考文献〕
『勝海舟全集』第九巻、講談社、一九七三年
江藤淳・松浦玲編『氷川清話』講談社学術文庫、二〇〇〇年

神戸モスクとムスリム・コミュニティー

——中町信孝

はじめに

三宮の駅を出て山側に向かい、生田神社の脇を通ってさらに坂を上ったところに、神戸モスクがある。道路に面した二本の塔（ミナレット）と、タマネギ型のドームを擁する鉄筋コンクリート造の建物は、古くからの洋館が多く残る北野の町並みにあっても、ひときわ異彩を放っている（図1）。

モスクとは、ムスリム（イスラム教徒）のための礼拝施設である。このモスクは東京に先んじて一九三五年に建てられた、日本で最も長い歴史を持つイスラム建築としても名高い。神戸大空襲、阪神淡路大震災と度重なる災難に耐え、ほぼ創建時のままの姿を保って

図1　神戸モスク

いることも、驚くべきことであろう。

神戸の街にモスクが建てられ、現在も多くの利用者・観光客を引きつけていることの背景には、国際都市神戸において存続してきたムスリム・コミュニティーの歴史がある。この街がいち早く海外からの人や文物の流入を受け入れ、外国文化と共存してきたことの証でもある。

本章では、開港以来の神戸におけるムスリム・コミュニティーがどのように形成されてきたのか、日本最古のモスクである神戸モスクがどのような経緯で建造されたのか、および、現在に至るまで神戸のムスリムがどのような役割を担い続けてきたのかを紹介する。

1　開港からモスク建造まで

神戸に住む外国人人口については国籍ごとの把握はできるものの、宗教ごとの統計は取られていない。そのため神戸のムスリム人口がどのように推移したかを正確に知ることは難しい。神戸モスクの歴史について詳細な研究を行った福田義昭は、戦前の神戸におけるムスリムをインド系、タタール系、中東系の三つのグループに大別している。その中でもマジョリティーを占めていたインド系とタタール系が、どのような経緯で神戸に住まうようになったのか、以下に見ていこう。

英領インド人の中のムスリム

国際都市神戸の歩みは、一八六八年の開港に始まる。日米通商修好条約を含む安政の五カ国条約を締結した中でも、イギリスは神戸に新しく開設された居留地に多くの商館を置き、一八八一年の兵庫県総計書では、県内に住む外国人九四七人のうちイギリス人が二三八人と、清国人についで二番目の人口となっていた。この時、イギリスの植民地であったインドの人びとが、そのうちのどれくらいを占めていたのかははっきりとは分からない。しかし、一八七七年頃からインド綿糸の輸入など日印間の貿易がさかんになり、インド人の神戸での居住は早くから始まっていた。特に、一八九三年にボンベイ（ムンバイ）・神戸間の航路が開設されると、神戸にも数十のインド商館が立ち並ぶようになっていた。統計上、「英領インド」人がカウントされ始めたのは一九〇〇年のことであり、その年神戸には三〇人の英領インド人が居住していたことが確認できる。

彼ら英領インド人は、絹織物や綿製品の買い付けのため一時的に日本に滞在する者が多かったが、時が経つにつれて定住する者も増加した。特に第一次世界大戦中、インドにおいてイギリス本国からの綿製品の輸入が途絶えると、商品輸入のため日本を訪れるインド商人が急増した。もう一つ、神戸にインド人たちが集まったきっかけとして、一九二三年の関東大震災があった。この震災によって、それまで神戸に次ぐ在日インド人第二の中心地であった横浜からも、インド人被災者が大勢神戸に移住したのである。統計を見ると、神戸のインド人人口は一九〇八年には三八人、一九二〇年には一五七人、一九三九年には六三九人と、急激に増えていったことが分かる。

定住インド人は一九〇四年、神戸に社会組織であるオリエント・クラブを設立したが、この組織は一九一三年からはインド・クラブと改称し、現在まで存続している（図2）。とはいえ当然ながら、英領インド人のすべてがムスリムであるわけではなく、ヒンドゥー教徒、ジャイナ教徒（図3）、ゾロアスター教徒など、宗教的にはさまざまな集団が神戸のインド人社会を構成していた。オリエント・クラブ（インド・クラブ）は英領インド出身

図2　インド・クラブ：今もムスリムを含むインド系住民の交流の場として機能している。

図3　バグワン・マハビールスワミ・ジェイン寺院：神戸在住のグジャラート州出身者によって建てられたジャイナ教寺院。一九八五年落成。

者の互助的な組織ではあったが、彼ら個別の宗教的要請を満たす場ではなかった。特に、毎週金曜日には集団礼拝を行うことが義務とされるムスリムの間では、モスク建造への欲求が高まっていたことは想像に難くない。こうして神戸におけるモスク建造の運動は、英領インド人ムスリムたちの間から始まったのである。

白系ロシア人の中のタタール人

一九一七年にロシアで十月革命が起こりソビエト政権が樹立すると、革命軍である赤軍に対抗して白軍に参加した人びとや、白軍を支持していた人びとが大勢国外に亡命する事態となった。そうした人びとを「白系ロシア人」と呼ぶが、この場合の「ロシア人」とは民族名ではなくロシア帝国の領域に住む人びとを意味するので、その中にはロシア正教のキリスト教徒はもちろん、ユダヤ教徒、ムスリムと、さまざまな宗教グループが含まれていた。そのムスリムもさらに、ヴォルガ川流域のカザン・タタール人や、ウラル山脈南部のバシキール人等に分かれるが、いずれもトルコ（テュルク）系の言語を話す民族であり、総称して「タタール人」と呼ばれる。

この時期世界中に離散した白系ロシア人は二〇〇万人と言われ、その中にはハルビンを経て日本に亡命する者も多かった。神戸は旧満洲との貿易が盛んであったため、ロシア革命以前から多くのロシア人が住んでいたが、関東大震災を契機にして東京や横浜からの避難民が神戸に移り住むようになり、神戸は日本で最も多くの白系ロシア人が住む都市となったのである。彼らの多くは日本において洋服生地を売り歩く行商にたずさわり、中でもハルビンでも行商を行っていたタタール人の活動が目立っていたと言われる。

これら白系ロシア人は神戸において、宗教ごとの社会組織を形成するようになった。一九一五年の神戸猶太人《ユダヤ》協会（図4）、一九二五年のロシア正教徒によるキリスト聖誕教会（図5）、そして一九二九年の神戸トルコ・タタール協会などである。なお、神戸トルコ・タタール協会の会員数は一九三四年時点で一三〇名という数字が残っており、これが神戸におけるタタール人の総数と見なしうる。同時期の東京のタタール人口は一〇〇人を超えることがなく、日本の都市で最大のタタール人コミュニティーが神戸にあったことは間違いない。

日本は当初、反ソビエトの立場を取っていたが、一九二五年には一転して日ソ基本条約を締結してソビエト政権を承認した。それに伴い在日白系ロシア人たちは無国籍となった。不安定な状態に置かれた在日タタール人たちは、日本政府のアジア進出に積極的に協力するグループと、第一次大戦後に建国されたトルコ共和国への移住を求めるグループとに分

図4　オヘル・シェロモー・シナゴーグ：1970年、関西ユダヤ教団によって建てられたシナゴーグ。

図5　神戸ハリストス教会：現在あるロシア正教会は1952年に建立された。

かれていくことになった。

2　モスクの建設

日本におけるモスク建設

本章の冒頭でも述べたとおり、日本で最初に建てられたモスクは神戸モスクであるが、それ以前にもモスク建設を目指す動きは東京で見られた。たとえば一九〇九年、来日中であったタタール人の汎イスラム主義者アブデュルレシト・イブラヒムと、大アジア主義を唱える日本人思想家・活動家たちによって、モスク建設計画が進められた。また一九二四年に来日した東京回教団の指導者クルバンガリーの周辺でも、モスク建設が計画された。

これら東京でのモスク建設運動はその特徴として、日本の軍部や右翼団体との関わりの強さが挙げられる。これはその当時「五族協和」を掲げて大陸進出を行っていた日本政府が、クルバンガリーに代表される在日タタール人たちを利用していたことの現れとも言えよう。しかし一九三三年にはハルビンからタタール民族主義者のアヤーズ・イスハキーが来日すると、クルバンガリー派とイスハキー派との間で対立が深まるなどし、モスク建設計画は大きく遅れた。実際に東京でモスクが完成するのは、神戸に遅れること三年の一九三八年であった。なおイスハキーは一九三四年、東京回教団に対抗してイデル・ウラル・トルコ・タタール文化協会を設立し、神戸を含む東アジア各地のタタール人組織をまとめ上げることに成功した。

神戸モスクの建設

神戸でモスク建設計画を主導したのはタタール人たちではなく、インド人ムスリムたちであった。一九二八年、インド人貿易商のボチアが「モスク委員会」を立ち上げ、モスク建設に必要な資金集めを始めた。神戸のタタール人コミュニティーも出資者に名前を連ねているが、出資額の大半を供出したのは裕福なインド人商人たちであった。特にインド人商人のフェローズッディーンは、醵金《きょきん》総額約一二万円の半分以上を一人で負担した。

資金集めと並行してモスク委員会は、現在ある中山手通《なかやまてどおり》に敷地を購入した。そして一九三四年には兵庫県にモスク建設の出願がなされ、認可が下りた。こうしてモスクの建設が始まった。チェコ人の建築家ヤン・スワガー（チェコ語の発音ではシュヴァグル）の設計のもと、竹中工務店が施工を受け持った。シュヴァグルはその頃すでに東京の聖路加《ルカ》病院、横浜のカトリック山手教会などの設計に携わっており、またカトリック豊中教会など数々の宗教建築の設計を手がけた建築家であった。ただし、モスク委員会がシュヴァグルに委嘱する前に、竹中工務店が作成したとおぼしきモスクの設計図案が現存していることから、神戸モスクの設計・建設における竹中の役割を過小評価することはできないだろう（宇高、二〇一八）。

一九三五年、神戸モスクが完成した。当時来日していた全インド・ムスリム連盟の元議長アブドゥル・アズィーズを座長として開かれた落成祝賀会には、神戸市長の勝田銀二郎をはじめ、五〇〇名もの来賓が列席した。こうして日本初のモスクの建立が、日本の宗教的寛容性を象徴する出来事として、大々的に報じられたのである。

3　戦中・戦後・現在のモスク

神戸モスクと戦争

神戸、東京と、相次いでモスクが建てられた時代は、日本が戦争への道を歩んでいた時代と重なる。一九三八年に日独伊防共協定が締結されたことと、日本の軍部が反ソビエトのタタール人のために東京モスク建設を後押ししたことは、無関係とは言えないだろう。このような国策とは距離を取りつつ完成した神戸モスクであっても、政治的影響は免れ得なかった。一九四一年、日本がシンガポールに進駐してイギリスと開戦したため、神戸に住んでいた英領インド人商人の多くが日本を去ったのである。

一方、無国籍状態に不安を抱いていたタタール人の間では、戦時中、トルコ共和国の国籍を取得しようとする運動が広まっていた。しかし当時の日本政府は、敵対するソ連と同盟関係にあったトルコにこれらのタタール人が帰化することを認めず、タタール人への抑圧を強めた。彼らがトルコへ「帰国」できたのは日本の敗戦後、トルコ政府が西側諸国の一員となり、在外トルコ系民族に国内移住の許可を与えた一九五三年以降のことであった。

一九四五年六月の神戸大空襲では、市内に大量の焼夷弾が投下されて多くの死傷者が出た。焼け野原となった北野地区の中で、白亜のモスクだけが無傷のまま佇む写真が今も残っている（図6）。

図6　焼け跡に立つ神戸モスク（1945年6月、写真提供：神戸新聞社）

震災、そして現在

開戦時のインド系ムスリムの帰国、戦後のタタール人のトルコ移住で、神戸のムスリムは一時大きく減少した。しかし、神戸の貿易港としての重要性は変わることがなく、戦後もニューカマーのムスリムたちが神戸モスクを利用し続けている。英領インドは一九四七年、ヒンドゥー教徒を主とするインド連邦とムスリムを主とするパキスタンに分離独立したが（一九五五年より東パキスタンがバングラデシュとして独立）、パキスタン人は今も神戸に多数居住している。またインドネシアやマレーシアなど東南アジアのムスリム諸国からは、主に留学生として神戸に滞在する者が多い。

一九八〇年頃パキスタンから来日し、多年にわたり神戸モスクの理事を務めた新井アハサン氏のインタビュー（ブージッド、二〇一三）によれば、最近の神戸モスクに集まる人びとの国籍は、インドネシア人、パキスタン人が多く、アラビア語圏のアフリカ人も増えている。彼らは礼拝のためにモスクに集まると同時に、同国人との会話・交流の場としてモスクを用いているという。またモスクはムスリムたちの結婚や葬式が行われる場所であり、子どもたちの日曜学校（アラビア語教育）の場としても機能している。

戦後五〇年目に起こった阪神淡路大震災は、神戸モスクが周辺住民との良好な関係を醸成するきっかけとなったと言われる。震災でもほとんど損傷がなかったモスクは、当初ムスリム向けの避難所となっていたが、東京から届いた支援物資を被災した非ムスリムにも配ったことが、地元住民から大いに感謝されたのである。

現在、神戸モスクは神戸のみならず関西一円からムスリムが集まる交流の場となっている。休日には四〇〇名を超すムスリムが訪れ、またイスラームの宗教的祝祭である断食明け祭や犠牲祭には一〇〇〇人もの人びとが集まり、隣の駐車場のスペースにまで敷物を敷いて礼拝を行う。筆者も一〇年来、学生を伴って毎年のように見学に訪れているが、異教徒である私たちに対して常に快く扉を開いてくれる。今後も神戸モスクは、多文化都市神戸を象徴する、開かれた宗教施設であり続けることだろう。

〔参考文献〕

宇高雄志『神戸モスク　建築と街と人』東方出版、二〇一八年
小松久男『イブラヒム、日本への旅　ロシア・オスマン帝国・日本』刀水書房、二〇〇八年
店田廣文『日本のモスク　滞日ムスリムの社会的活動』山川出版社、二〇一五年
中西雄二「神戸における白系ロシア人社会の生成と衰退」『人文地理』五六―六、二〇〇四年
西山克典「クルバンガリー追尋　国際情勢に待機して（一）―（二）」『国際関係・比較文化研究』四―二、五―一、二〇〇六年
福田義昭「神戸モスク建立前史　昭和戦前・戦中期における在神ムスリム・コミュニティの形成」臼杵陽編『日本・イスラーム関係のデータベース構築　戦前期回教研究から中東イスラーム地域研究への展開』二〇〇八年
福田義昭「神戸モスク建立　昭和戦前期の在神ムスリムによる日本初のモスク建立事業」『アジア文化研究所研究年報』四五、二〇一〇年
オムリ・ブージッド「モスクと地域社会」関西学院大学キリスト教徒文化研究センター編『ミナト神戸の宗教とコミュニティー』神戸新聞総合出版センター、二〇一三年
松長昭『在日タタール人　歴史に翻弄されたイスラーム教徒たち』東洋書店、二〇〇九年
南埜猛、澤宗則「在日インド人社会の変遷　定住地神戸を事例として」『神戸地理』五〇、二〇〇五年

column

神戸と音楽

中町信孝

神戸と音楽と言えば、日本ジャズ揺籃の地、カラオケ誕生の地など、さまざまな形容が思い浮かぶ。しかしこのコラムで取り上げるのは、神戸と歌謡曲との関わりである。神戸にちなむ代表的な楽曲を時代順に追いながら、神戸が日本のポピュラー文化の中で果たしてきた役割について考えてみたい。

昭和のムード歌謡では、神戸はもっぱら「港町」のイメージでとらえられていた。代表的なものは、内山田洋とクールファイブの「そして神戸」（一九七二）である。この歌はボーカル前川清の「神戸〜、泣いてどうなるのか」というキャッチーな歌い出しによって、昭和世代の誰もが知る大ヒットとなった。五木ひろしの「長崎から船に乗って」（一九七一）も歌詞に神戸を歌い込んだムード歌謡の名曲だが、五木は同年「よこはま・たそがれ」のヒットを飛ばしていた。言わば神戸は、横浜や長崎、さらには函館などとともに、日本中の「港町」を代表するムード歌謡の定番都市と見なされるようになっていたのである。「ブルー・ライト・ヨコハマ」（一九六八）のヒットで知られるいしだあゆみが、一九七七年に「港・坂道・異人館」と題する神戸のご当地ソングを歌ったのも、こうしたイメージを踏まえてのことと理解できよう。

一九八〇年代に入ると、「港町」神戸というイメージを脱却する新たな楽曲が作られ始めた。和製プログレッシブ・ロックの草分け的存在であるゴダイゴが歌った「ポートピア」（一九八〇）は、神戸の再開発を象徴するポートピア博覧会のテーマソングとして、未来志向の新しい神戸のイメージを打ち出すものであった。不良っぽい若者らしさを売りにして人気を博した男性アイドルの近藤真彦は、「泣いてみりゃいいじゃん」（一九八七）で神戸を歌いこんだが、そこには「横浜《ハマ》」と対で語られる、ムード歌謡的な港町観が色濃く残っていた。一方、兵庫県出身の女性アイドル南野陽子が歌った「春景色」（一九八六）では、「神戸線」沿線を通学路とする高校生の視点から見たおしゃれな神戸の風景が描かれ、新鮮な感動を呼んだ。さらに歌謡曲が「J-POP《ジェイポップ》」と呼ばれるようになった一九九〇年代に、坂井泉水ことZARD《ザード》が歌った「もう少し　あと少し」（一九九三）も、神戸のイメージを刷新する試みであったと言えよう。

　一九九五年一月の阪神淡路大震災は不幸な出来事であったが、これを契機に多くのアーティストによるトリビュートソングが現れたと言う点で、日本の歌謡曲史の中でも無視できない重要性を持つ。関西に拠点を置くパンクバンドのソウル・フラワー・ユニオンは、震災直後から神戸各地の避難所での出前ライブを敢行し、その中で「満月の夕《ゆうべ》」を制作・発表した。この曲はその後、名だたるアーティストたちが数多くカバーする名曲となり、震災の年に生まれた西宮市出身歌手のあいみょんも自らの「音楽体験の原点」としてその名を挙げてカバーバージョンを公表している。神戸市出身の平松愛理は、震災直後に「美《うま》し都～がんばろや　We Love Kobe」を発表し、復興支援ライブ「Kobe Meeting」を開始した。このライブは以後定例化し、二十五年間にわたって毎年開催されることとなった。有名アーティスト以外では、神戸市の小学校の音楽教諭、臼井真が作詞作曲した「しあわせ運べるように」が、神戸市復興のシンボルとして流行した。この曲は二〇一一年の東日本大震災を機にリメイク版が作られ、さらに幅広く知られるようになった。

　二〇〇〇年代以降、神戸に拠点を置いて音楽活動を行う個性的なアーティストたちが現れ、「港町」でも「被災地」でもない神戸の新たなイメージを作り出している。いわゆる「青春パンク」の代表格、ガガガSP《スペシャル》は、バンドメンバー全員が神戸市の出身であり、「国道二号線」など地元神戸を取り上げた楽曲を数多く作って日本中のファンを惹きつけている。また、瀬戸内海に面した七つの県に拠点を置くローカルアイドルグループのSTU《エスティーユー》48《フォーティーエイト》は、「船上ライブ」を活動の中心としているが、神戸港はその重要な拠点の一つに位置づけられている。

神戸在住にこだわる音楽家としてはもう一人、トラックメーカーのtofubeats《トーフビーツ》がいる。彼は神戸に住み続けながら有名歌手への楽曲の提供を行う音楽プロデューサーでもあり、二〇一八年には映画「寝ても覚めても」（濱口竜介監督）の音楽を担当して国際的にも高い評価を得た。今や神戸は歌謡曲の題材として受動的に取り上げられる対象に留まらず、自ら歌声を発して日本中、世界中に届けさせる、音楽の発信地となっているのである。

●な行●

●は行●

●ま行●

●や行●

●ら行●

●わ行●

●さ行●

●た行●

索引

山崎俊輔（やまさき・しゅんすけ）／甲南大学共通教育センター教授／コーチ学／『柔道の視点』（分担執筆）道和書院、2000年など

服部　正（はっとり・ただし）／甲南大学文学部教授／美術史・芸術学／『アウトサイダー・アート』光文社新書、2003年など

栗田宣義（くりた・のぶよし）／甲南大学文学部教授／文化社会学／『メイクとファッション』晃洋書房、近刊など

稲田清一（いなだ・せいいち）／甲南大学文学部教授／中国近世・近代史／『近代東アジア土地調査事業研究』（共著）大阪大学出版会、2017年など

伊庭　緑（いば・みどり）／甲南大学国際言語文化センター教授／英語教育・音声学／『Experimental Studies on Prosodic Features in Second Language Acquisition -Training Japanese learners to produce natural English』春風社、2010年など

平井健介（ひらい・けんすけ）／甲南大学経済学部准教授／日本植民地経済史／『砂糖の帝国—日本植民地とアジア市場—』東京大学出版会、2017年など

永廣　顕（えひろ・あきら）／甲南大学経済学部教授／財政金融論・財政金融史／『平成財政史−平成元～12年度 第5巻 国債・財政投融資』（共著）大蔵財務協会、2015年など

尾原宏之（おはら・ひろゆき）／甲南大学法学部准教授／日本政治思想史／『軍事と公論』慶應義塾大学出版会、2013年など

中町信孝（なかまち・のぶたか）／甲南大学文学部教授／イスラーム史／『「アラブの春」と音楽』DUブックス、2016年など

執筆者一覧（執筆順: 氏名／所属〔2021年 3月現在〕／専門分野／主要業績）

出口晶子（でぐち・あきこ）／甲南大学文学部教授／民俗学／「船漆喰—近世文書の民俗学的考察」『国立歴史民俗博物館研究報告』223、2021年など

佐藤公美（さとう・ひとみ）／甲南大学文学部教授／ヨーロッパ中世史／『中世イタリアの地域と国家—紛争と平和の政治社会史—』京都大学学術出版会、2012年など

鳴海邦匡（なるみ・くにただ）／甲南大学文学部教授／歴史地理学／『近世日本の地図と測量』九州大学出版会、2007年など

中辻　享（なかつじ・すすむ）／甲南大学文学部教授／人文地理学・東南アジア地域研究／Nakatsuji, S. 2019. Land use and land cover changes during the Second Indochina War and their long-term impact on a hilly area in Laos. Southeast Asian Studies 8 (2): 203-231など

廣川晶輝（ひろかわ・あきてる）／甲南大学文学部教授／日本上代文学／『山上憶良と大伴旅人の表現方法—和歌と漢文の一体化—』和泉書院、2015年など

東谷　智（ひがしたに・さとし）／甲南大学文学部教授／日本近世史／西宮神社文化研究所編『えびすさま　よもやま史話　「西宮神社御社用日記」を読む』（共著）神戸新聞総合出版センター、2019年など

林　慶一（はやし・けいいち）／甲南大学理工学部教授／地質学・地学教育／『高等学校教科書「改訂地学基礎」』（共著）東京書籍、2016-2020年など

岡村こず恵（おかむら・こずえ）／甲南大学共通教育センター特任准教授／非営利活動・地域計画学／『テキスト市民活動論—ボランティア・NPOの実践から学ぶ』（共著）大阪ボランティア協会、2011年など

佐藤泰弘（さとう・やすひろ）／甲南大学文学部教授／日本古代中世史／『日本中世の黎明』京都大学学術出版会、2001年など

都染直也（つぞめ・なおや）／甲南大学文学部教授／社会言語学／『ことばのとびら』神戸新聞総合出版センター、2006年など

高田　実（たかだ・みのる）／甲南大学文学部教授／イギリス近現代史／『近代ヨーロッパの探求15　福祉』（編著）ミネルヴァ書房、2012年など

西方敬人（にしかた・たかひと）／甲南大学フロンティアサイエンス学部教授／発生学・免疫学／『ゼロからはじめるバイオ実験マスターコース3　培養細胞トレーニング』（共著）学研メディカル秀潤社、2015年など

井野瀬久美惠（いのせ・くみえ）／甲南大学文学部教授／イギリス近現代史・大英帝国史／『大英帝国という経験』（興亡の世界史16）講談社、2007年（講談社学術文庫、2017年）など

西村順二（にしむら・じゅんじ）／甲南大学経営学部教授／マーケティング論／『卸売流通動態論—中間流通における仕入れと販売の取引連動性—』千倉書房、2009年など

鵤木千加子（いかるぎ・ちかこ）／甲南大学共通教育センター教授／スポーツ史／井上邦子他編『スポーツ学の射程—「身体」のリアリティへ—』（分担執筆）黎明書房、2015年など

大学的神戸ガイド―こだわりの歩き方

2021年3月30日　初版第1刷発行

編　者　甲南大学プレミアプロジェクト神戸ガイド編集委員会

発行者　杉田　啓三

〒607-8494 京都市山科区日ノ岡堤谷町3-1
発行所　株式会社　昭和堂
振込口座　01060-5-9347
TEL(075)502-7500／FAX(075)502-7501
ホームページ　http://www.showado-kyoto.jp

印刷　亜細亜印刷

ISBN 978-4-8122-2015-3
乱丁・落丁本はお取り替えいたします。
Printed in Japan

神戸海岸繁栄図（神戸古版画集より、神戸市立中央図書館所蔵）